广西高校大学生思想政治教育理论与实践研究课题"构建新时代思想政治理论课全时空教学 全过程互动 全课程育人机制研究"的阶段性成果

中国书籍学术之光文库

新时代大学生思想观念状况调查研究

张莉 等 | 著

中国书籍出版社
China Book Press

图书在版编目（CIP）数据

新时代大学生思想观念状况调查研究/张莉等著
. —北京：中国书籍出版社，2020.8
　ISBN 978-7-5068-7932-3

　Ⅰ.①新… Ⅱ.①张… Ⅲ.①大学生—思想政治教育
—调查研究—中国　Ⅳ.①G641

中国版本图书馆 CIP 数据核字（2020）第 143311 号

新时代大学生思想观念状况调查研究

张　莉等　著

责任编辑	毕　磊
责任印制	孙马飞　马　芝
封面设计	中联华文
出版发行	中国书籍出版社
地　　址	北京市丰台区三路居路 97 号（邮编：100073）
电　　话	（010）52257143（总编室）　（010）52257140（发行部）
电子邮箱	eo@chinabp.com.cn
经　　销	全国新华书店
印　　刷	三河市华东印刷有限公司
开　　本	710 毫米×1000 毫米　1/16
字　　数	296 千字
印　　张	17
版　　次	2020 年 8 月第 1 版　2020 年 8 月第 1 次印刷
书　　号	ISBN 978-7-5068-7932-3
定　　价	95.00 元

版权所有　翻印必究

本书撰写者名单

张　莉　陆海霞

包丽红　梁　燕　覃　恺　卢　燕

陈水凤　黄　燕　蒲朝琦　周起帆

目 录
CONTENTS

概 述 ………………………………………………………… 1
  一、问卷的设计与编制 ……………………………………… 1
  二、问卷实施过程 …………………………………………… 2
  三、研究报告的框架 ………………………………………… 5

第一章 大学生价值观状况 ………………………………… 7
  一、引言 ……………………………………………………… 7
  二、大学生价值观基本概况 ………………………………… 10
  三、大学生价值观状况多维考察及差异源分析 …………… 11
  四、值得关注的问题 ………………………………………… 28

第二章 大学生道德观状况 ………………………………… 30
  一、引言 ……………………………………………………… 30
  二、大学生道德观基本概况 ………………………………… 33
  三、大学生道德观状况多维考察及差异源分析 …………… 34
  四、值得关注的问题 ………………………………………… 58

第三章 大学生文化观状况 ………………………………… 61
  一、引言 ……………………………………………………… 61
  二、大学生文化观基本概况 ………………………………… 65
  三、大学生文化观状况多维考察及差异源分析 …………… 66
  四、值得关注的问题 ………………………………………… 104

第四章　大学生择业观状况 ·· 106
    一、引言 ·· 106
    二、大学生择业观基本概况 ·· 110
    三、大学生择业观状况多维考察及差异源分析 ························· 111
    四、值得关注的问题 ·· 141

第五章　大学生实践观状况 ·· 144
    一、引言 ·· 144
    二、大学生实践观基本概况 ·· 147
    三、大学生实践观状况多维考察及差异源分析 ························· 148
    四、值得关注的问题 ·· 165

第六章　大学生消费观状况 ·· 168
    一、引言 ·· 168
    二、大学生消费观基本概况 ·· 171
    三、大学生消费观状况多维考察及差异源分析 ························· 172
    四、值得关注的问题 ·· 197

第七章　大学生网络观状况 ·· 199
    一、引言 ·· 199
    二、大学生网络观基本概况 ·· 202
    三、大学生网络观状况多维考察及差异源分析 ························· 203
    四、值得关注的问题 ·· 243

参考文献 ·· 246

后　记 ·· 262

概 述

一、问卷的设计与编制

新时代大学生思想观念状况调查问卷基于了解掌握高校大学生的思想观念与行为特征，着重从价值观、道德观、文化观、择业观、实践观、消费观以及网络观七个方面入手，提出有针对性的问题及观点，探求大学生对此的认知和态度。

问卷设计结构如表0-1所示。

表0-1 问卷设计结构表

一级指标	二级指标
价值观	对价值观的认识；对个人主义和集体主义的态度；对社会主义核心价值观认同度及践行意愿
道德观	对诚实守信的态度；对助人为乐的态度；对敬业奉献的态度；对孝老爱亲的态度
文化观	对坚定中国特色主义文化自信的认同；对优秀传统文化的态度；对中国革命精神的态度；对社会主义先进文化的态度；对中西文化的看法；对经典著作的阅读情况
择业观	对择业态度的认知；对择业理念的认同；首选就业意向的选择；对影响就业最主要因素的认知
实践观	对学校社会实践的认知；对参加社会实践的态度；参加社会实践途径的选择
消费观	对当前消费方式的态度；对维护自己消费权益的态度；对超前消费的态度；校园贷参与经历
网络观	对网络的态度；对现代网络"快餐式"文化的态度；对玩网络游戏喜好的认同；玩网络游戏的目的；对新媒体额关注频率

二、问卷实施过程

被试采用分层随机整群抽样的方法,本研究以北京、上海、湖南、江西、广东、广西、云南、重庆这8个省区35所高校的3500名大学生为蓝本,共发放问卷3500份,实际回收3451份,回收率98.6%;经剔除无效问卷后,实际有效问卷3436份,有效问卷率为99.6%。研究采用VFP6进行数据录入,SPSS 25.0统计软件包进行数据分析。为深入考察新时代大学生的思想观念与行为特征,针对不同群体大学生在价值观、道德观、文化观、择业观、实践观、消费观以及网络观等方面的认知和行为差异的现实,问卷设置了了解大学生群体基本信息的系列项目,包括个体自然维度、家庭环境维度和教育背景维度三个维度下的18项项目。调查样本的基本信息情况如表0-2所示。

表0-2 调查样本基本情况分布表(n/%)

项目	类别	人数	百分比
性别 (缺失8)	男	1681	49.0
	女	1747	51.0
民族 (缺失35)	汉族	2383	70.1
	壮族	765	22.5
	其他少数民族	253	7.4
学生类型 (缺失17)	专科生	1264	37.0
	本科生	1819	53.2
	硕士生	279	8.2
	博士生	57	1.7
年级 (缺失5)	大一	1041	30.3
	大二	1025	29.9
	大三	699	20.4
	大四	356	10.3
	硕士	255	7.4
	博士	55	1.6

(续表)

项目	类别	人数	百分比
专业类别 （缺失33）	人文科学类	774	22.7
	社会科学类	992	29.2
	理工类	1312	38.6
	农医类	319	9.4
	军事类	6	0.2
政治面貌 （缺失16）	中共党员（含预备党员）	600	17.5
	共青团员	2551	74.6
	民主党派成员	11	0.3
	无党派人士	6	0.2
	群众	252	7.4
独生子女 （缺失3）	是	845	24.6
	否	2588	75.4
干部经验 （缺失9）	是	2761	80.6
	否	666	19.4
国外学习 （缺失4）	是	143	4.2
	否	3289	95.8
父母外出务工 （缺失4）	是	1409	41.1
	否	2023	58.9
奖学金 （缺失13）	是	1504	43.9
	否	1919	56.1
户籍 （缺失24）	农村	2318	67.9
	乡镇	415	12.2
	县城（县级市）	318	9.3
	地级市	241	7.1
	省会城市	91	2.7
	直辖市	29	0.8

（续表）

项目	类别	人数	百分比
家庭类型 （缺失11）	双亲	3013	88.0
	单亲	266	7.8
	祖辈抚养	49	1.4
	重组家庭	76	2.2
	孤儿	21	0.6
父亲职业 （缺失25）	公务员	144	4.2
	教师	129	3.8
	军人	26	0.8
	农民	1533	44.9
	工人	590	17.3
	个体户	531	15.6
	企事业单位	169	5.0
	其他	289	8.5
母亲职业 （缺失32）	公务员	73	2.1
	教师	176	5.2
	军人	39	1.1
	农民	1591	46.7
	工人	477	14.0
	个体户	524	15.4
	企事业单位	146	4.3
	其他	378	11.1
父亲文化程度 （缺失23）	未接受过教育	76	2.2
	小学	924	27.1
	初中	1309	38.4
	高中 （含中专、中职）	693	20.3
	高职高专	167	4.9
	大学本科	228	6.7
	硕士	9	0.3
	博士	7	0.2

（续表）

项目	类别	人数	百分比
母亲文化程度（缺失29）	未接受过教育	188	5.5
	小学	1274	37.4
	初中	1130	33.2
	高中（含中专、中职）	474	13.9
	高职高专	154	4.5
	大学本科	174	5.1
	硕士	7	0.2
	博士	6	0.2
家庭月收入（缺失18）	2000元以下	689	20.2
	2001~4000元	1282	37.5
	4001~6000元	671	19.6
	6001~8000元	338	9.9
	8001~10000元	212	6.2
	10001~15000元	127	3.7
	15001以上	99	2.9

三、研究报告的框架

新时代大学生思想观念状况调查涵盖的内容较为丰富，从大学生的思想观念着手，基于了解掌握高校大学生的基本思想观念与行为特征，着重从价值观（第一章）、道德观（第二章）、文化观（第三章）、择业观（第四章）、实践观（第五章）、消费观（第六章）以及网络观（第七章）七个方面入手，通过现实发展状况的呈现，从个体自然因素（性别）、学校教育因素（学生类型、年级、专业类别、政治面貌、学生干部经历、国外学习经历、奖学金经历）、家庭背景因素（独生子女状况、儿时父母外出务工、入学前户籍、家庭类型、父亲职业类型、母亲职业类型、父亲文化程度、母亲文化程度、家庭月收入）这三个维度来探索大学生思想观念的差异源。报告以数立据，以理服人，提出有针对性的问题及观点，探求大学生的基本思想观念与行为特征。调研显示，大学生思想观念状况总体积极向上，呈现健康发展的良好态势，价值观主流积极、道德观向上向善、文化观正向鲜明、择业观自主务实、实践观求真笃行、消费观健康理性、网络观端正良好，但也存在一些值得关注的问题。研究报告通过对大学生思想观念的多维考察和差异源分析，为教育引导大学生树立正确科学的思想观念提供一定的现实依据和数据支撑。

第一章

大学生价值观状况

一、引言

青年是整个社会力量中最积极、最有生气的力量，国家的希望在青年，民族的未来在青年，青年大学生是我们实现民族复兴的力量。现在，我们的大学生在多元文化融合与冲突的社会环境中成长，呈现出差异化的价值观念和价值取向。培育和践行社会主义核心价值观，是有效整合我国社会意识、凝聚社会价值共识、解决和化解社会矛盾的重大举措。习近平总书记指出，要加强青少年学生社会主义核心价值观教育。因此，我们要以社会主义核心价值观为引领，引导和帮助青年大学生把握好人生方向，扣好人生的第一颗扣子，为实现中华民族伟大复兴中国梦汇聚最大的能量。

（一）价值观概念界定

目前，学者们对价值观的概念界定略有不同。辛志勇、金盛华（2006）认为，价值观是人们在目标确立、手段选择、规则遵循方面所体现出来的观念，这种观念对个体或群体的行为具有导向作用，他们认为价值观从整体结构来看，包括目标价值观、手段价值观和规则价值观这三个维度。许燕（1999）认为价值观并非单一结构，它是一个多元结构的系统，她将著名心理学家奥尔波特的六种价值观分类标准，从正向的角度出发，把价值观归类为6个类型：社会型、科学型、实用型、信仰型、审美型、政治型。杨业华、王彦（2012）根据人与自然、人与社会、人与他人、人与自身关系四个维度对大学生价值观进行了研究，认为价值观呈现出开放性、独立性、理性化、矛盾性的特点。

综上所述，青年大学生的价值观是基于大学生一定的思维感官之上而做出的认知、理解、判断或抉择，也就是大学生认定事物、辩定是非的一种价值取向，它直接影响着大学生价值判断的立场、观点、看法、抉择和行动等。

(二)研究现状

1. 价值观研究相关理论

(1)马克思主义价值观

马克思主义作为我国社会主义建设的指导思想,近年来,学者们对其研究不断深入。薛蓉(2007)认为,从马克思主义价值观的构成内容来看,马克思主义价值观既体现了对人的价值构想,也体现了对未来社会的构想,即共产主义社会的理想。马克思主义价值观鲜明地表现了马克思主义的立场、观点和方法。从价值上要求人们该怎么做、不应该怎么做,赞成什么、反对什么。郝孚逸(2009)认为马克思主义价值观是以人的存在意义为中心,它源于马克思辩证地看待劳动作为谋生手段这一社会状况,特别是他早期提出的"劳动力价值"理论,认为马克思主义所认定和追求的以劳动为主题的价值观,是人的价值真谛之所在。

(2)中国传统文化中的价值观

中华优秀传统文化源远流长,博大精深,蕴含着丰富的价值观思想,是中华民族的精神命脉,是价值观的重要来源。田海舰、田雨晴(2015)认为,中国优秀传统文化有追求和谐、重视整体、关怀他人、注重合作、崇尚道德、讲究情趣等鲜明特点。中华优秀传统文化中的"大同社会"思想、"和而不同"的思想、"仁"的思想等价值观念都推动了价值观的形成与发展。

(3)西方文化中的价值观

随着经济全球化、一体化的推进,中西方文化的相互渗透、融合也不断加强,青年大学生身处日益多元复杂的文化环境中,也受到诸如个人主义、拜金主义、享乐主义等错误的西方价值观念的影响。学者胡一(2012)提出,在西方独特的生存环境和社会政治经济制度衍生出来的个人主义思想重视的是个人的价值、个人的利益,在西方文化中个人的价值是至高无上的,西方人的价值观认为,个人是人类社会的基点。石雪、董娅(2006)认为,拜金主义的滋生和蔓延,对当代大学生的学习和生活产生了十分明显的不良影响,在一定程度上冲淡了大学生对主流价值观的认同。程文亮(2012)认为拜金主义思潮也对大学生产生不良影响,影响之一就体现在其引发大学生理想和信念危机,弱化大学生对理想的追求,弱化大学生对社会主义主流价值观的接受和内化。

2. 价值观的前因变量研究

学者们从不同的角度对价值观做了相关研究,探究和讨论了一些对大学生价值观影响的变量因素。杨业华(2011)认为,影响大学生价值观的相关因素主要有社会转型、网络、经济全球化、大众化、高等教育体制改革、社会、学校、家庭、同辈群体、教师素质、大学生自身弱点、思想政治教育滞后等。乔瑞华（2014）在研究中发现，随着我国改革开放的不断深入，影响大学生价值观培养的社会因素越来越复杂，来自受教育学校、所在家庭和青年大学生本人方面的因素也趋于复杂，总的来说，影响大学生价值观的因素有：社会大环境、校园环境、家庭环境、大学生自身四个方面。李涛（2018）在当代大学生价值观研究中也提到网络因素对大学生价值观的影响，他认为网络传媒对当前大学生的价值观塑造带来诸多挑战。

刘蕴莲（2014）提出，复杂多样的价值观也会给大学生的价值观带来冲击。一些错误的社会思潮具有煽动性和欺骗性，通过一些网络媒体的推波助澜，对大学生的价值观念造成一定的冲击，干扰了社会主义核心价值观的建设。

3. 价值观的后因变量研究

许燕（1999）认为价值观对大学生个人的行为具有导向作用，积极、消极的价值观对大学生的言行具有不同的作用，表现出两种"正负极向"。作为评定标准，价值观有真与假、善与恶、美与丑之分，任何类型价值观的正负极都表现出积极与消极两种性质。所以，青年大学生具有怎样的价值观取向，在言行、判断上就会有不同的表现。孙体楠（2009）所提到的"大学生在价值观念上的困惑和矛盾明显增多"，他认为大学生在学校接受主流正面教育，感到天下兴亡、匹夫有责的同时，又对社会某些消极腐败现象、拜金主义、极端个人倾向感到无所适从。

4. 青年大学生价值观的现状

李明（2015）在针对青年大学生的调查中提出，"虽然存在一些需要规范和矫正的问题，但是当代大学生的价值观总体上积极向上，基本政治立场正确、认同主流价值"。王丹（2018）在调查中也发现，"当前大学生价值观状况总体积极健康，呈现出奋发向上、崇德向善的发展态势"，体现在我国大学生对社会主义核心价值观建设意义高度认可、基本熟记核心价值观内容并理解其含义、对核心价值观的认同度不断提升、对核心价值观实现程度积极乐观、践行核心价值观的积极性也较高等方面，与此同时，不同群体大学生的价值观也呈现出明显的差异。

综上所述，本研究旨在了解大学生价值观的现状，以及各人口学变量对大学生价值观的影响，为教育引导大学生树立积极向上的价值观提供一定的现实依据。

二、大学生价值观基本概况

大学生价值观状况主要围绕大学生对价值观的认识、对个人主义和集体主义的态度、对社会主义核心价值观的认同度和践行意愿三个方面进行考察,采用正面问法和负面问法相结合的方式,设置了一个包含 11 条项目的量表。量表采用 Likert 5 点计分法,"1~5"依次代表"完全不认同"到"非常认同",负面问题采用反向计分。认同率为选择"比较认同"和"非常认同"选项比例之和;认同度为该题项的平均分,整体平均值为所有考察项的平均分,得分越高,状况越好。经可靠性分析,Cronbach's Alpha 为 0.799,说明项目设置具有较高的内在一致性,具有相当的信度。

调查显示,总体上,当前大学生群体价值观认识和价值选择状况良好,呈现出立场正确、积极向上的态势,具体表现在以下几个方面。

(一) 绝大多数大学生对人生价值的认知正向积极

调研数据显示,绝大多数大学生(超过九成)对"人生的价值在于奉献"表示认同。超过七成大学生对"人不为己,天诛地灭""佛系人生""金钱是万能的"等消极的、负面的、错误的价值观表示不认同。这说明大部分大学生能够在对人生价值的认知上有积极的理解,能够树立起正确的、积极的价值观。调研还发现,党员大学生、学生干部群体、获得过奖学金等学业优秀的大学生,持有更加积极向上的价值观。

(二) 绝大多数大学生能够正确处理好个人与集体利益的关系,更愿意优先考虑国家和集体利益

从调查数据来看,当问到"考虑利益问题时应首先考虑国家和集体利益"的认同程度时,绝大多数大学生(90.6%)表示认同。总体来看,绝大多数大学生能够正确处理个人与集体利益关系。此外,经过交叉分析,党员大学生和具有奖学金经历等大学生群体,处理个人与集体利益关系的态度更明确,更愿意优先考虑国家和集体利益。

(三) 绝大多数大学生对社会主义核心价值观持高度认同的态度

调查显示,96.6%的大学生认为"大学生应成为社会主义核心价值观的坚定信仰者、积极传播者和模范践行者",可见,社会主义核心价值观得到了大学生的高度认可。尤其是博士生群体,对社会主义核心价值观认同度的均值得分高达 4.833 分。从整体来说,绝大多数大学生对社会主义核心价值观持高度认同的态度。

（四）绝大多数大学生践行社会主义核心价值观的意愿较强，能正确认识大学生的时代责任和历史使命

调查数据显示，当前大学生群体对于社会主义核心价值观的践行意愿比较强烈：96.6%的大学生愿意成为社会主义核心价值观的模范践行者；94.5%的大学生表示要敢于做先锋，不做过客和看客；95.5%的大学生表示愿意参与学校组织的社会主义核心价值观教育实践活动。大学生既愿意践行社会主义核心价值观，也有责任意识和使命担当，97.2%的大学生表示认识到自己的时代责任和历史使命，96.5%的大学生认为应该既有远大抱负，又应脚踏实地。

三、大学生价值观状况多维考察及差异源分析

本次调查对大学生价值观状况从三个方面的维度进行考察，一是对人生价值的认知状况，二是对个人主义与集体主义的态度，三是对社会主义核心价值观的认同度及践行意愿。并从个体自然因素（性别）、学校教育因素（学生类型、年级、专业类别、政治面貌、学生干部经历、国外学习经历、奖学金经历）、家庭背景因素（独生子女状况、儿时父母外出务工、入学前户籍、家庭类型、父亲职业类型、母亲职业类型、父亲文化程度、母亲文化程度、家庭月收入）三个方面来探索大学生价值观的差异源。具体调研结果及差异分析如下。

（一）大学生对人生价值的认知状况及差异源分析

1. 大学生对人生价值的认知状况

课题组通过对"人不为己，天诛地灭""佛系人生""金钱是万能的"3个负面问题和"人生的价值在于奉献"1个正面问题入手，来了解大学生对人生价值的认知状况。通过均值分析，结果显示，大学生对人生价值的认知整体平均值为3.713分。其中，对"人不为己，天诛地灭""佛系人生""金钱是万能的"的价值观，均值位于"不确定"和"不太认同"区间；对于"人生的价值在于奉献"的价值观认识，则处于"非常认同"和"比较认同"区间。可见，当前大学生整体上对人生价值有比较正确的认知，超过九成的大学生认为人生的价值在于奉献（见表1-1）。

表1-1 大学生对人生价值的认知

	非常认同	比较认同	不确定	不太认同	完全不认同	认同率	M	SD
人不为己，天诛地灭	8.0	12.8	18.5	30.7	30.0	20.8	3.620	1.255
佛系人生	9.7	18.8	26.6	29.8	15.1	28.5	3.220	1.196
金钱是万能的	7.7	15.0	17.4	36.3	23.6	22.7	3.530	1.217
人生的价值在于奉献	60.8	30.4	5.7	2.4	0.7	91.2	4.481	0.772
整体平均值							3.713	0.778

2. 差异源分析

为进一步调查研究不同群体大学生对人生价值的认知状况，课题组将大学生对人生价值的认知状况作为因变量，与性别、学生类型、年级、专业类别、政治面貌、独生子女状况、学生干部经历、国外学习经历、儿时父母外出务工、奖学金经历、入学前户籍、家庭类型、父亲职业类型、母亲职业类型、父亲文化程度、母亲文化程度、家庭月收入等自变量进行均值比较分析，发现具有不同家庭背景因素和学校教育因素的大学生群体对人生价值的认知状况存在显著差异。

（1）家庭背景因素差异分析

统计分析发现，独生子女状况、入学前户籍、母亲职业类型、父亲职业类型、父亲文化程度不同的大学生对人生价值的认知状况存在显著差异（见表1-2）。

表1-2 不同家庭背景因素大学生对人生价值的认知的均值比较

		M	SD	F值/t值	P
独生子女状况	是	3.658	0.839	t = -2.251	P < 0.05
	否	3.731	0.755		
入学前户籍	农村	3.738	0.756	F = 2.705	P < 0.05
	乡镇	3.601	0.855		
	县城（县级市）	3.705	0.790		
	地级市	3.721	0.798		
	省会城市	3.602	0.787		
	直辖市	3.821	0.732		

(续表)

		M	SD	F值/t值	P
母亲职业类型	公务员	3.615	0.870	F = 3.586	P < 0.01
	教师	3.647	0.827		
	军人	3.279	0.855		
	农民	3.767	0.768		
	工人	3.705	0.738		
	个体户	3.690	0.785		
	企事业单位	3.570	0.780		
	其他	3.705	0.780		
父亲职业类型	公务员	3.538	0.918	F = 3.232	P < 0.01
	教师	3.706	0.735		
	军人	3.385	0.873		
	农民	3.756	0.768		
	工人	3.755	0.752		
	个体户	3.646	0.793		
	企事业单位	3.685	0.788		
	其他	3.666	0.780		
父亲文化程度	未接受过教育	3.477	0.883	F = 2.147	P < 0.05
	小学	3.701	0.764		
	初中	3.751	0.767		
	高中（含中专、中职）	3.697	0.784		
	高职高专	3.703	0.758		
	大学本科	3.679	0.835		
	硕士	4.139	0.453		
	博士	4.036	0.728		

独生子女状况因素。以独生子女状况因素为自变量进行均值分析，数据显示，大学生对人生价值的认知状况的认同度均超过3.6分，处于"不确定"与"比较认同"区间。然而，不同独生子女状况的大学生对人生价值的认知方面存在差异（t = -2.251，P < 0.05），非独生子女大学生对人生价值的认知状况优

于独生子女大学生，其均值得分为 3.731 分。

入学前户籍因素。以入学前户籍因素为自变量进行均值分析，数据显示，大学生对人生价值的认知状况的认同度均超过 3.6 分，处于"不确定"与"比较认同"区间。然而，不同户籍的大学生对人生价值的认知状况方面存在差异（F=2.705，P<0.05）。数据显示，来自直辖市的大学生对人生价值的认知状况最好，其均值得分为 3.821 分。按入学前户籍区域不同的大学生对人生价值的认知状况均值得分由高到低排序，依次为：直辖市的大学生（3.821 分）、农村的大学生（3.738 分）、地市级的大学生（3.721 分）、县城（县级市）的大学生（3.705 分）、省会城市的大学生（3.602 分）、乡镇的大学生（3.601 分）。

母亲职业类型因素。以母亲职业类型因素为自变量进行均值分析，数据显示，大学生对人生价值的认知状况的认同度均超过 3.6 分，处于"不确定"与"比较认同"区间。然而，母亲职业不同的大学生的人生价值的认知状况存在显著差异（F=3.586，P<0.01）。母亲是农民的大学生对人生价值的认知状况最好，均值得分为 3.767 分。按母亲职业类型不同对大学生对人生价值的认知状况的均值得分降序排序，依次为：农民（3.767 分）、工人（3.705 分）、其他（3.705 分）、个体户（3.690 分）、教师（3.647 分）、公务员（3.615 分）、企事业单位（3.570 分）、军人（3.279 分）。

父亲职业类型因素。以父亲职业类型因素为自变量进行均值分析，数据显示，大学生对人生价值的认知状况的认同度均超过 3.3 分，处于"不确定"与"比较认同"区间。然而，父亲职业类型不同的大学生对人生价值的认知状况也存在显著差异（F=3.232，P<0.01）。父亲是农民的大学生对人生价值的认知状况最好，其他职业降序排列依次是：工人（3.755 分）、教师（3.706 分）、企事业单位（3.685 分）、其他（3.666 分）、个体户（3.646 分）、公务员（3.538 分）、军人（3.385 分）。

父亲文化程度因素。父亲文化程度不同的大学生对人生价值的认知状况存在显著差异（F=2.147，P<0.05）。数据显示，父亲文化程度为硕士、博士的大学生对人生价值的认知状况最好（3.756 分），父亲文化程度为未受教育的大学生对此的均值得分最低。而父亲的其他文化程度影响大学生对人生价值的认知状况的排序从高到低分别是：初中（3.751 分）、高职高专（3.703 分）、小学（3.701 分）、高中（含中专、中职）（3.697 分）、大学本科（3.679 分）、未接受过教育（3.477 分）。总体而言，父亲接受过相关教育比未接受过教育的大学生对人生价值的认知状况更为良好。

(2) 学校教育因素差异分析

统计分析发现，学生类型、政治面貌、学生干部经历、奖学金经历和国外学习经历不同的大学生对人生价值的认知状况上存在显著差异（见表1-3）。

表1-3 不同学校教育因素的大学生对人生价值的认知的均值比较

		M	SD	F值/t值	P
学生类型	专科生	3.607	0.761	F=9.997	P<0.001
	本科生	3.781	0.774		
	硕士生	3.747	0.788		
	博士生	3.790	0.886		
政治面貌	中共党员（含预备党员）	3.957	0.769	F=19.789	P<0.001
	共青团员	3.675	0.762		
	民主党派成员	3.568	0.895		
	无党派人士	3.375	0.932		
	群众	3.553	0.816		
学生干部经历	有	3.751	0.759	t=5.487	P<0.001
	无	3.558	0.830		
奖学金经历	有	3.820	0.752	t=7.091	P<0.001
	无	3.633	0.786		
国外学习经历	有	3.569	0.848	t=-2.245	P<0.05
	无	3.719	0.774		

学生类型因素。以学生类型因素为自变量进行均值分析，数据显示，大学生对人生价值的认知状况的认同度均超过3.6分，处于"不确定"与"比较认同"区间。然而，不同类型大学生对人生价值的认知状况上存在显著差异（F=9.997，P<0.001）。在所有大学生中，对人生价值的认知状况均值得分最高的是博士生（3.790分），最低的是专科生（3.607分）。本科生和硕士生在该考察项上的均值得分分别为3.781分、3.747分（见图1-1）。

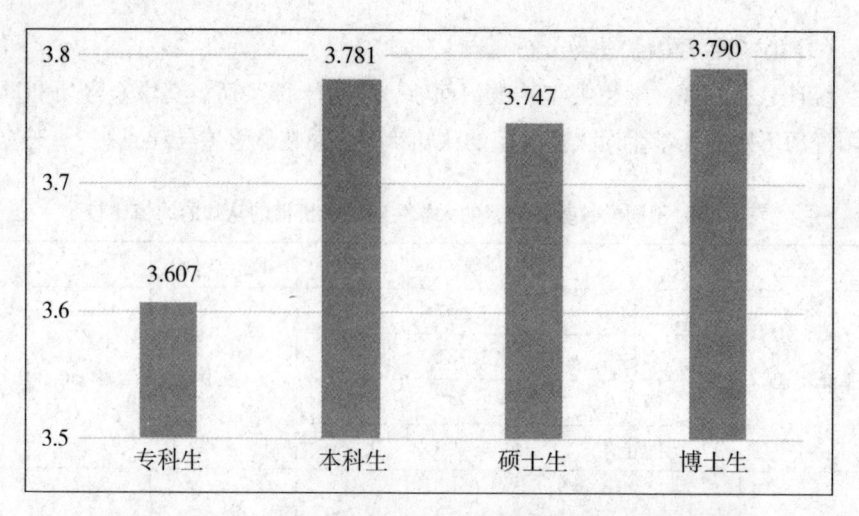

图 1-1　不同类型的大学生对人生价值的认知状况的均值比较

政治面貌因素。不同政治面貌大学生对人生价值的认知状况上存在显著差异（F=19.789，P<0.001）。党员大学生对人生价值的认知状况最好，均值得分最高，为3.957分。共青团员大学生对人生价值的认知状况也较好，均值得分为3.675分。其余不同政治面貌大学生群体对人生价值的认知状况的均值得分由高到低排序，依次为：民主党派成员（3.568分）、群众（3.553分）、无党派人士（3.375分）。可见，政治面貌对大学生对人生价值的认知状况有影响，党员大学生更能树立正确的价值观。

学生干部经历因素。以学生干部经历因素为自变量进行均值分析，数据显示，大学生对人生价值的认知状况的认同度均超过3.5分，处于"不确定"与"比较认同"区间。然而，不同学生干部经历的大学生在对人生价值的认知状况上也存在显著差异（t=5.487，P<0.001）。有学生干部经历的大学生对人生价值有更为正确的认知，均值得分为3.751分，暂无干部经历的大学生该项考察的均值得分为3.558分。

奖学金经历因素。以奖学金经历因素为自变量进行均值分析，数据显示，大学生对人生价值的认知状况的认同度均超过3.6分，处于"不确定"与"比较认同"区间。然而，不同奖学金经历的大学生在对人生价值的认知状况上存在显著差异（t=7.091，P<0.001）。数据显示，较没有获得过奖学金的大学生而言，获得过奖学金的大学生在此考察项上的均值得分更高，为3.820分。

国外学习经历因素。以国外学习经历因素为自变量进行均值分析，数据显示，大学生对人生价值的认知状况的认同度均超过3.5分，处于"不确定"与"比较认同"区间。然而，不同国外学习经历的大学生在对人生价值的认知状况上存在显著差异（t = -2.245，P < 0.05）。无国外学习经历的大学生对人生价值的认知度更高，为3.719分。

3. 结论

（1）绝大多数大学生对人生价值的认知正向积极。

（2）大学生对人生价值的认知状况在独生子女状况、入学前户籍、父亲职业类型、母亲职业类型、父亲文化程度、学生类型、政治面貌、学生干部经历、奖学金经历和国外学习经历等人口学变量上存在显著差异。

（3）大学生对人生价值的认知状况在性别、年级、家庭类型、专业类别、儿时父母外出务工、母亲文化程度、家庭月收入等人口学变量上不存在显著差异。

（二）大学生对个人与集体利益关系的态度状况及差异源分析

1. 大学生对个人与集体利益关系的态度状况

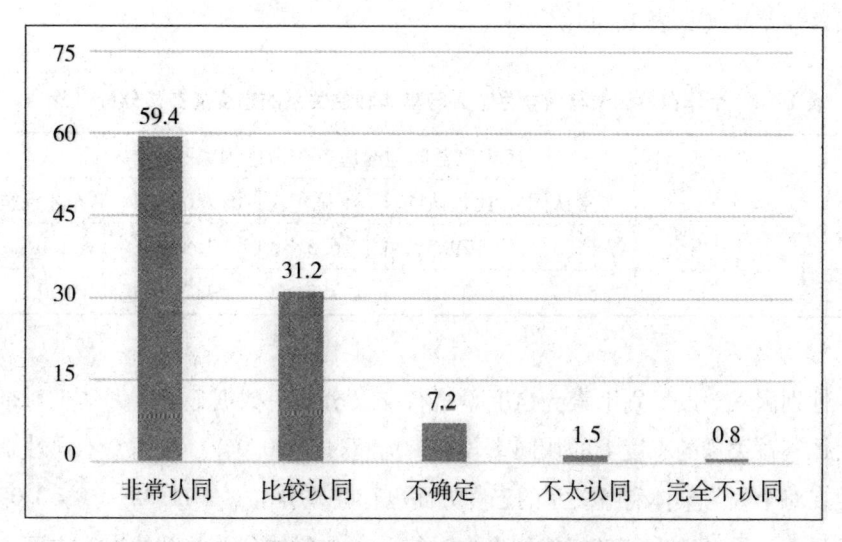

图1-2 大学生对个人与集体利益关系的态度状况（%）

课题组通过对"考虑利益问题时应首先考虑国家和集体利益"这个正面问法的问题入手，考察大学生对个人主义与集体主义的态度。量表采用Likert5点计分法，"1~5"依次代表"完全不认同"至"非常认同"5种不同态度，并将"非常认同"和"比较认同"态度数值之和作为大学生对"考虑利益问题时应首先考虑国家和集体利益"这个问题正面回答的整体认同参考数值。通过数据分析，结果显示，绝大多数大学生认同考虑利益问题时应首先考虑国家和集体利益，整体认同率达到了90.6%（见图1-2）。绝大多数大学生能够正确处理好个人与集体利益的关系，更愿意优先考虑国家和集体利益。

2. 差异源分析

为进一步调查研究不同群体大学生对个人与集体利益关系的态度状况，课题组结合性别、学生类型、年级、专业类别、政治面貌、独生子女、学生干部经历、国外学习经历、儿时父母外出务工、奖学金经历、入学前户籍、家庭类型、父亲职业类型、母亲职业类型、父亲文化程度、母亲文化程度、家庭月收入等特性对大学生的个人与集体利益关系的态度进行了交叉分析，根据卡方检验，发现不同个体自然因素、家庭背景因素和学校教育因素的大学生群体对个人与集体利益关系的态度存在显著差异。

（1）个体自然因素差异分析

统计分析发现，不同性别的大学生在对待个人与集体利益关系的态度上存在显著性差异（见表1-4）。

表1-4 个体自然因素与大学生个人与集体利益关系的态度的交叉分析（%）

		考虑利益问题时应首先考虑国家和集体利益				
		非常认同	比较认同	不确定	不太认同	完全不认同
性别	男	61.5	29.2	6.5	1.8	1.0
	女	57.5	33.0	7.7	1.2	0.7

性别因素。以性别因素为自变量进行交叉分析，数据显示，大学生对个人与集体利益关系的态度上的认同率较高，均超过了90.0%。然而，不同性别大学生在对个人与集体利益关系的态度方面也存在差异（$\chi^2 = 11.359$，$P<0.05$）。数据显示，男大学生有90.7%的人在对待个人与集体利益关系的态度方面，优先考虑国家和集体利益，女大学生的比例则为90.5%。可以看出，男大学生较之女大学生，在对待个人与集体利益关系的态度上选择比例略高。

（2）家庭背景因素差异分析

统计分析发现，独生子女状况、母亲文化程度不同的大学生在对待个人与集体利益关系的态度上存在显著性差异（见表1-5）。

表1-5 不同家庭背景因素大学生对个人与集体利益关系的态度的交叉分析（%）

		考虑利益问题时应首先考虑国家和集体利益					
		非常认同	比较认同	不确定	不太认同	完全不认同
独生子女状况	是	63.8	27.3	6.8	1.5	0.6
	否	57.9	32.4	7.3	1.4	0.9
母亲文化程度	未接受过教育	57.4	33.0	6.9	2.1	0.5
	小学	58.6	33.1	6.5	0.9	0.9
	初中	60.1	29.6	8.0	1.7	0.6
	高中（含中专、中职）	57.6	31.2	7.6	3.0	0.6
	高职高专	63.6	28.6	6.5	0.0	1.3
	大学本科	65.5	25.3	6.9	0.6	1.7
	硕士	42.9	57.1	0.0	0.0	0.0
	博士	66.7	16.7	0.0	0.0	16.7

独生子女状况因素。以独生子女状况因素为自变量进行交叉分析，数据显示，大学生对个人与集体利益关系的认同率较高，都超过了90%。然而，不同独生子女状况的大学生在对个人与集体利益关系的态度方面也存在显著差异（$\chi^2=10.235$，$P<0.05$）。数据显示，91.1%的独生子女大学生认同"考虑利益问题时应首先考虑国家和集体利益"，而非独生子女大学生群体的选择比例为90.3%。

母亲文化程度因素。以母亲文化程度因素为自变量进行交叉分析，数据显示，大学生对个人与集体利益关系的认同率都超过了83%。然而，母亲文化程度不同的大学生对个人与集体利益关系的态度上也存在显著差异（$\chi^2=47.078$，$P<0.05$）。母亲的文化程度为硕士的大学生，对个人与集体利益关系的态度表现出最高程度的认同，比例为100%，认同比例排在第二位的是母亲文化程度为高职高专的大学生，比例为92.2%。

（3）学校教育因素差异分析

统计分析发现，专业类型、政治面貌、奖学金经历不同的大学生在个人与集体利益关系的态度上存在显著差异（见表1-6）。

表1-6 不同学校教育因素大学生对个人与集体利益关系的态度的交叉分析（%）

		考虑利益问题时应首先考虑国家和集体利益				
		非常认同	比较认同	不确定	不太认同	完全不认同
专业类型	人文科学类	60.8	30.2	7.3	1.0	0.8
	社会科学类	57.5	32.7	7.0	1.9	0.8
	理工类	59.7	30.7	7.3	1.4	0.9
	农医类	60.7	31.8	6.0	0.6	0.9
	军事类	33.3	16.7	16.7	33.3	0.0
政治面貌	中共党员（含预备党员）	73.0	22.0	3.7	0.3	1.0
	共青团员	57.0	33.0	7.8	1.6	0.6
	民主党派	72.7	18.2	9.1	0.0	0.0
	无党派人士	16.7	33.3	0.0	50.0	0.0
	群众	51.2	34.9	9.5	1.6	2.8
奖学金经历	有	62.6	29.4	6.2	0.9	0.8
	无	56.8	32.5	7.9	1.9	0.9

专业类型因素。以专业类型因素为自变量进行交叉分析，数据显示，绝大多数大学生对个人与集体利益关系的认同率较高，超过了92%。然而，不同专业类型的大学生对待个人与集体利益关系的态度也存在显著差异（$\chi^2=51.036$，$P<0.001$）。数据显示，农医类的大学生在对待个人主义与集体主义时，更能优先考虑集体主义，认同数值高达92.51%；其次为人文科学类大学生，认同数值占比91%。其余各项依次为：理工类（90.4%）、社会科学类（92.5%）、军事类（50.0%）。

政治面貌因素。不同政治面貌的大学生对待个人与集体利益关系的态度上存在显著差异（$\chi^2=175.24$，$P<0.001$）。党员大学生对个人与集体利益关系的判断更加明确，高度认同集体主义，认同比例最高（95.0%）。民主党派大学生和共青团员大学生对个人与集体利益关系的态度也较明确，认为考虑利益问题时应首先考虑国家和集体利益的选择比例分别为90.9%和90.0%。可见，政治面貌的确对大学生在对个人与集体利益关系的判断和认同中，产生显著的影响，党员大学生更能正确处理好个人利益与国家利益、集体利益的关系。

奖学金经历因素。以奖学金经历因素为自变量进行交叉分析，数据显示，大学生对个人与集体利益关系的认同率较高，超过了89%。然而，奖学金经历不同的大学生在对个人与集体利益关系的态度上也存在显著差异（$\chi^2 = 15.769$，$P < 0.01$）。数据显示，92.0%的获得过奖学金的大学生表示愿意优先考虑国家和集体利益。同时，未获得过奖学金的大学生也有将近九成的人表示愿意优先考虑国家和集体利益，比例为89.3%。

3. 结论

（1）绝大多数大学生能够正确处理好个人与集体利益的关系，更愿意优先考虑国家和集体利益。

（2）大学生对个人与集体利益关系的态度在性别、独生子女状况、母亲文化程度、专业类型、政治面貌、奖学金经历等人口学变量上存在显著差异。

（3）大学生对个人与集体利益关系的态度在学生类型、年级、学生干部经历、国外学习经历、儿时父母外出务工、入学前户籍、家庭类型、父亲职业类型、母亲职业类型、父亲文化程度、家庭月收入等人口学变量上不存在显著差异。

（三）大学生对社会主义核心价值观的认同度和践行意愿状况及差异源分析

1. 大学生对社会主义核心价值观的认同度和践行意愿状况

课题组通过对"青年一代有理想、有本领、有担当，国家就有前途，民族就有希望""大学生应成为社会主义核心价值观的坚定信仰者、积极传播者和模范践行者""大学生应该正确认识自己的时代责任和历史使命""大学生应该坚持远大抱负和脚踏实地的统一""大学生要敢于做先锋，而不做过客、当看客"和"您愿意参加学校组织的社会主义核心价值观教育实践活动"这6个问题着手，考察大学生对社会主义核心价值观的认同度和践行意愿。量表采用Likert 5点计分法，"1~5"依次代表"完全不认同"至"非常认同"。经可靠性分析，该量表Cronbach's Alpha为0.916，说明量表具有很高的内在一致性，内在信度非常高。经检验，KMO测定值为0.905，Bartlett球形度检验近似卡方值为14265.344，显著性水平$P = 0.000$，表明数据适合作探索性因子分析。采用主成分分析和最大方差旋转，从6项中抽取1个主因子，用Y表示。分析结果显示，该因子的累计方差贡献率为71.209%，表明这个因子能较好地解释大学生对社会主义核心价值观的认同度及践行意愿的调查内容（见表1-7）。

表1-7　大学生对社会主义核心价值观的认同度及践行意愿的探索性因子分析

	成分 Y
青年一代有理想、有本领、有担当，国家就有前途，民族就有希望	0.844
大学生应成为社会主义核心价值观的坚定信仰者、积极传播者和模范践行者	0.889
大学生应该正确认识自己的时代责任和历史使命	0.886
大学生应该坚持远大抱负和脚踏实地的统一	0.864
大学生要敢于做先锋，而不做过客、当看客	0.779
您愿意参加学校组织的社会主义核心价值观教育实践活动	0.796

通过对量表进行描述性分析，结果显示整体认同度为4.723分，数值位于"比较认同"和"非常认同"区间。由均值得分可见，当前大学生群体整体上对社会主义核心价值观的认同度较高，践行意愿较强烈，比例超过九成（见表1-8）。

表1-8　大学生对社会主义核心价值观的认同度及践行意愿（%）

	非常认同	比较认同	不确定	不太认同	完全不认同	认同率	M	SD
青年一代有理想、有本领、有担当，国家就有前途，民族就有希望	79.2	17.5	2.3	0.3	0.4	96.7	4.751	0.553
大学生应成为社会主义核心价值观的坚定信仰者、积极传播者和模范践行者	79.5	17.1	2.2	0.4	0.5	96.6	4.750	0.566
大学生应该正确认识自己的时代责任和历史使命	79.7	17.5	2.0	0.3	0.3	97.2	4.762	0.530
大学生应该坚持远大抱负和脚踏实地的统一	77.4	19.1	2.3	0.6	0.4	96.5	4.729	0.572

(续表)

	非常认同	比较认同	不确定	不太认同	完全不认同	认同率	M	SD
大学生要敢于做先锋，而不做过客、当看客	72.2	22.3	3.8	0.8	0.6	94.5	4.651	0.653
您愿意参加学校组织的社会主义核心价值观教育实践活动	75.3	20.3	3.1	0.8	0.3	95.5	4.697	0.603
整体认同度							4.723	0.487

2. 差异源分析

为进一步调查研究不同群体大学生对社会主义核心价值观的认同度及践行意愿的情况，课题组将大学生对社会主义核心价值观的认同度及践行意愿作为因变量，与性别、学生类型、年级、专业类别、政治面貌、独生子女状况、学生干部经历、国外学习经历、儿时父母外出务工、奖学金经历、入学前户籍、家庭类型、父亲职业类型、母亲职业类型、父亲文化程度、母亲文化程度、家庭月收入等自变量进行均值比较分析，发现具有不同家庭背景因素和学校教育因素的大学生群体在社会主义核心价值观的认同度及践行意愿上存在显著差异。

（1）家庭背景因素差异分析

统计分析发现，入学前户籍状况、家庭类型、母亲职业类型不同的大学生对社会主义核心价值观的认同度及践行意愿的状况不同，并存在显著差异（见表1-9）。

表1-9　不同家庭背景因素大学生对社会主义核心价值观的认同度及践行意愿的均值比较

		M	SD	F值/t值	P
入学前户籍	农村	4.719	0.484	F=4.357	P<0.01
	乡镇	4.655	0.549		
	县城（县级市）	4.753	0.464		
	地级市	4.833	0.353		
	省会城市	4.731	0.604		
	直辖市	4.738	0.443		

(续表)

		M	SD	F值/t值	P
家庭类型	双亲	4.734	0.480	F = 3.686	P < 0.01
	单亲	4.663	0.551		
	祖辈抚养	4.520	0.540		
	重组家庭	4.673	0.457		
	孤儿	4.714	0.533		
母亲职业类型	公务员	4.701	0.537	F = 2.105	P < 0.05
	教师	4.717	0.496		
	军人	4.466	0.620		
	农民	4.716	0.485		
	工人	4.748	0.452		
	个体户	4.742	0.495		
	企事业单位	4.767	0.474		
	其他	4.714	0.502		

入学前户籍因素。以入学前户籍因素为自变量进行均值分析，数据显示，大学生对社会主义核心价值观的认同度和践行意愿较高，均超过4.6分，处于"比较认同"与"非常认同"区间。然而，不同入学前户籍的大学生在对社会主义核心价值观的认同度及践行意愿方面也存在显著差异（F = 4.357, P < 0.01）。数据显示，来自地级市的大学生对社会主义核心价值观的认同度最高，践行意愿最强，其均值得分为4.833分，处于"非常认同"和"比较认同"区间。大学生按入学前户籍对社会主义核心价值观的认同度及践行意愿的均值得分由高到低排序，依次为来自县城（县级市）的大学生（4.753分）、直辖市的大学生（4.738分）、省会城市的大学生（4.731分）、农村的大学生（4.719分）、乡镇的大学生（4.655分）。

家庭类型因素。以家庭类型因素为自变量进行均值分析，数据显示，大学生对社会主义核心价值观的认同度和践行意愿较高，均超过4.5分，处于"比较认同"与"非常认同"区间。然而，不同家庭类型的大学生对社会主义核心价值观的认同度及践行意愿方面也存在显著差异（F = 3.686, P < 0.01）。数据显示，来自双亲抚养家庭的大学生，对社会主义核心价值观的认同度及践行意愿均值得分最高。其他家庭类型大学生对社会主义核心价值观的认同度及践行

意愿均值得分由高到低排序为孤儿家庭（4.714分）、重组家庭（4.673分）、单亲家庭（4.663分）、祖辈抚养家庭（4.520分）。

母亲职业类型因素。以母亲职业类型因素为自变量进行均值分析，数据显示，大学生对社会主义核心价值观的认同度和践行意愿较高，均超过4.4分，处于"比较认同"与"非常认同"区间。然而，母亲职业类型不同的大学生对社会主义核心价值观的认同度及践行意愿也存在显著差异（F = 2.105，P < 0.05）。数据显示，母亲从事企事业单位工作的大学生，对社会主义核心价值观的认同度最高，更愿意践行，均值得分为4.767分。母亲为其他职业类型的大学生在社会主义核心价值观认同度和践行意愿方面的均值得分由高到低排序为：工人（4.748分）、个体户（4.742分）、教师（4.717分）、其他（4.714分）、公务员（4.701分）、军人（4.466分）。

（2）学校教育因素的分析

统计分析发现，学生类型、年级、政治面貌、学生干部经历和奖学金经历不同的大学生，对社会主义核心价值观的认同度及践行意愿也不同，且具有显著差异（见表1-10）。

表1-10 不同学校教育因素大学生对社会主义核心价值观的认同度及践行意愿的均值比较

		M	SD	F值/t值	P
学生类型	专科生	4.658	0.496	F = 12.277	P < 0.001
	本科生	4.761	0.463		
	硕士生	4.774	0.563		
	博士生	4.833	0.389		
年级	大一	4.712	0.465	F = 3.307	P < 0.01
	大二	4.690	0.502		
	大三	4.732	0.501		
	大四	4.784	0.421		
	硕士	4.774	0.563		
	博士	4.833	0.389		

(续表)

		M	SD	F 值/t 值	P
政治面貌	中共党员（含预备党员）	4.817	0.485	F = 16.977	P < 0.001
	共青团员	4.721	0.465		
	民主党派成员	4.773	0.473		
	无党派人士	4.222	0.664		
	群众	4.533	0.628		
学生干部经历	有	4.742	0.471	t = 4.168	P < 0.001
	无	4.647	0.541		
奖学金经历	有	4.759	0.500	t = 3.648	P < 0.001
	无	4.697	0.474		

学生类型因素。以学生类型因素为自变量进行均值分析，数据显示，大学生对社会主义核心价值观的认同度和践行意愿较高，均超过 4.6 分，处于"比较认同"与"非常认同"区间。然而，不同类型的大学生对社会主义核心价值观的认同度和践行意愿有所不同，有显著差异（F = 12.277，P < 0.001）。调查结果表明，博士生对社会主义核心价值观的认同度最高，践行意愿最强，均值得分为 4.833 分。其他类型大学生均值得分由高到低为硕士生（4.774 分）、本科生（4.761 分）、专科生（4.658 分）。

年级因素。以年级因素为自变量进行均值分析，数据显示，大学生对社会主义核心价值观的认同度和践行意愿较高，均超过 4.6 分，处于"比较认同"与"非常认同"区间。然而，不同年级的大学生对社会主义核心价值观的认同度及践行意愿也存在显著差异（F = 3.307，P < 0.001）。数据表明，在所有大学生中，博士生对社会主义核心价值观的认同度最高，践行意愿最强烈，均值得分为 4.833 分。按照不同年级大学生在该考察项上的表现从高到低排序，其均值得分分别为：博士（4.833 分）、大四（4.784 分）、硕士（4.774 分）、大三（4.732 分）、大一（4.712 分）、大二（4.690 分）。

政治面貌因素。以政治面貌因素为自变量进行均值分析，数据显示，大学生对社会主义核心价值观的认同度和践行意愿较高，均超过 4.7 分，处于"比较认同"与"非常认同"区间。然而，不同政治面貌的大学生对社会主义核心价值观的认同度及践行意愿也存在显著差异（F = 16.977，P < 0.001）。党员大

学生对社会主义核心价值观的认同度及践行意愿最高，均值得分位居第一，为4.817分，趋近于"非常认同"。民主党派成员大学生位居其次，均值得分4.773分。其余不同政治面貌大学生群体对社会主义核心价值观的认同度及践行意愿的均值得分由高到低排序，依次为：共青团员（4.721分）、群众（4.533分）、无党派人士（4.222分）（见图1-3）。

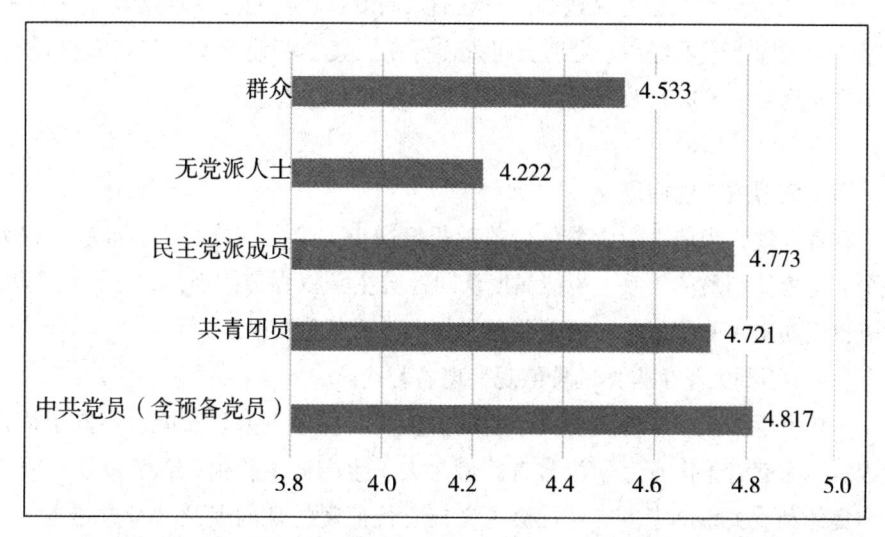

图1-3 不同政治面貌大学生对社会主义核心价值观的认同度及践行意愿的均值比较

学生干部经历因素。以学生干部经历因素为自变量进行均值分析，数据显示，大学生对社会主义核心价值观的认同度和践行意愿较高，均超过4.6分，处于"比较认同"与"非常认同"区间。然而，不同学生干部经验的大学生在对社会主义核心价值观的认同度及践行意愿上也存在显著差异（t=4.168，P<0.001）。有学生干部经验的大学生对社会主义核心价值观认同度和践行意愿更高，均值得分为4.742分，而暂无此经验的大学生均值得分为4.647分。可以看出，学生干部经历对提高社会主义核心价值观认同度和践行意愿具有促进作用。

奖学金经历因素。以奖学金经历因素为自变量进行均值分析，数据显示，大学生对社会主义核心价值观的认同度和践行意愿较高，均超过4.6分，处于"比较认同"与"非常认同"区间。然而，不同奖学金经历的大学生在社会主义核心价值观的认同度及践行愿意上也存在显著差异（t=3.648，P<0.001）。根据结果显示，获得过奖学金的大学生在此考察项上的均值得分为4.759分，相比没有得过奖学金的大学生而言，均值得分更高。

3. 结论

（1）绝大多数大学生对社会主义核心价值观持高度认同的态度。

（2）大学生对社会主义核心价值观的认同度及践行意愿在入学前户籍、家庭类型、母亲职业类型、学生类型、年级、政治面貌、学生干部经历、奖学金经历等人口学变量上存在显著差异。

（3）大学生对社会主义核心价值观的认同度及践行意愿在性别、专业类别、独生子女、国外学习经历、儿时父母外出务工、父亲职业类型、父亲文化程度、母亲文化程度、家庭月收入等人口学变量上不存在显著差异。

四、值得关注的问题

调查发现，当前大学生总体价值观积极向上，绝大部分大学生能够正确处理个人与集体利益的关系，也能高度认同社会主义核心价值观，并能自觉践行。同时也反映出一些值得关注的现象和问题，必须高度重视。

（一）不同大学生群体的价值观呈现显著差异

分析发现，人口学变量对大学生的价值观状况存在显著影响，不同个体自然因素、家庭背景因素、学校教育因素对大学生的人生价值的认知状况、对个人与集体利益关系的态度、对社会主义核心价值观的认同度及践行意愿也不尽相同。在这些影响变量的因素中，奖学金经历、入学前户籍、家庭类型、母亲职业类型、政治面貌、学生干部经历等影响最大。

在对人生价值的认知状况方面，具有显著差异的人口学变量包括：独生子女、入学前户籍、父亲职业类型、母亲职业类型、父亲文化程度、学生类型、政治面貌、学生干部经历、奖学金经历和国外学习经历。

在对个人与集体利益关系的态度方面，具有显著差异的人口学变量包括：性别、独生子女状况、母亲文化程度、专业类型、政治面貌、奖学金经历。

在对社会主义核心价值观的认同度及践行意愿方面，具有显著差异的人口学变量包括：入学前户籍、家庭类型、母亲职业类型、学生类型、年级、政治面貌、学生干部经历、奖学金经历。

（二）少数大学生的价值观受到一些错误的西方价值观念的影响，高校需继续加强对大学生的理想信念教育，引导其树立正确的价值观

调查发现，由于受到享乐主义、拜金主义、个人主义等错误西方价值观的影响，少数大学生的价值观仍需积极引导。数据显示，20.8%的大学生对"人不为己，天诛地灭"的价值观表示认同，28.5%的大学生对"佛系人生"的价

值观表示认同，22.7%的大学生对"金钱是万能的"的观点表示认同。而更亟待关注的还有，仍有少部分大学生群体对这些错误的、消极的、负面的价值观判断为认同。从数据反映出来的情况看，对大学生价值观的认识状况还不能过于乐观，高校还应切实加强对大学生价值观的积极引导和正面教育，引导大学生正确判断价值观，准确解读价值观，自觉抵制消极错误的价值观，促进自身成长成才，为提高社会主义核心价值观认同度和践行意愿打下良好的基础。

（三）极少数大学生的社会主义核心价值观践行意愿还有待进一步增强，高校应创新社会主义核心价值观教育的手段和方式，提高有效性

统计分析发现，绝大部分大学生对社会主义核心价值观的践行意愿是强烈的，并将践行积极付诸行动，但是，仍有少部分大学生对社会主义核心价值观的践行缺乏一定的积极性。数据显示，当问及"大学生要敢于做先锋，而不做过客、当看客"的观点时，有1.4%的大学生表示不认同；仍有1.1%的大学生表示不愿意参加学校组织的社会主义核心价值观教育实践活动。由此可见，极少数大学生对社会主义核心价值观的践行意愿还有待进一步增强。因此，高校应进一步创新社会主义核心价值观教育实践活动的手段和方式，提高其吸引力和有效性，使大学生积极参加相关教育活动，自觉做到将社会主义核心价值观内化于心，外化于行。

第二章

大学生道德观状况

一、引言

道德观作为一种重要的精神力量，对其他社会观念存在重大的影响。可通过促进人的自我完善，推动人的全面发展，指引人向上向善。正处于"拔节孕穗期"的大学生，还未完全树立正确的思想道德观念，很容易受到外界因素的影响，需要进一步教育引导，帮助其树立正确的道德观。为充分了解大学生道德观现状，本研究结合量表对大学生的道德观认知状况及其影响因素进行了调查分析，为大学生树立正确道德观提供理论参考和现实依据。

（一）道德观概念界定

道德观是道德意识和道德水平的统一体，集中表现为个人处理与他人、集体和社会关系的准则。道德观对于大学生成长成才具有非常重要的作用。道德具有认识功能、规范功能、调节功能和激励功能，能够帮助大学生认识自身对社会、他人、家庭的道德义务和责任；能够帮助大学生在正确的善恶观的指引下，规范自身在公共领域、职业领域、家庭领域的行为，引导自身崇德向善；能够帮助大学生指导和纠正各自的行为和实践活动，调解个人和社会、他人之间的关系；能够激励大学生更加自觉地明德惟馨、崇德修身。

（二）研究现状

1. 道德观相关理论

（1）西方哲学中的道德观

斯多葛主义道德观更关注人的理性存在，是对希腊、罗马哲学人文主义的立场的呼应，而基督教道德观更倾向于服务社会秩序的普遍性质（李志艳，2019）。康德道德哲学的意义在于，尽管他的义务论被批判为冷冰冰的、毫无温度的形式化道德哲学，但他始终使人坚信良知的呼唤能够让人类保持一颗善良的心灵（耿宇，2018）。莱布尼茨认为依照上帝的命令去做就是善，不依照上帝的命令去做就是恶，这样就把超验的上帝当作了道德标准的来源。尼采的道德观思路独特、另辟蹊径，他断言道德是一种偏见，道德不过是弱者用来制约强者的工具（王晓丽，2018）。

(2) 中国传统哲学中的道德观

老子《道德经》说：道生之，德畜之……夫莫之命而常然。故道生之，德畜之……是谓玄德。张欢、尹国欣（2019）认为《道德经》是中国传统文化经典著作之一，阐释了道法自然的"合一"观、道生德养的道德观。孙旭鹏、赵文丹（2019）认为韩非的道德观较之儒家的道德观，发生了一个重大的转向，它肯定了"利"对生成"德"的积极作用。道德不能脱离现实的个体利益而单独存在，个体利益也必须受到道德的规范；只有实现"利"与"德"互渗，才能切实保障个人正当利益，促进社会整体道德水平的提升。张静（2019）认为将"兼爱"作为墨家道德体系的核心，而"贵义""非攻""尚贤"等道德思想则是其道德体系的组成部分，"志功合一"往往是其道德体系中个人道德评价的标准。郭金粘（2019）认为德是儒家的核心概念，关乎个人发展与社会和谐，儒家试图以道德教化来拯救礼坏乐崩的社会，为此构建了以修身为本的完整道德教化体系，并提出具体的道德维度与修养方法。

(3) 马克思主义道德观

王明珠（2018）认为随着社会的发展与变化，马克思主义道德研究在马克思主义哲学体系中已经占据了不可或缺的位置，越来越多的学者认可马克思主义道德观念，并且运用这些道德观念作为指导现代社会道德建设的理论基础，对道德建设的可行性找出实践路径。宋希仁（2014）、陶艳华（2014）、张之沧（2010）都肯定了马克思恩格斯道德观的科学性，并对马克思道德体系高度认可。林妍君（2018）认为马克思道德观是建立在辩证唯物主义和历史唯物主义的基础之上，它是无产阶级的道德，也是共产主义的道德，是无产阶级斗争、发展、进步的理论，具有科学性、革命性，更具有批判性。马克思道德观是时代精神的精华，是实现人的自由而全面发展的共产主义道德观，更对中国社会道德观的发展和实践有着重要的指导意义。王明珠（2018）认为在当代中国道德建设情境下，弘扬社会主义核心价值观，就是对马克思主义道德观的具体运用和创新发展。

2. 道德观的前因变量研究

研究者们从不同视角切入对道德观进行研究，探讨了诸多因素对大学生道德观的影响。刘岩松、郑孝镜（2018）研究发现，阅读儒家经典能够培养大学生良好的道德观，如责任意识、自立自强的精神、孝道观念等。滕飞（2020）的研究发现消费文化影响青少年道德观，其中道德认同中归属感与疏离感并存，道德价值趋于平庸化和模糊化，道德情感表现出冷漠化趋向。梁凤美（2018）认为，加强社会新媒体监管、更新高校教育理念、重视家庭道德教育、加强学生道德自律对形成正确的道德观有非常重要的作用。

3. 道德观的后因变量研究

基于不同研究视角，学者们对道德观对于工作生活的影响进行了深入研究。白雪（2019）的研究提出，儿童的道德观会影响他们的储蓄观念，我国儿童道德观对其储蓄观念的影响表现为儿童朴素单纯的道德观决定其倾向于首先考虑私德，所以，培养公德的概念能够帮助孩子理解社会、融入集体，更加明确自身价值所在。王森浩、贾美艳（2020）提出正确的生态道德观对日益恶化的生态环境能起到积极作用，提倡大学生通过社会实践积极参与环境保护。陈淑萍、李军（2019）认为父母的道德观对于子女的影响是深远且无法取代的，能够给子女心灵埋下真善美的种子，引导他们扣好人生第一粒扣子。曹洪军（2019）提出良好的道德观能够调节人民群众内部利益矛盾，正确处理个人利益与集体利益的关系，为经济发展和社会进步汇聚强大力量。王小会、侯爱萍（2019）研究认为马克思主义道德观是马克思主义理论的重要组成部分，是培育和践行社会主义核心价值观的重要来源，加强道德教育，采取道德监督等都是培育和践行社会主义核心价值观的重要手段。

4. 道德观的现状

丁彩瑶（2013）通过对大学生进行道德观调查发现，53.4%的同学通过"电视新闻、网络及报纸"了解社会道德事件，13.3%大学生从"学校课堂"了解，25.9%的大学生从"家庭亲友的讨论"中知晓。当集体利益与个人利益冲突时，14.8%的大学生会选择"集体利益优先"，29.6%选择"个体利益优先"，31.9%的大学生选择"不影响个人利益的同时，兼顾集体利益"；廖欢、罗艳等（2012）调查研究发现，在社会公德方面，53.8%的大学生会自动捐款，82.9%大学生会自动关流水，42.2%的大学生面对小偷等情况会选择明哲保身；贺君（2011）研究发现，97.5%的大学生都关注过社会主义道德建设问题。大学生道德价值观倾向多元化，他们在传统道德与现代道德、东方道德与西方道德、个人道德与集体道德交汇中徘徊取舍；91.5%的大学生对社会上的不道德行为深恶痛绝，但提及要求其与不道德行为作斗争时却有49.7%的大学生表示有心无力，只有16.2%的大学生认为自己应该挺身而出。赞同在紧要关头"舍己为人"的占17%，赞同"事不关己"的占6.5%。在道德与名利的选择上，赞同应以道德为主的占45%；认为个人道德修养良好的占60%；梁凤美（2018）对新媒体环境下大学生道德判断力培养研究发现，新媒体环境中，大学生在进行交流互动时更倾向于"隐姓埋名"，25.96%的学生为了保护个人隐私，会尽量不说真话，47.26%的学生选择偶尔说真话，只有11.07%的学生选择全部说真话。当问及"如何看待新媒体环境下的网络谎言、网络欺诈等不道德现象"时，3.93%的学生选择"无所谓，只要不涉及我都无所谓"，还有7.96%的学生选择"虚拟世界，不必较真"；当问及是否"相信我国政府官方网站提供的信息"时，4.65%的学生表示"很少关注，不清楚"；当问及"在虚拟的新媒体环境下是否需要遵守现实世界的道德准则和社会规范"时，29.37%的学生认为"视情况而定"，3.83%的学生认为"没有必要"，3.72%的学生认为"无所谓"。

综上所述，本研究旨在了解大学生道德观的现状，以及各人口学变量对大学生道德观的影响，从而为培养大学生形成正确的道德观提供一定的现实依据。

二、大学生道德观基本概况

大学生道德状况主要对中国特色社会主义建设中的道德建设及实践的认同状况进行考察，围绕诚实守信、奉献社会、爱岗敬业和孝老爱亲四个方面进行，设置了11条项目，经可靠性分析，Cronbach's Alpha为0.794，说明项目设置具有较高的内在一致性。

调查显示，当前大学生道德观状况总体良好，具体表现在以下几点。

（一）绝大多数大学生具有较高的诚实守信意识

虽然少数大学生存在考试作弊、论文抄袭等行为，但大学生群体整体上具有较高的诚信意识；一些大学生在毕业后也有不按期归还国家助学贷款款项或为了获得一个职位或者荣誉而夸大自身条件的做法，但也有超过93.5%的大学生认为应该建立大学生个人诚信档案，希望通过个人诚信档案来规范大学生在诚实守信方面的行为，尽量让现有的这些不良现象因为制度的完善而逐渐消失。这充分说明我们的大学生勇于面对问题，敢于接受制度约束，充分体现了绝大多数大学生有正确的是非观，展示出新时代大学生的良好道德风貌。

（二）绝大多数大学生具有较高的奉献社会意识

当前大学生群体具有较高的奉献意识，超过九成的大学生表达了对奉献社会的认同。课题组从对"大学生参加公益活动有益于个人成长和进步"这一看法的认同程度上考察大学生对奉献社会的态度。结果显示,95.6%的大学生认同这一看法,其中非常认同达77.9%,比较认同为17.7%。可见当前大学生群体奉献社会的态度较好,认可并愿意参加公益活动。

(三)绝大多数大学生具有较高的爱岗敬业意识

当前大学生有较高的爱岗敬业意识。数据显示,大学生群体整体上对爱岗敬业的认同率非常高,认同率普遍达到96.0%以上。大学生对"重视学习时代楷模的敬业精神""劳动最光荣""爱岗敬业在今天仍然具有重要意义"的认同度分别达到96.6%、96.0%、97.5%。这说明大学生群体对爱岗敬业认知水平和认同度高,希望成为有理想、有本领、有担当的新时代青年。

(四)绝大多数大学生具有较高的孝老爱亲意识

当前大学生具有较高的孝老爱亲意识。绝大多数大学生对孝老爱亲认同度较高,其中弘扬优良家风、愿意让座的认同率高达96.4%、96.2%。这说明孝道作为中华民族的传统美德在大学生中得到良好传承;84.4%的大学生表示愿意扶摔倒老人起来。这也说明大学生普遍具有正确的孝道观念,能够做到自觉弘扬和传承中华民族孝老爱亲的传统美德。

三、大学生道德观状况多维考察及差异源分析

本次调查对大学生道德观状况从四个方面的维度开展研究,一是对诚实守信的态度,二是对奉献社会的态度,三是对爱岗敬业的态度,四是对孝老爱亲的态度。并从个体自然因素(性别)、学校教育因素(学生类型、年级、专业类别、政治面貌、学生干部经历、国外学习经历、奖学金经历)、家庭背景因素(独生子女状况、儿时父母外出务工、入学前户籍、家庭类型、父亲职业类型、母亲职业类型、父亲文化程度、母亲文化程度、家庭月收入)等三个方面来探索大学生道德观的差异源。具体调研结果及差异分析如下。

(一)大学生对诚实守信的态度状况及差异源分析

1. 大学生对诚实守信的态度状况

课题组通过对"一些大学生考试作弊、论文抄袭""一些大学生毕业后不按期归还国家助学贷款款项""为了获得一个职业或者荣誉而夸大自身条件的做法"3个负面问题和"需要建立大学生个人诚信档案"1个正面问题共4个问题入手,采用Likert 5点计分法,"1~5"依次代表"完全不认同"至"非常认同",负面问题采用反向计分。继而进行均值分析,考察大学生对诚实守信的态度。

调查结果显示：大学生对诚实守信的态度平均得分为 4.251 分，反映大学生对诚实守信的整体认知状况较好。93.5% 的大学生认同高校需要建立大学生个人诚信档案，其中有 71.6% 表示非常认同，平均得分达 4.606 分。说明大部分大学生认可建立个人诚信档案的重要性和意义。但要注意的是，对于"一些大学生考试作弊、论文抄袭""一些大学生毕业后不按期归还国家助学贷款款项""为了获得一个职业或者荣誉而夸大自身条件的做法"三题的认同率分别为 13.3%、9.4% 和 15.9%。还有一定比例的大学生群体对此认知存在不确定，尤其是"一些大学生毕业后不按期归还国家助学贷款款项"有 15.6% 的大学生存有徘徊心态（见表 2-1）。这充分说明大学生群体对诚实守信道德品质的认知和实践还存在一定的偏差。

表 2-1　大学生对诚实守信的态度（%）

	非常认同	比较认同	不确定	不太认同	完全不认同	认同率	M	SD
一些大学生考试作弊、论文抄袭	5.1	8.2	11.6	15.2	59.9	13.3	4.170	1.215
一些大学生毕业后不按期归还国家助学贷款款项	3.8	5.6	15.6	14.0	62.0	9.4	4.230	1.130
需要建立大学生个人诚信档案	71.6	21.9	3.4	1.6	1.5	93.5	4.606	0.761
为了获得一个职位或者荣誉而夸大自身条件的做法	9.6	6.3	7.8	26.7	49.6	16.0	4.000	1.301
整体认同度							4.251	0.810

2. 差异源分析

为进一步分析大学生诚实守信状况的影响因素，课题组将大学生诚实守信状况作为因变量，与性别、学生类型、年级、专业类别、政治面貌、独生子女状况、学生干部经历、国外学习经历、儿时父母外出务工、奖学金经历、入学前户籍、家庭类型、父亲职业类型、母亲职业类型、父亲文化程度、母亲文化程度、家庭月收入等自变量进行了均值比较分析，发现具有不同个体自然因素、家庭背景因素和学校教育因素的大学生群体的诚实守信状况存在显著差异。

（1）个体自然因素差异分析

数据显示，性别不同的大学生群体对诚实守信的认知状况存在显著差异（见表2-2）。

性别因素。以性别因素为自变量进行均值分析，数据显示，大学生对诚实守信的认同度较高，超过4.1分，处于"比较认同"与"非常认同"区间。然而，不同性别大学生对诚实守信的态度存在显著差异（t = -6.975，P < 0.001），虽然总体差别不大，但女大学生均值得分更高。

表2-2 不同个体自然因素大学生对诚实守信态度的均值比较

		M	SD	F值/t值	P
性别	男	4.152	0.860	t = -6.975	P < 0.001
	女	4.345	0.747		

（2）家庭背景因素差异分析

调查显示，家庭背景因素对大学生群体的诚信养成也产生重要影响，具体体现在入学前户籍、家庭类型、父亲职业类型、母亲职业类型、父亲文化程度等方面的差异性（见表2-3）。

表2-3 不同家庭背景因素大学生对诚实守信态度的均值比较

		M	SD	F值/t值	P
入学前户籍	农村	4.247	0.796	F = 4.032	P < 0.01
	乡镇	4.138	0.890		
	县城（县级市）	4.358	0.779		
	地级市	4.371	0.797		
	省会城市	4.191	0.865		
	直辖市	4.370	0.757		

(续表)

		M	SD	F 值/t 值	P
家庭类型	双亲	4.267	0.797	F = 6.357	P < 0.001
	单亲	4.163	0.901		
	祖辈抚养	3.724	0.981		
	重组家庭	4.292	0.763		
	孤儿	4.237	0.646		
父亲职业类型	公务员	4.276	0.873	F = 4.289	P < 0.001
	教师	4.072	0.967		
	军人	3.567	1.273		
	农民	4.253	0.788		
	工人	4.262	0.767		
	个体户	4.246	0.824		
	企事业单位	4.378	0.758		
	其他	4.285	0.810		
母亲职业类型	公务员	4.188	0.978	F = 2.563	P < 0.05
	教师	4.231	0.905		
	军人	3.769	1.114		
	农民	4.244	0.789		
	工人	4.276	0.795		
	个体户	4.266	0.814		
	企事业单位	4.350	0.742		
	其他	4.282	0.786		
父亲文化程度	未接受过教育	3.943	0.935	F = 3.689	P < 0.01
	小学	4.225	0.815		
	初中	4.281	0.774		
	高中（含中专、中职）	4.214	0.847		
	高职高专	4.381	0.746		
	大学本科	4.280	0.844		
	硕士	4.750	0.661		
	博士	4.750	0.478		

入学前户籍因素。以入学前户籍因素为自变量进行均值分析,数据显示,大学生对诚实守信的认同度均超过4.1分,处于"比较认同"与"非常认同"区间。然而,不同入学前户籍状况的大学生对诚实守信的态度也存在显著差异(F=4.032,P<0.001)。来自地级市的大学生得分最高(4.371分),其他依次为来自直辖市的大学生(4.370分)、县城(县级市)的大学生(4.358分)、农村的大学生(4.247分)、省会城市的大学生(4.191分)、乡镇的大学生(4.138分)(见图2-1)。

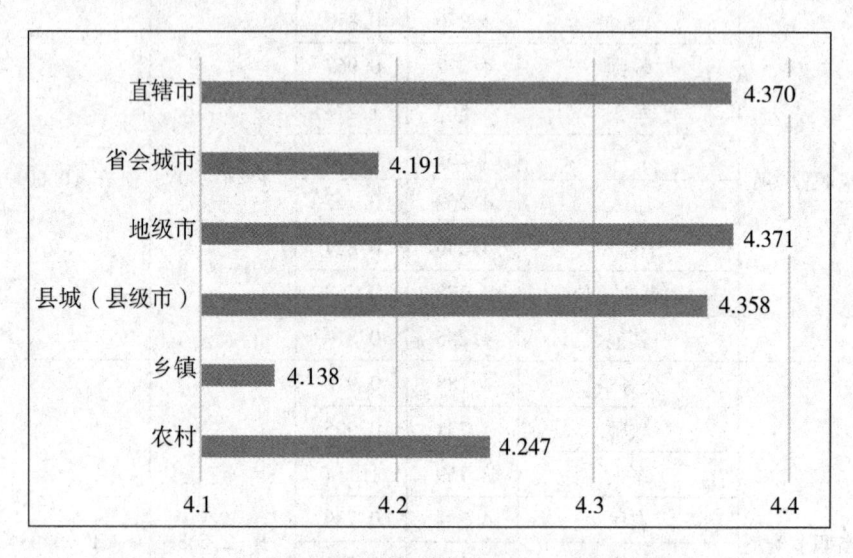

图2-1 入学前户籍不同大学生对诚实守信态度的均值得分

家庭类型因素。以家庭类型因素为自变量进行均值分析,数据显示,大学生对诚实守信的认同度均超过4.1分,处于"比较认同"与"非常认同"区间。然而,不同家庭类型的大学生对诚实守信的态度也存在显著差异性(F=6.357,P<0.001)。得分上,重组家庭的大学生在诚实守信态度得分最高(4.292分),其他依次为双亲家庭大学生(4.267分)、孤儿(4.237分)、单亲家庭大学生(4.163分)、祖辈抚养的大学生(3.724分)。

父亲职业类型因素。以父亲职业类型因素为自变量进行均值分析,数据显示,绝大部分大学生对诚实守信的认同度均超过4.0分,处于"比较认同"与"完全认同"区间。然而,不同父亲职业类型状况的大学生对诚实守信的态度存在显著差异性(F=4.289,P<0.001)。得分上,父亲为企事业单位工作的大学生群体,对诚实守信的态度的均值得分最高(4.378分),此后依次为其他

（4.285 分）、公务员（4.276 分）、工人（4.262 分）、农民（4.253 分）、个体户（4.246 分）、教师（4.072 分）、军人（3.567 分）。

母亲职业类型因素。以母亲职业类型因素为自变量进行均值分析，数据显示，绝大部分大学生对诚实守信的认同度均超过 4.1 分，处于"比较认同"与"完全认同"区间。然而，不同母亲职业类型状况的大学生对诚实守信的态度存在显著差异性（F=2.563，P<0.05），得分上，母亲职业是企事业单位的大学生在诚实守信态度得分最高（4.350 分），接着依次为其他（4.282 分）、工人（4.276 分）、个体户（4.266 分）、农民（4.244 分）、教师（4.231 分）、公务员（4.188 分）、军人（3.769 分）（见图 2-2）。

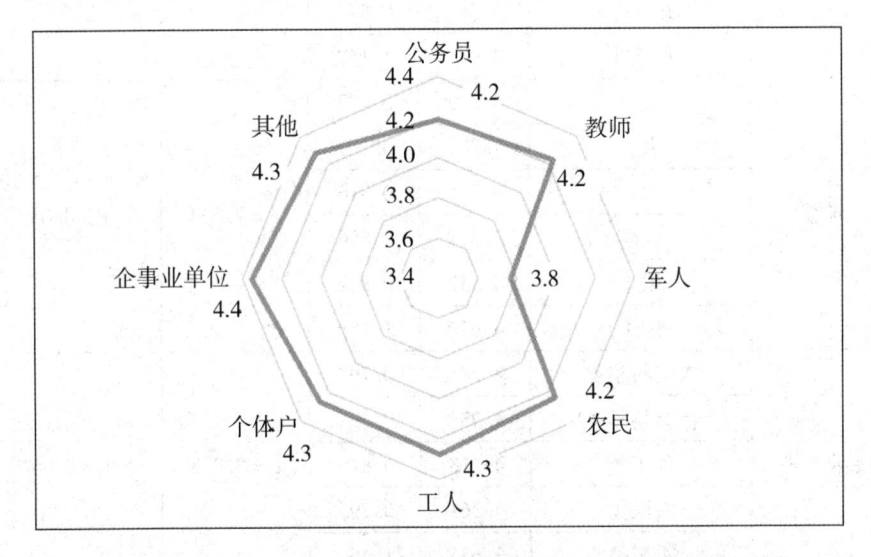

图 2-2 不同母亲职业类型大学生对诚实守信态度的均值得分

父亲文化程度因素。以父亲文化程度因素为自变量进行均值分析，数据显示，绝大部分大学生对诚实守信的认同度均超过 4.2 分，处于"比较认同"与"完全认同"区间。然而，父亲文化程度不同的大学生对诚实守信的态度存在显著差异（F=3.689，P<0.01）。在所有大学生中，诚实守信认同度最高的是父亲文化程度为博士和硕士（4.750 分），最低的是未接受过教育的（3.943 分）。具体而言，按照父亲文化程度对大学生的诚实守信的均值得分降序排列，父亲文化程度依次为高职高专（4.381 分）、初中（4.281 分）、大学本科（4.280 分）、小学（4.225 分）、高中（含中专、中职）（4.214 分）。

(3) 学校教育因素差异分析

统计分析发现，学生类型、年级、专业类别、政治面貌、学生干部经历、国外学习经历、奖学金经历不同的大学生在诚实守信上也有差异，具体情况如下（见表2-4）。

表2-4 不同学校教育因素大学生对诚实守信态度的均值比较

		M	SD	F值/t值	P
学生类型	专科生	4.192	0.813	F = 4.819	P < 0.01
	本科生	4.290	0.783		
	硕士生	4.342	0.822		
	博士生	4.074	1.158		
年级	大一	4.279	0.772	F = 2.254	P < 0.05
	大二	4.201	0.797		
	大三	4.255	0.816		
	大四	4.278	0.856		
	硕士	4.342	0.822		
	博士	4.074	1.158		
专业类别	人文科学类	4.285	0.797	F = 3.273	P < 0.05
	社会科学类	4.239	0.795		
	理工类	4.218	0.825		
	农医类	4.361	0.795		
	军事类	3.625	1.464		
政治面貌	中共党员（含预备党员）	4.335	0.813	F = 3.370	P < 0.01
	共青团员	4.241	0.803		
	民主党派成员	3.681	1.049		
	无党派人士	4.083	0.970		
	群众	4.200	0.821		
学生干部经历	有	4.280	0.789	t = 4.020	P < 0.001
	无	4.130	0.881		
国外学习经历	有	4.028	1.003	t = -2.741	P < 0.001
	无	4.261	0.799		

(续表)

		M	SD	F值/t值	P
奖学金经历	有	4.300	0.790	t = 3.022	P < 0.05
	无	4.216	0.821		

学生类型因素。以学生类型因素为自变量进行均值分析，数据显示，大学生对诚实守信的认同度较高，超过4.1分，处于"比较认同"与"完全认同"区间。然而，不同类型大学生对诚实守信的态度也存在显著差异（F=4.819，P<0.01）。诚实守信均值得分最高的是硕士生（4.342分），最低的是博士生（4.074分）。本科生、专科生在该项目考察项上的均值得分分别为4.290分、4.192分。

年级因素。以年级因素为自变量进行均值分析，数据显示，所有大学生对诚实守信的认同度较高，超过4.0分，处于"比较认同"与"完全认同"区间。然而，不同年级大学生对诚实守信的态度存在显著差异（F=2.254，P<0.05）。硕士在诚实守信认同度上更高，均值得分最高，为4.342分，博士诚实守信认同度最低，为4.074分，其余不同年级的大学生在诚实守信认同度上的均值得分由高到低排序依次为：大一（4.279分）、大四（4.278分）、大三（4.255分）、大二（4.201分）（见图2-3）。

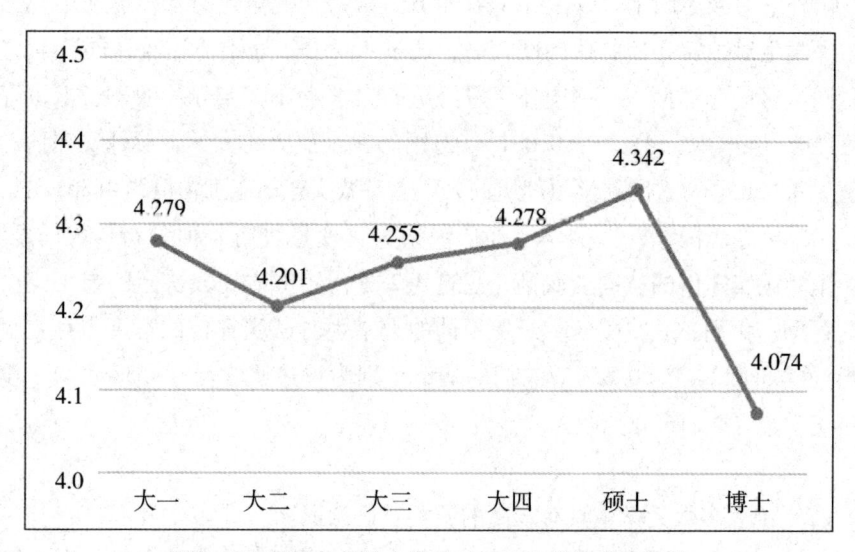

图2-3 不同年级的大学生对诚实守信的均值得分

专业类别因素。以专业类别因素为自变量进行均值分析，数据显示，绝大部分大学生对诚实守信的认同度较高，超过4.2分，处于"比较认同"与"完全认同"区间。然而，不同专业类别的大学生对诚实守信的态度存在显著差异（F=3.273，P<0.05）。农医类大学生的诚实守信认同度更高，均值得分为4.361分，军事类专业大学生的诚实守信认同度最低，均值得分为3.625，其他的依照由高到低的排序依次为：人文科学类（4.285分）、社会科学类（4.239分）、理工类（4.218分）。

政治面貌因素。以政治面貌因素为自变量进行均值分析，数据显示，绝大部分大学生对诚实守信的认同度较高，超过4.0分，处于"比较认同"与"完全认同"区间。然而，不同政治面貌大学生对诚实守信的态度存在显著差异（F=3.370，P<0.01）。中共党员、共青团员更加强烈表达了自己对诚实守信的认同度，排名在前两位，分别为4.355分和4.241分，其余的依次为群众（4.200分）、无党派人士（4.083分）、民主党派成员（3.681分）。

学生干部经历因素。以学生干部经历因素为自变量进行均值分析，数据显示，大学生对诚实守信的认同度均超过4.1分，处于"比较认同"与"完全认同"区间。然而，不同学生干部经历的大学生在诚实守信态度上也存在显著差异（t=4.020，P<0.001），有过学生干部经历的大学生对诚实守信更加认同和关注，均值达到4.280分，无学生干部经历的大学生的均值得分为4.130分。

国外学习经历因素。以国外学习经历因素为自变量进行均值分析，数据显示，大学生对诚实守信的认同度较高，超过4.0分，处于"比较认同"与"完全认同"区间。然而，不同国外学习经历的大学生在诚实守信的态度上也存在显著差异（t=-2.741，P<0.001）。有国外学习经历的大学生对诚实守信态度均值为4.028分，无国外学习经历的大学生对诚实守信态度均值为4.261分。

奖学金经历因素。以奖学金经历因素为自变量进行均值分析，数据显示，大学生对诚实守信的认同度较高，超过4.2分，处于"比较认同"与"完全认同"区间。然而，获得奖学金经历不同的大学生对诚实守信的态度也存在显著差异（t=3.022，P<0.05）。它们的均值分别为得过奖学金（4.300分），没有得过奖学金（4.216分）。

3. 结论

（1）绝大多数大学生具有较高的诚实守信意识。

（2）大学生对诚实守信的态度在性别、入学前户籍、家庭类型、父亲职业类型、母亲职业类型、父亲文化程度、母亲文化程度、学生类型、年级、专业类别、政治面貌、学生干部经历、国外学习经历、奖学金经历等人口学变量上存在显著差异。

（3）大学生对诚实守信的态度在独生子女状况、儿时父母外出务工、家庭月收入等人口学变量上不存在显著差异。

（二）大学生对奉献社会的态度状况及差异源分析

1. 大学生对奉献社会的态度状况

课题组从对"大学生参加公益活动有益于个人成长和进步"这一看法的认同程度上考察大学生对奉献社会的态度。结果显示，95.6%的大学生认同这一看法，其中非常认同的比例达77.9%，比较认同为17.7%。可见当前大学生群体具有较高的奉献社会意识，认可并愿意参加公益活动（见图2-4）。

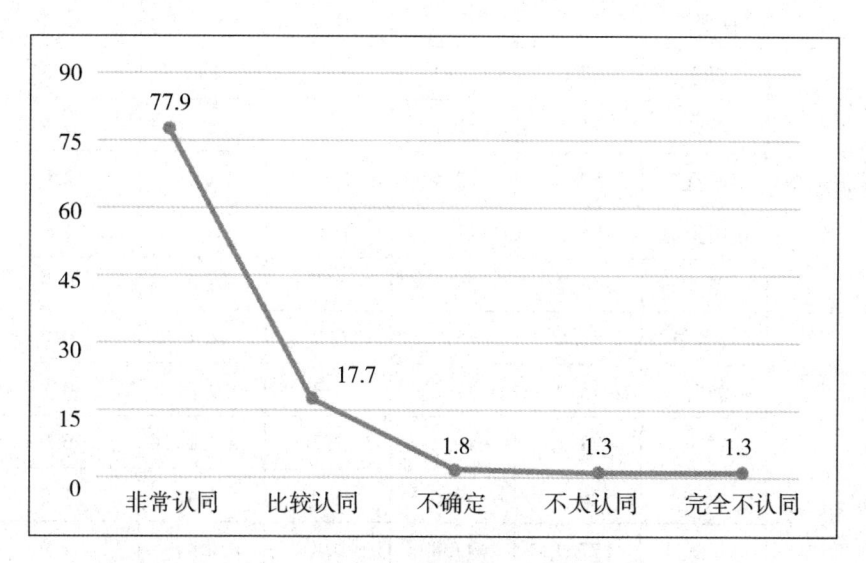

图2-4 大学生对奉献社会的态度（%）

2. 差异源分析

为进一步调查研究不同性质的大学生群体对奉献社会的态度，课题组基于个体自然因素、家庭背景因素、学校教育因素对大学生的奉献社会状况进行了交叉分析。根据卡方检验，发现不同家庭背景因素和不同学校教育因素的大学生群体在奉献社会的态度上均存在显著差异。

（1）家庭背景因素差异分析

调查显示，基于家庭背景因素，入学前户籍、家庭类型、父亲职业类型不同的大学生群体对奉献社会的态度也存在显著差异（见表2-5）。

表2-5 不同家庭背景因素的大学生在奉献社会态度上的交叉分析（%）

		参加公益活动有利于个人成长和进步				
		非常认同	比较认同	不确定	比较不认同	完全不认同
入学前户籍	农村	77.6	18.5	1.4	1.3	1.2
	乡镇	73.7	19.5	3.6	1.7	1.4
	县城（县级市）	77.4	16.4	3.1	1.9	1.3
	地级市	85.5	12.9	0.4	0.8	0.4
	省会城市	85.7	11.0	1.1	0.0	2.2
	直辖市	75.9	20.7	0.0	0.0	3.4
家庭类型	双亲	78.6	17.2	1.7	1.2	1.3
	单亲	74.7	21.1	1.5	2.3	0.4
	祖辈抚养	57.1	22.4	12.2	6.1	2.0
	重组家庭	78.9	19.7	0.0	0.0	1.3
	孤儿	66.7	28.6	4.8	0.0	0.0
父亲职业类型	公务员	82.6	15.3	0.0	2.1	0.0
	教师	75.0	17.2	6.3	0.8	0.8
	军人	73.1	19.2	7.7	0.0	0.0
	农民	76.0	19.6	1.9	1.4	1.2
	工人	77.9	17.8	0.8	1.4	2.0
	个体户	80.8	15.1	2.1	0.9	1.1
	企事业单位	78.7	17.8	2.4	0.6	0.6
	其他	80.9	14.9	0.7	1.7	1.7

入学前户籍因素。以入学前户籍因素为自变量进行交叉分析，数据显示，大学生对奉献社会的态度的认同率较高，超过了93.0%。然而，不同户籍的大学生对奉献社会的态度也存在显著差异（$\chi^2 = 33.788$，$P < 0.05$）。地级市户籍的大学生认同率最高，达到了98.4%。大学生对奉献社会的认同率由高到低排序，其余各项依次为省会城市（96.7%）、直辖市（96.6%）、农村（96.1%）、

县城（县级市）（93.8%）、乡镇（93.2%）。

家庭类型因素。以家庭类型因素为自变量进行交叉分析，数据显示，绝大多数大学生对奉献社会的态度的认同率较高，超过了95.0%。然而，不同家庭类型的大学生对奉献社会的态度存在显著差异（$\chi^2 = 55.459$，$P < 0.001$），重组家庭的认同率最高，达到98.6%。而祖辈抚养的大学生，对奉献社会态度的认同率比较低，仅有79.5%，这和诚实守信的结论是一致的。这一结果也反映出家庭的完整性对大学生的道德观养成有重大影响。

父亲职业类型因素。以父亲职业类型因素为自变量进行交叉分析，数据显示，大学生对奉献社会的态度的认同率较高，均达到92.0%以上。然而，不同父亲职业类型的大学生对奉献社会的态度也存在显著差异（$\chi^2 = 45.951$，$P < 0.05$）。父亲职业是公务员的大学生对奉献社会的认同率最高，达到97.9%。大学生对奉献社会的认同率由高到低排序，其余各项依次为企事业单位（96.5%）、个体户（95.9%）、其他（95.8%）、工人（95.7%）、农民（95.6%）、军人（92.3%）、教师（92.2%）。

（2）学校教育因素差异分析

调查显示，基于学校教育因素，不同学生干部经历、国外学习经历、奖学金经历的大学生群体对奉献社会的态度存在显著性差异。

学生干部经历因素。以学生干部经历因素为自变量进行交叉分析，数据显示，大学生对奉献社会的认同率较高，都达到94.0%以上。然而，不同学生干部经历的大学生对奉献社会的态度也存在显著差异（$\chi^2 = 20.477$，$P < 0.001$）。有学生干部经历的大学生认同度更高，达到96.0%。

国外学习经历因素。以国外学习经历因素为自变量进行交叉分析，数据显示，大学生对奉献社会的态度的认同率较高，都达到92%以上。然而，不同国外学习经历的大学生对奉献社会的态度存在显著差异（$\chi^2 = 16.956$，$P < 0.01$），无国外学习经历（95.8%）的大学生群体认同率高于有国外学习经历（92.3%）的大学生群体。

奖学金经历因素。以奖学金经历因素为自变量进行交叉分析，数据显示，大学生对奉献社会的态度的认同率较高，都达到95.0%以上。然而，不同奖学金经历的大学生对奉献社会的态度也存在显著差异（$\chi^2 = 11.170$，$P < 0.05$）。有奖学金经历的大学生群体对奉献社会的认同率更高，为96.2%（见表2-6）。

表 2-6　不同学校教育因素的大学生在奉献社会态度上的交叉分析（%）

		参加公益活动有利于个人成长和进步				
		非常认同	比较认同	不确定	比较不认同	完全不认同
学生干部经历	有	79.1	16.9	1.6	1.0	1.3
	无	72.7	21.5	2.6	2.4	0.9
国外学习经历	有	81.8	10.5	5.6	0.7	1.4
	无	77.7	18.1	1.6	1.3	1.2
奖学金经历	有	80.6	15.6	1.5	1.1	1.2
	无	75.9	19.4	1.9	1.5	1.3

3. 结论

（1）绝大多数大学生具有较高的奉献社会意识。

（2）大学生对奉献社会的态度在入学前户籍、家庭类型、父亲职业类型、学生干部经历、国外学习经历、奖学金经历等人口学变量上存在显著差异。

（3）大学生对奉献社会的态度在性别、学生类型、年级、专业类别、独生子女状况、儿时父母外出务工、母亲职业类型、父亲文化程度、母亲文化程度、家庭月收入等人口学变量上不存在显著差异。

（三）大学生对爱岗敬业的态度状况及差异源分析

1. 大学生对爱岗敬业的态度状况

课题组从"时代楷模的爱岗敬业、刻苦钻研、艰苦奋斗等精神值得学习""劳动最光荣、劳动最崇高、劳动最伟大、劳动最美丽"和"在工作中要爱岗敬业"3个问题入手。考察大学生对爱岗敬业的态度。采用 Likert 5 点计分法，"1~5"依次代表"完全不认同"至"非常认同"，继而进行均值分析，结果显示整体认同度为4.757分，数值位于"比较认同"和"非常认同"区间。由均值得分可见，当前大学生群体整体上对爱岗敬业的认同度较高，认同率均达到96%以上（见表2-7）。

表2-7 大学生对爱岗敬业的态度(%)

	非常认同	比较认同	不确定	不太认同	完全不认同	认同率	M	SD
时代楷模的敬业精神值得学习	82.4	14.2	1.8	0.6	1.0	96.6	4.765	0.614
劳动最光荣	77.3	18.7	2.7	0.7	0.6	96.0	4.715	0.605
爱岗敬业	83.6	13.9	1.3	0.5	0.7	97.5	4.792	0.548
整体认同度							4.757	0.523

2. 差异源分析

为进一步调查研究不同群体大学生对爱岗敬业的态度,课题组将大学生爱岗敬业状况作为因变量,与性别、学生类型、年级、专业类别、政治面貌、独生子女状况、学生干部经历、国外学习经历、儿时父母外出务工、奖学金经历、入学前户籍、家庭类型、父亲职业类型、母亲职业类型、父亲文化程度、母亲文化程度、家庭月收入等自变量进行了均值比较分析,发现具有不同个体自然因素、家庭背景因素和学校教育因素的大学生群体现阶段对爱岗敬业的态度存在显著差异。

(1) 个体自然因素差异分析

统计分析发现,不同性别大学生对爱岗敬业的认知存在显著差异($t=-2.115$,$P<0.001$)。

性别因素。以性别因素为自变量进行均值分析,数据显示,大学生对爱岗敬业的认同度较高,均超过4.7分,处于"比较认同"与"非常认同"区间。然而,女生较男生的均值得分更高,为4.776分(见表2-8)。

表2-8 不同个体自然因素大学生群体对爱岗敬业的均值比较

		M	SD	t值	P
性别	男	4.738	0.576	$t=-2.115$	$P<0.001$
	女	4.776	0.467		

(2) 家庭背景因素差异分析

统计分析发现,独生子女状况、入学前户籍、家庭类型、母亲职业类型、父亲文化程度不同的大学生对爱岗敬业的认知态度存在显著差异(见表2-9)。

表2-9 不同家庭背景因素大学生群体对爱岗敬业的均值比较

		M	SD	F值/t值	P
独生子女状况	是	4.776	0.518	t = 1.206	P < 0.001
	否	4.751	0.525		
入学前户籍	农村	4.759	0.521	F = 3.906	P < 0.01
	乡镇	4.691	0.571		
	县城（县级市）	4.746	0.552		
	地级市	4.873	0.300		
	省会城市	4.758	0.679		
	直辖市	4.850	0.362		
家庭类型	双亲	4.765	0.520	F = 2.484	P < 0.05
	单亲	4.726	0.530		
	祖辈抚养	4.551	0.633		
	重组家庭	4.758	0.479		
	孤儿	4.666	0.557		
母亲职业类型	公务员	4.826	0.377	F = 2.559	P < 0.05
	教师	4.716	0.657		
	军人	4.461	0.660		
	农民	4.751	0.532		
	工人	4.792	0.459		
	个体户	4.774	0.517		
	企事业单位	4.774	0.490		
	其他	4.752	0.514		
父亲文化程度	未接受过教育	4.508	0.778	F = 3.230	P < 0.01
	小学	4.753	0.498		
	初中	4.767	0.515		
	高中（含中专、中职）	4.752	0.538		
	高职高专	4.824	0.407		
	大学本科	4.784	0.570		
	硕士	4.888	0.235		
	博士	4.571	0.658		

独生子女状况因素。以独生子女状况因素为自变量进行均值分析，数据显示，大学生对爱岗敬业的态度的认同度较高，超过4.7分，处于"比较认同"与"非常认同"区间。然而，不同独生子女状况的大学生对爱岗敬业的态度也具有显著差异（t=1.206，P<0.001），独生子女的大学生对爱岗敬业的认同度较非独生子女的大学生具有更高的认同度。

入学前户籍因素。以入学前户籍因素为自变量进行均值分析，数据显示，大学生对爱岗敬业的态度的认同度较高，均超过4.6分，处于"比较认同"与"非常认同"区间。然而，不同入学前户籍状况的大学生对爱岗敬业观的看法也有显著差异（F=3.906，P<0.01）。来自地级市的大学生爱岗敬业认同度最高，均值得分为4.873分。按入学前户籍对爱岗敬业态度的均值得分由高到低排序，依次为来自直辖市（4.850分）、农村（4.759分）、省会城市（4.758分）、县城（县级市）（4.746分）、乡镇（4.691分）。

家庭类型因素。以家庭类型因素为自变量进行均值分析，数据显示，大学生对爱岗敬业的态度的认同度较高，均超过4.5分，处于"比较认同"与"非常认同"区间。然而，不同家庭类型的大学生群体在爱岗敬业的态度上也存在显著差异（F=2.484，P<0.05）。家庭类型是双亲的大学生的爱岗敬业认同度最高，均值得分为4.765分，按照家庭类型对爱岗敬业态度的均值得分由高到低排序，依次为重组家庭（4.758分）、单亲（4.726分）、孤儿（4.666分）、祖辈抚养（4.551分）（见图2-5）。

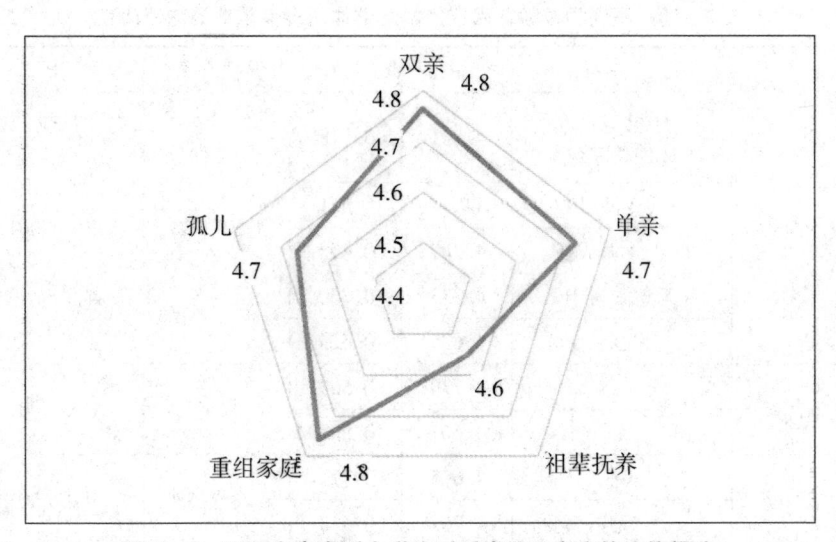

图2-5 不同家庭类型大学生对爱岗敬业态度的均值得分

母亲职业类型因素。以母亲职业类型因素为自变量进行均值分析,数据显示,大学生对爱岗敬业的态度的认同度较高,均超过4.4分,处于"比较认同"与"非常认同"区间。然而,不同母亲职业类型的大学生在爱岗敬业的态度上也存在显著差异(F = 2.559,P < 0.05)。母亲职业是公务员的大学生的爱岗敬业态度的均值最高,得分为4.8265分,此外依次是工人(4.792分)、企事业单位(4.774分)、个体户(4.774分)、其他(4.752分)、农民(4.751分)、教师(4.716分)、军人(4.461分)。

父亲文化程度因素。以父亲文化程度因素为自变量进行均值分析,数据显示,大学生对爱岗敬业的态度的认同度较高,均超过4.5分,处于"比较认同"与"非常认同"区间。然而,不同父亲职业类型的大学生群体在爱岗敬业态度上也存在显著差异(F = 3.230,P < 0.01)。父亲文化程度是硕士的大学生对爱岗敬业认同度最高,均值达到4.888分,处于"非常认同"和"比较认同"区间,其他均值由高到低依次是高职高专(4.824分)、大学本科(4.784分)、初中(4.767分)、小学(4.753分)、高中(4.752分)、博士(4.571分)、未接受过教育(4.508分)。

(3)学校教育因素差异分析

统计分析发现,政治面貌、学生干部经历、国外学习经历、奖学金经历也都对大学生爱岗敬业认知形成显著差异(见表2-10)。

表2-10 不同学校教育因素大学生群体对爱岗敬业的均值比较

		M	SD	F值/t值	P
政治面貌	中共党员(含预备党员)	4.831	0.518	F = 8.032	P < 0.001
	共青团员	4.754	0.511		
	民主党派成员	4.787	0.402		
	无党派人士	4.333	0.730		
	群众	4.625	0.624		
学生干部经历	有	4.779	0.503	t = 4.476	P < 0.001
	无	4.667	0.595		
国外学习经历	有	4.675	0.727	t = -1.385	P < 0.001
	无	4.761	0.513		

(续表)

		M	SD	F值/t值	P
奖学金经历	有	4.791	0.516	t=3.115	P<0.01
	无	4.735	0.522		

政治面貌因素。以政治面貌因素为自变量进行均值分析,数据显示,大学生对爱岗敬业的态度的认同度较高,均超过4.3分,处于"比较认同"与"非常认同"区间。然而,不同政治面貌的大学生对爱岗敬业的态度也存在显著差异（F=8.032,P<0.001）,政治面貌是中共党员的大学生的爱岗敬业的认同度最高,均值为4.831分,处于"非常认同"和"比较认同"区间,此后由高到低依次是民主党派成员（4.787分）、共青团员（4.754分）、群众（4.625分）、无党派人士（4.333分）(见图2-6)。

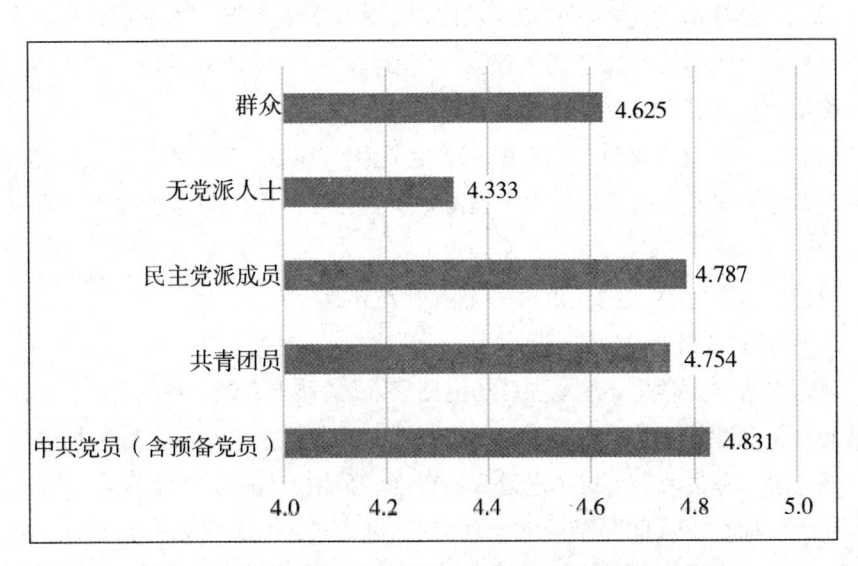

图2-6 不同政治面貌大学生对爱岗敬业态度的均值得分

学生干部经历因素。以学生干部经历因素为自变量进行均值分析,数据显示,大学生对爱岗敬业的态度的认同度较高,均超过4.6分,处于"比较认同"与"非常认同"区间。然而,学生干部经历不同的大学生对爱岗敬业的态度也存在显著差异（t=4.476,P<0.001）。有学生干部经历的大学生相对于无学生干部经历的大学生更认同爱岗敬业,均值为4.779分。

国外学习经历因素。以国外学习经历因素为自变量进行均值分析,数据显示，大学生对爱岗敬业的态度的认同度较高，均超过 4.6 分，处于"比较认同"与"非常认同"区间。然而，不同国外学习经历的大学生对爱岗敬业的态度有显著差异（t = -1.385，P<0.001）。没有国外学习经历的大学生相比较有国外学习经历的大学生而言，其爱岗敬业认同度更高，均值为 4.761 分，处于"非常认同"和"比较认同"区间。

奖学金经历因素。以奖学金经历因素为自变量进行均值分析，数据显示，大学生对爱岗敬业的态度的认同度较高，均超过 4.7 分，处于"比较认同"与"非常认同"区间。然而，获得奖学金经历不同的大学生对爱岗敬业态度也具有显著差异（t = 3.115，P<0.01）。获得奖学金的大学生相对于未获得奖学金的大学生而言，均值得分更高，为 4.791 分。

3. 结论

（1）绝大多数大学生具有较高的爱岗敬业意识。

（2）大学生对爱岗敬业的态度在性别、独生子女状况、入学前户籍、家庭类型、母亲职业类型、父亲文化程度、政治面貌、学生干部经历、国外学习经历、奖学金经历等人口学变量上存在显著差异。

（3）大学生对爱岗敬业的态度在学生类型、年级、专业类别、儿时父母外出务工、母亲职业类型、母亲文化程度、家庭月收入等人口学变量上不存在显著差异。

（四）大学生对孝老爱亲的态度状况及差异源分析

1. 大学生对孝老爱亲的态度状况

课题组从"大学生要继承和弘扬优良家风""路上有老人摔倒了，愿意把老人扶起来"和"愿意为公交车、地铁等公共交通工具上有需要的人主动让座"3 个问题入手，考察大学生对孝老爱亲的态度。采用 Likert 5 点计分法，"1~5"依次代表"完全不认同"至"非常认同"，继而进行均值分析，结果显示整体认同度为 4.626 分，数值位于"比较认同"和"非常认同"区间。由均值得分可见，当前大学生群体整体上对孝老爱亲认同度较高，其中对弘扬优良家风、愿意让座的认同率达到 96.0% 以上（见表 2 - 11）。

表2-11 大学生对孝老爱亲的态度（%）

	非常认同	比较认同	不确定	不太认同	完全不认同	认同率	M	SD
弘扬优良家风	80.9	15.5	2.4	0.5	0.7	96.4	4.753	0.590
扶摔倒老人起来	56.8	27.6	13.5	1.2	0.9	84.4	4.381	0.830
愿意让座	80.0	16.2	2.5	0.6	0.7	96.2	4.741	0.603
整体认同度							4.626	0.554

2. 差异源分析

为进一步调查研究不同群体大学生对孝老爱亲的态度，课题组将大学生孝老爱亲状况作为因变量，与性别、学生类型、年级、专业类别、政治面貌、独生子女状况、学生干部经历、国外学习经历、儿时父母外出务工、奖学金经历、入学前户籍、家庭类型、父亲职业类型、母亲职业类型、父亲文化程度、母亲文化程度、家庭月收入等自变量进行了均值比较分析，发现具有不同个体自然因素、家庭背景因素和学校教育因素的大学生群体现阶段对孝老爱亲的态度存在显著差异。

(1) 个体自然因素差异分析

统计分析发现，不同性别大学生对于孝老爱亲的态度存在显著差异。

性别因素。以性别因素为自变量进行均值分析，数据显示，大学生对孝老爱亲的认同度较高，均超过4.6分，处于"比较认同"与"非常认同"区间。然而，不同性别大学生对于孝老爱亲的态度也存在显著差异（$t = -2.295$，$P < 0.001$）。数据显示女生较男生更加认同孝老爱亲的精神，其均值得分为4.647分（见表2-12）。

表2-12 不同个体自然因素大学生群体对孝老爱亲的均值比较

		M	SD	t值	P
性别	男	4.604	0.598	$t = -2.295$	$P < 0.001$
	女	4.647	0.509		

(2) 家庭背景因素差异分析

统计分析发现，入学前户籍、家庭类型、母亲职业类型、父亲文化程度等对大学生孝老爱亲的认知态度养成都有影响（见表2-13）。

表2-13 不同家庭背景因素大学生群体对孝老爱亲的均值比较

		M	SD	t值	P
入学前户籍	农村	4.619	0.556	F = 4.149	P<0.01
	乡镇	4.554	0.605		
	县城（县级市）	4.660	0.546		
	地级市	4.743	0.414		
	省会城市	4.648	0.613		
	直辖市	4.747	0.451		
家庭类型	双亲	4.634	0.549	F = 3.579	P<0.01
	单亲	4.611	0.572		
	祖辈抚养	4.346	0.693		
	重组家庭	4.574	0.545		
	孤儿	4.555	0.590		
母亲职业类型	公务员	4.776	0.385	F = 2.102	P<0.05
	教师	4.607	0.689		
	军人	4.427	0.634		
	农民	4.613	0.560		
	工人	4.645	0.523		
	个体户	4.645	0.542		
	企事业单位	4.687	0.539		
	其他	4.608	0.538		
父亲文化程度	未接受过教育	4.497	0.704	F = 2.115	P<0.05
	小学	4.586	0.549		
	初中	4.631	0.550		
	高中（含中专、中职）	4.666	0.557		
	高职高专	4.658	0.497		
	大学本科	4.666	0.567		
	硕士	4.703	0.388		
	博士	4.476	0.766		

入学前户籍因素。以入学前户籍因素为自变量进行均值分析,数据显示,大学生对孝老爱亲的态度的认同度较高,超过4.5分,处于"比较认同"与"非常认同"区间。然而,入学前具有不同户籍的大学生在对孝老爱亲态度上也有显著差异（F=4.149,P<0.01）。来自直辖市的大学生对孝老爱亲的认同度最高,均值得分为4.747分。按入学前户籍对孝老爱亲态度的均值得分由高到低排序,大学生孝老爱亲得分依次为来自地级市（4.743分）、县城（县级市）（4.660分）、省会城市（4.648分）、农村（4.619分）、乡镇（4.554分）。

家庭类型因素。不同家庭类型的大学生群体的孝老爱亲态度存在显著差异（F=3.579,P<0.01）。家庭类型是双亲的大学生对孝老爱亲的认同度最高,均值得分为4.634分,按照家庭类型对孝老爱亲态度的均值分由高到低排序,大学生孝老爱亲得分依次为来自单亲（4.611分）、重组家庭（4.574分）、孤儿（4.555分）、祖辈抚养（4.346分）。可以看出家庭的完整性对大学生孝老爱亲观念的形成有正面的影响（见图2-7）。

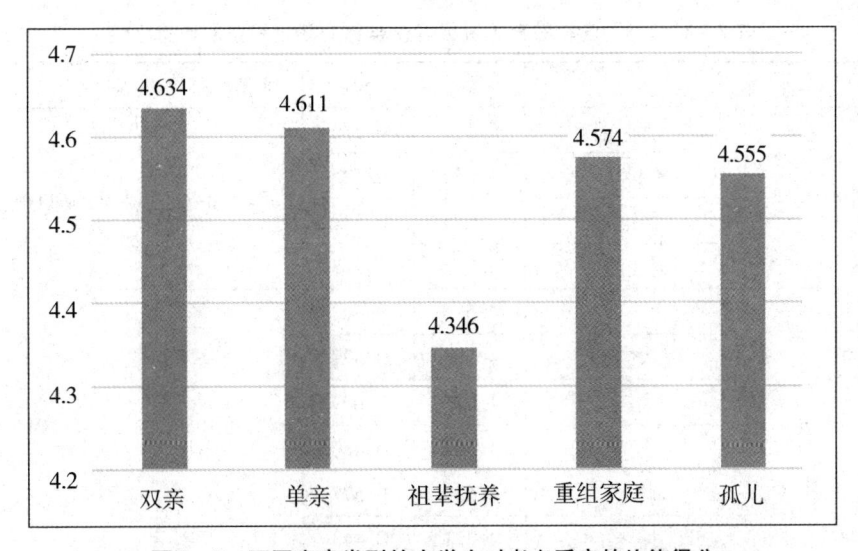

图2-7 不同家庭类型的大学生对孝老爱亲的均值得分

母亲职业类型因素。以母亲职业类型因素为自变量进行均值分析,数据显示,大学生对孝老爱亲的态度的认同度较高,均超过4.4分,处于"比较认同"与"非常认同"区间。然而,母亲职业类型不同的大学生群体的孝老爱亲态度也存在显著差异（F=2.102,P<0.05）。母亲职业是公务员的大学生的孝老爱亲的均值得分最高,为4.776分,此后依次是企事业单位（4.687分）、个体户

(4.645分)、工人(4.645分)、农民(4.613分)、其他(4.608分)、教师(4.607分)、军人(4.427分)。

父亲文化程度因素。以父亲职业类型因素为自变量进行均值分析,数据显示,大学生对孝老爱亲的态度的认同度较高,均超过4.4分,处于"比较认同"与"非常认同"区间。然而,父亲文化程度不同的大学生的孝老爱亲态度也具有显著差异($F=2.115$, $P<0.05$)。父亲文化程度是硕士的大学生的孝老爱亲认同度最高,均值达到4.703分,处于"非常认同"和"比较认同"区间,其他均值由高到低依次是大学本科(4.666分)、高中(4.666分)、高职高专(4.658分)、初中(4.631分)、小学(4.586分)、未接受过教育(4.497分)、博士(4.476分)。

(3)学校教育因素差异分析

统计分析发现,学生类型、年级、政治面貌、学生干部经历、奖学金经历也都对大学生孝老爱亲认知观的养成具有显著影响(见表2-14)。

表2-14 不同学校教育因素大学生群体对孝老爱亲的均值比较

		M	SD	F值/t值	P
学生类型	专科生	4.575	0.580	F=5.847	P<0.001
	本科生	4.655	0.525		
	硕士生	4.685	0.577		
	博士生	4.721	0.443		
年级	大一	4.596	0.562	F=3.106	P<0.01
	大二	4.608	0.529		
	大三	4.633	0.609		
	大四	4.702	0.480		
	硕士	4.685	0.577		
	博士	4.721	0.443		
政治面貌	中共党员(含预备党员)	4.740	0.503	F=14.137	P<0.001
	共青团员	4.615	0.549		
	民主党派成员	4.454	0.703		
	无党派人士	3.777	0.720		
	群众	4.493	0.654		

(续表)

		M	SD	F值/t值	P
学生干部经历	有	4.652	0.537	t=5.105	P<0.001
	无	4.520	0.611		
奖学金经历	有	4.671	0.542	t=4.061	P<0.001
	无	4.594	0.559		

学生类型因素。以学生类型因素为自变量进行均值分析，数据显示，大学生对孝老爱亲的态度的认同度较高，均超过4.5分，处于"比较认同"与"非常认同"区间。然而，不同学生类型的大学生对孝老爱亲的态度也存在显著差异（F=5.847，P<0.001）。博士生对孝老爱亲认同度最高，均值为4.721分，其他均值由高到低依次是硕士生（4.685分）、本科生（4.655分）、专科生（4.575分）。

年级因素。以年级因素为自变量进行均值分析，数据显示，大学生对孝老爱亲的态度的认同度较高，均超过4.5分，处于"比较认同"与"非常认同"区间。然而，不同年级学生对孝老爱亲的态度也有显著差异（F=3.106，P<0.01）。博士的孝老爱亲得分最高，均值为4.721分，年级为大一的大学生对孝老爱亲认同度最低，均值为4.596分，其他均值由高到低依次是大四（4.702分）、硕士（4.685分）、大三（4.633分）、大二（4.608分）（见图2-8）。

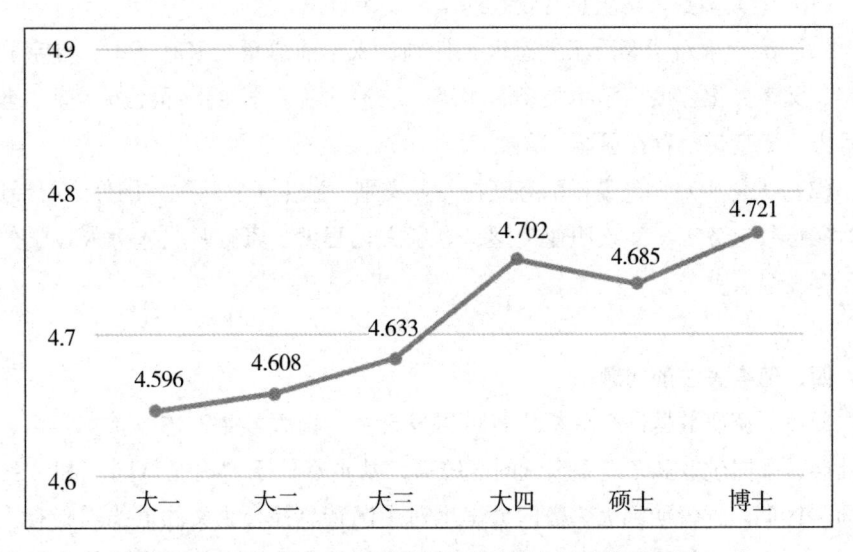

图2-8 不同年级大学生对孝老爱亲态度的均值得分

政治面貌因素。以政治面貌为自变量进行均值分析，数据显示，绝大多数大学生对孝老爱亲的态度的认同度较高，超过4.4分，处于"比较认同"与"非常认同"区间。然而，不同政治面貌的大学生对孝老爱亲的态度也存在显著差异（F=14.137，P<0.001），政治面貌是中共党员的大学生对孝老爱亲的认同度最高，均值为4.740分，处于"非常认同"和"比较认同"区间，其次均值由高到低依次是共青团员（4.615分）、群众（4.493分）、民主党派成员（4.454分）、无党派人士（3.777分）。

学生干部经历因素。以学生干部经历为自变量进行均值分析，数据显示，大学生对孝老爱亲的态度的认同度较高，均超过4.5分，处于"比较认同"与"非常认同"区间。然而，学生干部经历不同的大学生对孝老爱亲的态度也存在显著差异（t=5.105，P<0.001）。有学生干部经历的大学生相比较无学生干部经历的大学生而言，对孝老爱亲的态度的均值得分更高，为4.652分。

奖学金经历因素。以奖学金经历因素为自变量进行均值分析，数据显示，大学生对孝老爱亲的态度的认同度较高，均超过4.5分，处于"比较认同"与"非常认同"区间。然而，不同奖学金经历的大学生对孝老爱亲的态度也存在显著差异（t=4.061，P<0.001）。获得奖学金的大学生相比较没有获得奖学金的大学生而言，对孝老爱亲的态度的均值得分更高，为4.671分。

3. 结论

（1）绝大多数大学生具有较高的孝老爱亲意识。

（2）大学生对孝老爱亲的态度在性别、入学前户籍、家庭类型、母亲职业类型、父亲文化程度、学生类型、年级、政治面貌、学生干部经历、奖学金经历等人口学变量上存在显著差异。

（3）大学生对孝老爱亲的态度在专业类别、独生子女状况、国外学习经历、儿时父母外出务工、父亲职业类型、母亲文化程度、家庭月收入等人口学变量上不存在显著差异。

四、值得关注的问题

通过对调研数据进行分析比较可以发现，当前大学生群体对诚实守信、奉献社会、爱岗敬业和孝老爱亲认同度较高，基本都处于"完全认同"和"比较认同"区间。这说明绝大多数的大学生对中国特色社会主义的道德观具有正确认识，中华民族传统美德在大学生中得到良好传承。新时代的青年是既具有良好文化知识，更具有良好道德情操和品德修养的社会主义接班人。但正如调研数据反映，良好道德观的塑造是一个长期的过程，个体自然因素、家庭背景因素和学校教育因素的差异都会对大学生的道德观产生一定影响。良好道德观的养成并非一蹴而就，大学生出现道德认知问题，往往是受到诸多方面不良影响的长期作用。大学生良好道德观的养成，需要来自家庭、社会和学校的长期共同努力。

在对调研数据进行具体分析的过程中，课题组发现，不同群体大学生的道德素养不尽相同。由于受到个体自然因素、家庭背景因素和学校教育因素的影响，少数大学生在诚实守信、奉献社会、爱岗敬业、孝老爱亲的态度上，存在显著差异，这些差异所反映出的现象和问题值得我们关注。

（一）不同群体大学生的道德素养存在显著差异

统计分析发现，人口学变量对大学生的道德素养存在显著影响，不同个体自然因素、家庭背景因素、学校教育因素对诚实守信、奉献社会、爱岗敬业、孝老爱亲等道德观造成不同程度的影响。各项具体表现出显著差异的人口变量中，入学前户籍、家庭类型、父母亲职业类型、学生干部经历、奖学金经历对大学生群体的道德素养影响最大。

在大学生对诚实守信的态度方面，具有显著差异的人口学变量包括：性别、入学前户籍、家庭类型、父亲职业类型、母亲职业类型、父亲文化程度、母亲文化程度、学生类型、年级、专业类别、学生干部经历、国外学习经历、奖学金经历。

在大学生对奉献社会的态度方面，具有显著差异的人口学变量包括：入学前户籍、家庭类型、父亲职业类型、学生干部经历、国外学习经历、奖学金经历。

在大学生对爱岗敬业的态度方面，具有显著差异的人口学变量包括：性别、独生子女状况、入学前户籍、家庭类型、母亲职业类型、父亲文化程度、政治面貌、学生干部经历、国外学习经历、奖学金经历。

在大学生对孝老爱亲的态度方面，具有显著差异的人口学变量包括：性别、入学前户籍、家庭类型、母亲职业类型、父亲文化程度、学生类型、年级、政治面貌、学生干部经历、奖学金经历。

（二）少数大学生的道德认知与道德实践有待进一步统一

从调研情况来看，大学生普遍在观念上能够意识到良好道德品德的重要性，但仍有少部分大学生在具体实践上有待进一步加强，道德认知与道德实践有待进一步统一。少数大学生对于"一些大学生考试作弊、论文抄袭""毕业后不按期归还国家助学贷款""为了获得一个职位或者荣誉而夸大自身条件的做法"等不诚信现象在现实中依旧存在表示普遍认同。虽然大学生也更加认同应该建立大学生个人诚信档案，但仍有少数大学生对于一些不诚信现象见怪不怪。因此，高校在此类如诚信考试、扶摔倒老人等事件上，要发挥主观能动性，传播正能量。这一现象也反映出我国的道德教育应增强实践培育，引导大学生将道德认知与道德实践相统一。

第三章

大学生文化观状况

一、引言

　　文化是历史的延续与传承，也是时代精神的展现与发展。当代大学生承担着重要的历史使命，需要不断积极学习，努力加深对中国悠久历史和深厚文化的理解，需要具备科学、正确、合理的文化观态度与认知，努力弘扬和传承中华优秀传统文化。引导大学生树立正确的文化观，是弘扬社会主义先进文化，坚定大学生对中国特色社会主义文化自信的必然选择。为充分了解大学生文化观现状，本研究结合量表对大学生的文化观认知状况及其影响因素进行了调查分析，为大学生树立正确文化观提供理论参考和现实依据。

　　（一）文化观概念界定

　　对于文化观的概念，不同学者从不同的角度进行了研究。有学者认为，所谓文化观，简言之，就是人们对文化问题的基本态度和观点（周德新、黄向阳、周启华，2010）。郝桂荣（2016）认为文化观这一概念有"文化"和"观念"两层含义："文化"是人类认知的一个重要客体，没有文化的存在，人类的文化观念便没有形成和存在的基础；"观念"则集中反映人们的文化价值取向。文化的价值，就是"客观事物所具有的能够满足一定文化需要的特殊性质或能够反映一定文化形态的价值属性，反映了一定的知识、思想与认知主体之间所构成的需要与被需要的关系"。王凤才（2019）则认为，文化有三层含义：广义的文化是自然的人化；中义的文化是与经济、政治并列且受经济决定、政治影响的文化；狭义的文化是指文学艺术等具体的文化形式。他主张从广义、至少从中义上看待文化。同时，他分析了批判的含义、四种模式以及批判理论的不同用法和三期发展，并对文化批判与批判文化进行了概念分析。

　　文化观作为历史与时代融合的呈现，不同的时代会呈现不同的文化观。大学生在自身学习发展过程中，逐渐形成了对于文化观的认知和意愿表达。本研究认为，大学生文化观即是处于一定文化环境中的大学生群体，通过共同学习生活所逐步形成的，为绝大多数成员所共同认可的基于国家、民族、社会、个体层面的对文化观念的认知、了解和认同状况。

（二）研究现状

1. 文化观相关理论

马克思、恩格斯指出："历史不外是各个世代的依次交替。每一代都利用以前各代遗留下来的材料、资金和生产力；由于这个缘故，每一代一方面在完全改变了的条件下继续从事先辈的活动，另一方面又通过完全改变了的活动来改变旧的条件。"文化即是"以前各代遗留下来的材料"中的非物质形态的东西。

马克思在《1844年经济学哲学手稿》中指出，正是在改造对象世界中，人才真正地证明自己是"类存在物"。这种生产是人的能动的类生活。人在改造自然的对象化活动中，将自然界变成他的作品和现实，并在劳动这种生命活动中证明自己是"类存在物"。

左亚文（2010）认为文化的本质是多义的。马克思从其创造的"新唯物主义"或"实践的唯物主义"出发，将文化的本质定义为创造性的对象化活动。马克思既从劳动实践的维度规定了文化的本质，也从"时代精神"和"文明的活的灵魂"的维度上定义了文化的内涵，从而体现了马克思主义文化观的辩证特质。陈仙歌、金莹（2014）认为马克思主义文化观即是马克思主义对文化发展普遍规律的深刻揭示，是马克思主义关于文化的性质、地位和作用的根本观点以及在此基础上的文化建设思想。

马克思主义文化观从辩证唯物主义和历史唯物主义的视角，揭示了人类社会文化发展的普遍规律。通过对马克思主义经典著作的考察，我们可以看出，马克思主义文化观蕴含于一系列经典作家探索人类社会发展一般规律的学说体系之中。马克思、恩格斯等从不同角度、多重意义上使用了文化概念，展开了对文化现象的考察，逐步形成了马克思主义文化观理论体系。

2. 文化观的前因变量研究

研究者们从不同视角对文化观进行研究，探讨了社会文化环境、家庭文化背景、高校文化观教育等因素对大学生文化观的影响。

陈金龙（2016）通过当今文化环境变迁对大学生思想政治教育的冲击的分析，探讨了如何营造良好的文化环境和文化氛围以利于大学生思想政治教育，从引导大学生正确进行文化选择、文化消费的具体路径等方面进行了说明。

靳敏、李潮欣、蔡姿云（2017）对不同家庭文化背景的大学生思想政治状况及影响因素进行了研究，以父母受教育程度来测量家庭文化背景，以父母任意一方是否接受过高等教育为标准划分，结果发现不同家庭文化背景的大学生在文化素养方面存在显著差异。

学者对高校文化观教育的影响因素的研究主要围绕教育理念、内容、方法以及高校文化建设不足等影响大学生文化观的因素，表现为一些高校对文化素养教育还存在一些认识上的误区，对大学生精神文化建设仍然存在重视不足、资源配置不完备等问题。

3. 文化观的后因变量研究

近年来，关于文化观的相关研究呈增长趋势。学者们主要围绕大学生文化自信教育、大学生文化自觉培养、文化认同教育以及马克思主义中国化进程中的文化发展等方面开展研究。

骆郁廷、魏强（2012）认为文化发展和大学生思想政治教育有着内在的本质联系，大学生思想政治教育要适应我国文化繁荣发展的需要，找到文化发展与大学生思想政治教育的契合度，不断增强大学生思想政治教育的文化自觉，建构大学生思想政治教育的文化高地，提高大学生思想政治教育的文化含量，发挥大学生思想政治教育的文化潜能，增强大学生思想政治教育的实效性。郝桂荣、贾博（2015）从多元背景分析了大学生文化自觉的影响因素，认为既有来自大学生主体的内源性因素，也有社会环境相关的外源性因素。刘玲、李亚慧（2015）则认为引领大学生提升文化自觉素养是建设社会主义文化强国的题中应有之义。王媛媛（2020）认为当前大学生文化认同存在着文化要素流失、文化主导弱化、文化传统疏远、思想观念位移等困境。因此，需要树立新媒体"文化领袖"，促使大学生实现文化自省；整合新媒体"工具价值"，推动大学生的文化自觉；弘扬新媒体"兼容并包"，提升大学生的文化自信；打破新媒体"无边无界"，打造大学生的文化自强。张国祚（2019）认为，文化自信的首要问题在于理论自信，没有高瞻远瞩的理论指导，文化的生命力与影响力将十分有限。今天坚定文化自信的首要任务是用习近平新时代中国特色社会主义思想武装全党，教育人民。赵永明（2019）认为文化是驱动国家发展、民族振兴的潜在力量，是全面建设社会主义现代化强国、走进世界舞台中央的灵魂与动力。周德新、黄向阳、周启华（2010）认为引导大学生树立科学的文化观，是建设中国特色社会主义文化的需要，是推动社会主义文化大发展大繁荣的需要，是实现传统文化的现代化的需要，推动当代中国马克思主义大众化的需要，也是推动中华文化实施"走出去"战略的需要。

还有诸多学者针对在高校思想政治理论课教学中如何融入红色文化的教学方式方法等进行了探讨。虽然关于大学生文化观教育研究的角度不同，但综合学者的研究成果，可以得出一些共同点，学者们普遍认同高校是文化育人的重要场所，大学生文化观教育应该涵盖中华优秀传统文化、革命文化和社会主义先进文化教育。高校开展大学生文化观教育，必须以转变思想观念为前提，以优化课程设置为基础，以提高教师素养为根本，以拓展隐性教育为重点，以整合内外资源为依托，通过开设文化素质课程、完善校园文化建设、加强主题网站建设、举办专家讲座和校园活动等方式，促进大学生全面发展（张冰一，2019）。

4. 文化观的现状

石书臣、张杰（2013）对当代大学生的思想文化素养状况展开了调查研究，研究表明从总体上看，当代大学生的思想文化素养状况是积极健康的，但也存在一些问题。一是普遍重视提高思想文化素养，但整体水平有待提高。55.6%大学生认为现在大学生的整体文化素养状"一般"，还有5.2%的大学生认为"很低"；二是对中国传统思想文化兴趣浓厚，但对高校传统思想文化教育现状不太满意；三是认同马克思主义思想文化的主流地位，但学习思想政治理论课的积极性不高。仅有64.6%的大学生认同马克思主义是我国当前的主流文化；四是受西方思想文化影响增多，但了解不深而易受误导。69.8%的大学生认为西方文化对大学生有影响。陈仙歌、金莹（2014）从当代大学生对马克思主义文化观的认知度、接受度、评价现状、学习与拒绝的原因等四个方面，围绕大学生对马克思主义的认同现状进行了调研，发现大学生对马克思主义文化观的接受度较高，均值达到4分，处于"比较赞同"水平，选择比例达到80.67%。董祥宾、沈壮海（2016）对当前大学生文化观念进行了调查，结果发现当前大学生高度认可文化建设的意义与价值，热爱中华优秀传统文化，高度认同中国特色社会主义文化，并对中华民族文化发展前景充满了信心，但大学生群体对中华文化发展历程的了解以及警惕西方文化价值渗透的意识有待提高。王绍霞（2015）就大学生的民族自豪感与文化自信心、对中华文化的了解、对中西方节日文化的看法、对传统文化的兴趣与学习意愿等几个方面针对大学生文化观与文化素养进行了调查。认为当代大学生具有积极的文化观和较高的文化素养，能够对文化进行谨慎分析和理性看待，具有极高的文化自豪感和文化自信心，对中华文化历史有一定程度的了解，能够正确看待中西方节日文化，对传统文化表现出了较高的兴趣和学习意愿。崔军艺（2016）则通过对中华民族优秀传统文化认同现状的调查研究,认为影响大学生对中华民族优秀传统文化认同的因素分为主观和客观两个方面。从主观因素来看,学生对专业课程的重视和高校开设中华文化系列教育资源配置的不足,导致了只有58.6%的学生理解中华文化的主要内容;客观因素方面主要是文化多元及全球化导致的中华文化认同受到冲击,有62.1%的学生认为当代大学生更热衷于西方节日,但也有72.7%的学生认为应该重拾古人过节传统,也展现了大学生学习、了解中华文化的强烈意愿。樊雪峥(2019)在对大学生传统文化观现状展开的调查中发现,学生对中华文化有着极高的自豪感,95.5%的学生赞同"我为中华文化感到自豪",对"中国优秀传统文化能够同世界各国优秀文化一道造福人类"的赞同度也达到了90.6%。从总体看来,我国当代大学生的文化素养较高,基本树立了积极向上的文化观。

综上所述,本研究旨在了解大学生文化观现状,以及各人口学变量对大学生文化观的影响,从而为教育引导大学生树立积极向上的文化观提供一定的现实依据。

二、大学生文化观基本概况

大学生文化观状况主要对中国特色社会主义建设中的政治理论及实践的认同状况进行考察,围绕中国特色社会主义文化自信心、对中华优秀传统文化的态度、对革命精神的态度、社会主义先进文化的态度、对中西方节日文化的看法、对经典著作的阅读情况等六个方面进行,设置了23条项目,包含2个量表和3个定性变量。

调查显示,当前大学生群体文化观状况总体良好,具体表现在以下几点。

(一)绝大多数大学生具有坚定的中国特色社会主义文化自信,对社会主义先进文化的认同度较高

调研数据显示,绝大多数大学生对中国特色社会主义文化自信的认同度高,均值得分达到了4.781分,处于"比较认同"和"完全认同"的区间。超过九成的大学生表示会在日常主动抵制一些不符合社会主义先进文化的错误思想和言论,这说明绝大部分大学生具有坚定的中国特色社会主义文化自信,能够自觉做到内化于心,外化于行。调研还发现,党员大学生及学生干部群体对中国特色社会主义文化的自信心更强,立场更坚定。

（二）与西方节日文化相比，绝大多数大学生更钟情中国节日文化

调研数据显示，89.7%的大学生认为中华优秀传统文化对我的影响超过了西方文化，68.4%的大学生表示比起西方节日，更为喜欢中国传统节日，仅有1.0%的大学生表示更为喜欢西方节日文化。由此可见，与西方节日文化相比，绝大多数大学生群体更为钟情中国节日文化。

（三）绝大多数大学生高度认同中华优秀传统文化

调研数据显示，97.8%的大学生对中华优秀传统文化感到自豪，97.1%的大学生认为传统文化具有重大时代意义，96.6%的大学生愿意参加中华优秀传统文化教学实践活动。由此可见，与西方文化相比，大学生群体整体上更为认同中国文化。调研还发现，党员大学生、具有学生干部经历、奖学金经历的大学生群体具有更高的文化素养，表现出更高的对中华优秀传统文化的认同。

（四）绝大多数大学生能够正确理解红色文化的时代价值，对红色文化的认同度较高

调研数据显示，96.5%的大学生认为"红船精神""井冈山精神""长征精神"在今天有重要意义，90.4%的大学生表示会主动参观附近的红色革命文化景点。说明绝大多数大学生能够正确理解红色文化的时代价值，对红色文化的认同度较高，且能做到知行合一。

三、大学生文化观状况多维考察及差异源分析

本次调查对大学生文化观状况从六个方面的维度开展研究，一是对坚定中国特色社会主义文化自信的认同状况，二是对中华优秀传统文化的态度，三是对革命传统文化的态度，四是对社会主义先进文化的态度，五是对中西方节日文化的看法，六是对经典著作的阅读情况。并从个体自然因素（性别）、学校教育因素（学生类型、年级、专业类别、政治面貌、学生干部经历、国外学习经历、奖学金经历）、家庭背景因素（独生子女状况、儿时父母外出务工、入学前户籍、家庭类型、父亲职业类型、母亲职业类型、父亲文化程度、母亲文化程度、家庭月收入）三个方面来探索大学生文化观的差异源。具体调研结果及差异分析如下。

（一）大学生对中国特色社会主义文化自信的认同状况及差异源分析

1. 大学生对中国特色社会主义文化自信的认同状况

课题组从"坚定文化自信十分必要"和"中国特色社会主义文化能够持续

不断为人类文明贡献新的智慧"两个问题入手，考察大学生对中国特色社会主义文化自信的认同状况。采用 Likert 5 点计分法，"1~5"依次代表"完全不认同"至"非常认同"，继而进行均值分析，结果显示整体认同度为 4.781 分，数值位于"比较认同"和"非常认同"区间。由均值得分可见，当前大学生群体整体上对中国特色社会主义文化自信的认同度较高，超过九成的大学生表达了坚定的中国特色社会主义文化自信（见表 3-1）。

表 3-1 大学生对中国特色社会主义文化自信的态度（%）

	非常认同	比较认同	不确定	不太认同	完全不认同	认同率	M	SD
坚定文化自信十分必要	88.3	9.6	0.7	0.2	1.2	97.9	4.835	0.557
中国特色社会主义文化能够持续不断为人类文明贡献新的智慧	79.5	16.4	2.5	0.3	1.3	95.9	4.726	0.648
整体认同度							4.781	0.545

2. 差异源分析

为进一步调查研究不同群体大学生对中国特色社会主义文化自信的认知状况，课题组将大学生对中国特色社会主义文化自信的认知状况作为因变量，与性别、学生类型、年级、专业类别、政治面貌、独生子女状况、学生干部经历、国外学习经历、儿时父母外出务工、奖学金经历、入学前户籍、家庭类型、父亲职业类型、母亲职业类型、父亲文化程度、母亲文化程度、家庭月收入等自变量进行均值比较分析，发现具有不同家庭背景和学校教育因素的大学生群体对中国特色社会主义文化自信存在显著差异。

（1）家庭背景因素差异分析

统计分析发现，入学前户籍、母亲职业类型不同的大学生对中国特色社会主义文化自信的认知方面存在显著差异，具体情况如下（见表 3-2）。

表3-2 不同家庭背景因素的大学生对中国特色社会主义文化自信的认同的均值比较

		M	SD	t值	P
入学前户籍	农村	4.778	0.544	F = 3.991	P < 0.001
	乡镇	4.711	0.630		
	县城（县级市）	4.801	0.502		
	地级市	4.904	0.362		
	省会城市	4.764	0.720		
	直辖市	4.828	0.335		
母亲职业类型	公务员	4.685	0.669	F = 2.558	P < 0.05
	教师	4.704	0.715		
	军人	4.590	0.668		
	农民	4.773	0.526		
	工人	4.787	0.552		
	个体户	4.816	0.539		
	企事业单位	4.872	0.421		
	其他	4.805	0.510		

入学前户籍因素。以入学前户籍因素为自变量进行均值分析，数据显示，大学生对中国特色社会主义文化自信的认同度较高，均超过4.7分，处于"比较认同"与"非常认同"区间。然而，不同入学前户籍的大学生在中国特色社会主义文化自信方面也存在显著差异（F = 3.991，P < 0.001）。数据显示，来自地级市的大学生最具文化自信，其均值得分为4.904分，处于"非常认同"和"比较认同"区间。大学生按入学前户籍对中国特色社会主义文化自信的均值得分由高到低排序，依次为来自直辖市的大学生（4.828分）、县城（县级市）的大学生（4.801分）、农村的大学生（4.778分）、省会城市的大学生（4.764分）、乡镇的大学生（4.711分）。

母亲职业类型因素。以母亲职业类型因素为自变量进行均值分析，数据显示，大学生对中国特色社会主义文化自信的认同度较高，均超过4.5分，处于"比较认同"与"非常认同"区间。然而，不同母亲职业类型的大学生在中国特色社会主义文化自信方面也存在显著差异（F = 2.558，P < 0.05）。母亲在企事业单位工作的大学生对中国特色社会主义文化自信的认同度最高，均值得分为4.872分。不同母亲职业类型大学生对中国特色社会主义文化自信的均值得

分按降序排序,依次为母亲职业类型为个体户(4.816分)、其他(4.805分)、工人(4.787分)、农民(4.773分)、教师(4.704分)、公务员(4.685分)、军人(4.590分)。

(2)学校教育因素差异分析

统计分析发现,学生类型、政治面貌、学生干部经历和奖学金经历不同的大学生对中国特色社会主义文化自信的认知状况存在显著差异,具体情况如下(见表3-3)。

表3-3 不同学校教育因素的大学生对中国特色社会主义文化自信的认同的均值比较

		M	SD	F值/t值	P
学生类型	专科生	4.739	0.527	F=4.363	P<0.01
	本科生	4.804	0.544		
	硕士生	4.792	0.662		
	博士生	4.895	0.279		
政治面貌	中共党员(含预备党员)	4.855	0.559	F=5.133	P<0.001
	共青团员	4.772	0.539		
	民主党派成员	4.409	0.584		
	无党派人士	4.583	0.801		
	群众	4.724	0.558		
学生干部经历	有	4.796	0.540	t=3.256	P<0.001
	无	4.718	0.565		
奖学金经历	有	4.810	0.525	t=2.779	P<0.01
	无	4.759	0.560		

学生类型因素。以学生类型因素为自变量进行均值分析,数据显示,大学生对中国特色社会主义文化自信的认同度较高,均超过4.7分,处于"比较认同"与"非常认同"区间。然而,不同类型大学生在中国特色社会主义文化自信的认知上也存在显著差异(F=4.363,P<0.01)。在所有大学生中,中国特色社会主义文化自信的均值得分最高的是博士生(4.895分),最低的是专科生(4.739分)。本科生、硕士生在该考察项上的均值得分分别为4.804分和4.792分(见图3-1)。

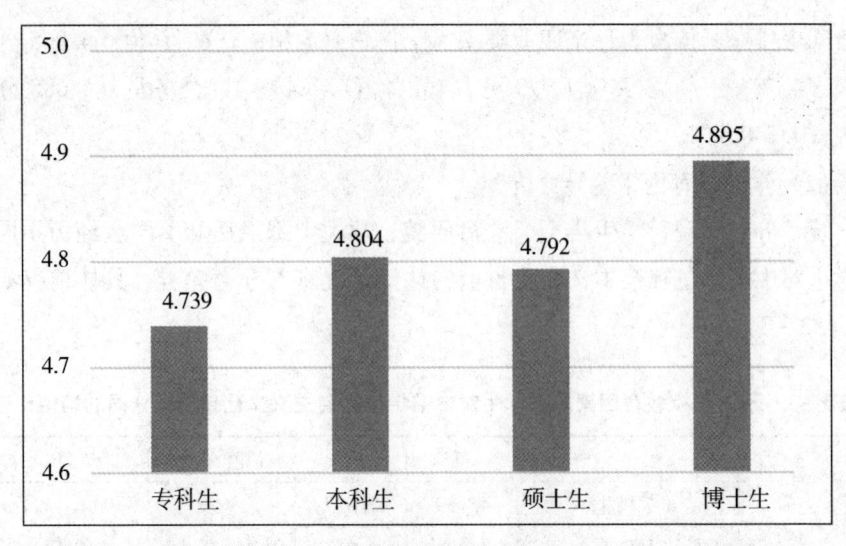

图3-1 不同类型大学生对中国特色社会主义文化自信的认同的均值比较

政治面貌因素。以政治面貌因素为自变量进行均值分析，数据显示，大学生对中国特色社会主义文化自信的认同度较高，均超过4.4分，处于"比较认同"与"非常认同"区间。然而，不同政治面貌大学生在中国特色社会主义文化自信的认知上也存在显著差异（F=5.133，P<0.001）。党员大学生更加坚定自己对中国特色社会主义文化的自信，均值得分最高，为4.855分。共青团员大学生的文化自信也较强，均值得分为4.772分。其余不同政治面貌大学生群体对中国特色社会主义文化自信的认同度由高到低排序，依次为：群众（4.724分）、无党派人士（4.583分）、民主党派成员（4.409分）。

学生干部经历因素。不同学生干部经验的大学生在中国特色社会主义文化自信的认知上存在显著差异（t=3.256，P<0.001）。学生干部经验对于提升政治理论水平、拓宽学习视野、增强综合素养和能力等多个方面有促进作用，因而有过干部经验的大学生可能会更多地认识到坚定中国特色社会主义文化自信的必要性和重要性，而暂无此经验的大学生均值得分为4.718分。可以看出，学生干部经验有助于提升理论学习和政治思想认识，进而提升他们对中国特色社会主义文化的自信程度。

奖学金经历因素。以奖学金经历因素为自变量进行均值分析，数据显示，大学生对中国特色社会主义文化自信的认同度较高，均超过4.7分，处于"比较认同"与"非常认同"区间。然而，不同奖学金经历的大学生在中国特色社会主义文化自信的认知上也存在显著差异（t=2.779，P<0.01）。数据显示，

获得过奖学金的大学生在此考察项上的均值得分为 4.810 分,高于没有得过奖学金的大学生（4.759 分）。

3. 结论

（1）绝大多数大学生具有坚定的中国特色社会主义文化自信。

（2）大学生对中国特色社会主义文化自信的认同在入学前户籍、母亲职业类型、学生类型、政治面貌、学生干部经历和奖学金经历等人口学变量上存在显著差异。

（3）大学生对中国特色社会主义文化自信的认同在性别、年级、专业类别、独生子女状况、国外学习经历、儿时父母外出务工、家庭类型、父亲职业类型、父亲文化程度、母亲文化程度、家庭月收入等人口学变量上不存在显著差异。

（二）大学生对中华优秀传统文化的态度状况及差异源分析

1. 大学生对优秀传统文化的态度状况

课题组通过对"作为中国人,对中华上下五千年的优秀传统文化感到很自豪""中华民族传统文化对当下中国社会有重大作用""您愿意参加中华优秀传统文化教学实践活动"和"中华优秀传统文化对我的影响超过了西方文化"4个题项组成的量表和各高校传承优秀传统文化的教学实践活动开展情况 1 道分类变量题入手,来考察大学生对中华优秀传统文化的态度。

量表采用 Likert 5 点计分法,"1~5"依次代表"完全不认同"至"非常认同"。经可靠性分析,该量表 Cronbach's Alpha 为 0.843,说明量表具有很高的内在一致性。经检验,KMO 样本合适性测定值为 0.812,Bartlett 球形度检验近似卡方值为 6943.619,显著性水平 $P < 0.001$,表明数据适合做探索性因子分析。采用主成分分析和最大方差旋转,从 4 项中抽取 1 个主因子,用 Y 表示。分析结果显示,该因子的累计方差贡献率为 71.172%,表明这个因子能较好地解释大学生对中华优秀传统文化的态度的调查内容（见表 3-4）。

表 3-4 大学生对待传统文化态度的探索性因子分析

	成分
	Y
文化自豪	0.880
文化作用认同	0.895
文化实践认同	0.868
传统文化影响力认同	0.720

继而对量表进行描述性分析，结果显示整体认同度为 4.732 分，数值位于"比较认同"和"非常认同"区间。由均值得分可见，当前大学生群体整体上对中华优秀传统文化的认同度较高，超过九成的大学生表达了对中华优秀传统文化的认同（见表 3-5）。

表 3-5 大学生对优秀传统文化的态度（%）

	非常认同	比较认同	不确定	不太认同	完全不认同	认同率	M	SD
作为中国人，对中华上下五千年的优秀传统文化感到很自豪	89.3	8.5	0.6	0.5	1.1	97.8	4.843	0.555
中华民族传统文化对当下中国社会有重大作用	85.5	11.7	1.4	0.4	1.1	97.1	4.780	0.588
您愿意参加中华优秀传统文化教学实践活动	81.3	15.3	2.0	0.2	1.2	96.6	4.754	0.616
中华优秀传统文化对我的影响超过了西方文化	67.8	21.9	7.0	1.9	1.3	89.7	4.529	0.816
整体认同度							4.732	0.536

此外，课题组通过考察各高校传承优秀传统文化的教学实践活动开展情况表明，超过半数的学校已经开展了传统文化主题教育活动，还有 4.1% 的学校没有开展过传承优秀传统文化的教学实践活动，甚至还有 8.3% 的大学生不清楚所在学校是否开展了传承中华优秀传统文化的教学实践活动（见图 3-2）。

说明高校开展优秀传统文化的宣传教育工作仍然需要继续加大力度,改革深化推进。

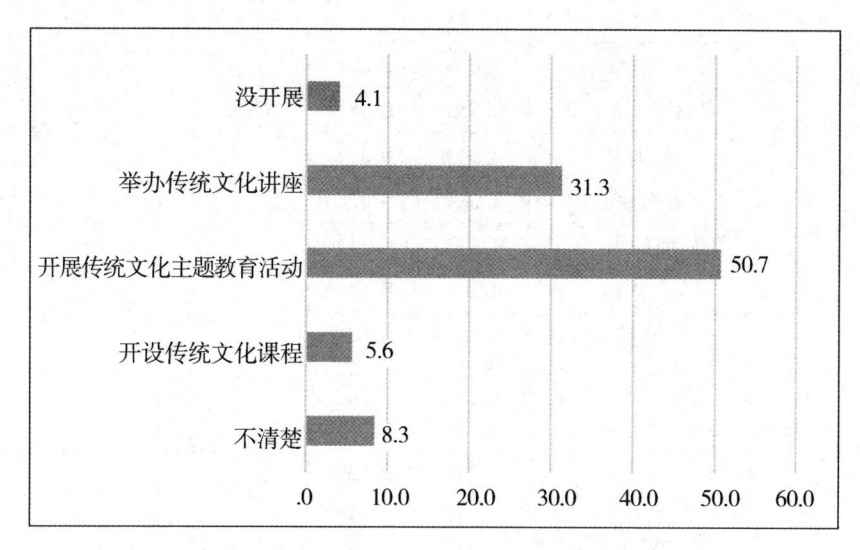

图3-2 高校传承优秀传统文化的教学实践活动的开展情况(%)

- 没开展 4.1
- 举办传统文化讲座 31.3
- 开展传统文化主题教育活动 50.7
- 开设传统文化课程 5.6
- 不清楚 8.3

2. 差异源分析

为进一步调查研究不同群体大学生对中华优秀传统文化的态度的状况,课题组将大学生对中华优秀传统文化的态度作为因变量,与性别、学生类型、年级、专业类别、政治面貌、独生子女状况、学生干部经历、国外学习经历、儿时父母外出务工、奖学金经历、入学前户籍、家庭类型、父亲职业类型、母亲职业类型、父亲文化程度、母亲文化程度、家庭月收入等自变量进行了均值比较分析,发现具有不同家庭背景因素和学校教育因素的大学生群体现阶段对中华优秀传统文化的态度存在显著差异。

(1) 家庭背景因素差异分析

统计分析发现,入学前户籍、母亲职业类型不同的大学生在对中华优秀传统文化的态度上存在显著性差异(见表3-6),具体情况如下。

表 3-6　不同家庭背景因素大学生对中华优秀传统文化的均值比较

		M	SD	F 值/t 值	P
入学前户籍	农村	4.733	0.532	F = 3.878	P < 0.01
	乡镇	4.658	0.623		
	县城（县级市）	4.755	0.487		
	地级市	4.843	0.364		
	省会城市	4.684	0.726		
	直辖市	4.733	0.412		
母亲职业类型	公务员	4.677	0.619	F = 2.401	P < 0.05
	教师	4.664	0.677		
	军人	4.455	0.794		
	农民	4.738	0.507		
	工人	4.744	0.537		
	个体户	4.757	0.538		
	企事业单位	4.776	0.451		
	其他	4.722	0.533		

入学前户籍因素。以入学前户籍因素为自变量进行均值分析，数据显示，大学生对中华优秀传统文化的认同度较高，均超过 4.6 分，处于"比较认同"与"非常认同"区间。然而，不同入学前户籍的大学生在对中华优秀传统文化态度方面也存在显著差异（F = 3.878，P < 0.01）。数据显示，来自地级市的大学生对中华优秀传统文化最认同，其均值得分为 4.843 分，处于"非常认同"和"比较认同"区间。大学生按入学前户籍对中华优秀传统文化的均值得分由高到低排序，依次为来自县城（县级市）的大学生（4.755 分）、农村的大学生（4.733 分）、直辖市的大学生（4.733 分）、省会城市的大学生（4.684 分）、乡镇的大学生（4.658 分）。

母亲职业类型因素。以母亲职业类型因素为自变量进行均值分析，数据显示，大学生对中华优秀传统文化的认同度较高，均超过 4.4 分，处于"比较认同"与"非常认同"区间。然而，不同母亲职业的大学生在对中华优秀传统文化的态度方面也存在显著差异（F = 2.401，P < 0.05）。母亲在企事业单位工作的大学生对中华优秀传统文化最为认同，均值得分为 4.776 分。其余依次为母亲职业为个体户（4.757 分）、工人（4.744 分）、农民（4.738 分）、其他

(4.722 分)、公务员（4.677 分）、教师（4.664 分）、军人（4.455 分）（见图 3-3）。

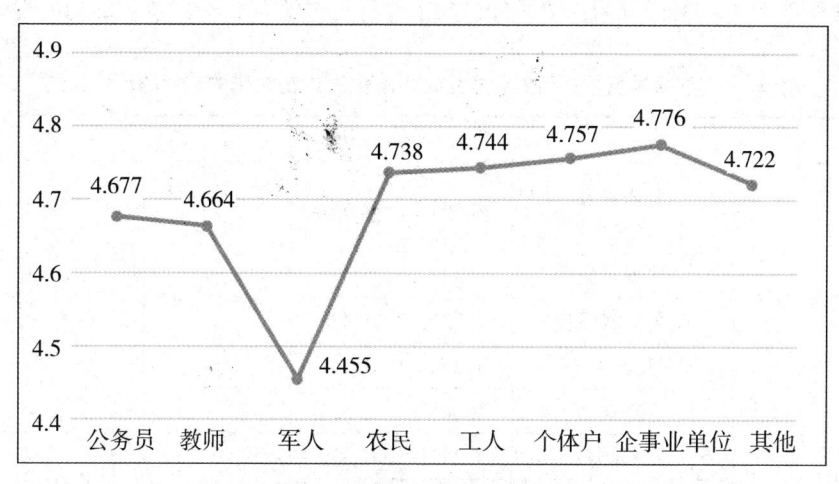

图 3-3 不同母亲职业类型的大学生优秀传统文化的均值得分

(2) 学校教育因素差异分析

统计分析发现，政治面貌、学生干部经历和学生奖学金经历不同的大学生对中华优秀传统文化的态度存在显著差异，具体情况如下（见表 3-7）。

政治面貌因素。以政治面貌因素为自变量进行均值分析，数据显示，大学生对中华优秀传统文化的认同度较高，均超过 4.6 分，处于"比较认同"与"非常认同"区间。然而，不同政治面貌的大学生对中华优秀传统文化的态度也存在显著差异（F=4.174，P<0.01）。党员大学生更加强烈地表达了自己对中国优秀传统文化的认同，均值得分最高，为 4.804 分。民主党派成员大学生和共青团员大学生的对中华优秀传统文化的认同感也较强，均值得分分别为 4.727 分和 4.722 分。其余不同政治面貌大学生群体对中华优秀传统文化的态度的均值得分由高到低排序，依次为：无党派人士（4.542 分）、群众（4.663 分）。

学生干部经历因素。不同学生干部经历的大学生对中华优秀传统文化的态度存在显著差异（t=2.833，P<0.01）。由于学生干部有较多机会接触到政治理论学习、文化宣传等相关活动，因而有过干部经验的大学生可能会更多的认识到传承和践行中华优秀传统文化的重要性，而暂无此经验的大学生均值得分为 4.677 分。可以看出，学生干部经历有助于提升他们对中华优秀传统文化的认识，进而提升他们对中华优秀传统文化的认同程度。

奖学金经历因素。不同奖学金经历的大学生对中华优秀传统文化的态度存在显著差异（t = 3.153，P < 0.01）。根据结果显示，获得过奖学金的大学生在此考察项上的均值得分为 4.765 分，高于没有得过奖学金的大学生的均值得分。

表 3-7　不同学校教育因素大学生对中华优秀传统文化的态度的均值比较

		M	SD	F值/t值	P
政治面貌	中共党员（含预备党员）	4.804	0.551	F = 4.174	P < 0.01
	共青团员	4.722	0.530		
	民主党派成员	4.727	0.425		
	无党派人士	4.542	0.781		
	群众	4.663	0.554		
学生干部经历	有	4.745	0.530	t = 2.833	P < 0.01
	无	4.677	0.561		
奖学金经历	有	4.765	0.512	t = 3.153	P < 0.01
	无	4.707	0.554		

3. 结论

（1）绝大多数大学生高度认同中华优秀传统文化。

（2）大学生对中华优秀传统文化的态度的认同在入学前户籍、母亲职业类型、政治面貌、学生干部经历、奖学金经历等人口学变量上存在显著差异。

（3）大学生对中华优秀传统文化的态度的认同在性别、学生类型、年级、专业类别、独生子女状况、国外学习经历、儿时父母外出务工、家庭类型、父亲职业类型、父亲文化程度、母亲文化程度、家庭月收入等人口学变量上不存在显著差异。

（三）大学生对红色文化的态度状况及差异源分析

1. 大学生对红色文化的态度状况

课题组通过对"'红船精神''井冈山精神''长征精神'在今天有重要意义"和"您会主动参观附近的红色革命文化景点" 2 个问题入手，考察大学生对红色文化的态度。量表采用 Likert 5 点计分法，"1~5"依次代表"完全不认同"至"非常认同"，继而进行均值分析，结果显示整体认同度为 4.650 分，数值位于"比较认同"和"非常认同"区间。由均值得分可见，当前大学生群体整体上对红色文化的认同度较高,超过九成的大学生表达了对红色文化的认同(见表3-8)。

表3-8 大学生对红色文化的整体认同度

	非常认同	比较认同	不确定	不太认同	完全不认同	认同率	M	SD
"红船精神""井冈山精神""长征精神"在今天有重要意义	82.6	13.9	2.0	0.4	1.1	96.5	4.766	0.611
您会主动参观附近的红色革命文化景点	66.1	24.3	7.4	1.1	1.1	90.4	4.533	0.770
整体认同度							4.650	0.616

2. 差异源分析

为进一步调查研究不同群体大学生对红色文化的态度,课题组将大学生对红色文化的态度作为因变量,与性别、学生类型、年级、专业类别、政治面貌、独生子女状况、学生干部经历、国外学习经历、儿时父母外出务工、奖学金经历、入学前户籍、家庭类型、父亲职业类型、母亲职业类型、父亲文化程度、母亲文化程度、家庭月收入等自变量进行了均值比较分析,发现具有不同个体自然因素、家庭背景因素和学校教育因素的大学生群体现阶段对红色文化的认同上存在显著差异。

(1) 个体自然因素差异分析

统计分析发现,不同性别大学生对红色文化的态度具有显著差异。

性别因素。以性别因素为自变量进行均值分析,数据显示,大学生对红色文化的认同度较高,均超过4.6分,处于"比较认同"与"非常认同"区间。然而,不同性别大学生在红色文化的认同方面也存在显著差异($t = -2.174$,$P < 0.05$)。数据显示,女生较男生认同红色文化的均值得分更高,为4.672分(见表3-9)。

表3-9 不同性别大学生对红色文化的态度的均值比较

性别		M	SD	t值	P
性别	男	4.626	0.659	t = -2.174	P < 0.05
	女	4.672	0.572		

（2）家庭背景因素差异分析

统计分析发现，入学前户籍状况不同的大学生对红色文化的态度存在显著差异（见表3-10）。

表3-10 不同群体大学生对红色文化的态度的均值比较

		M	SD	F值/t值	P
入学前户籍	农村	4.644	0.613	F = 2.348	P < 0.05
	乡镇	4.600	0.678		
	县城（县级市）	4.685	0.574		
	地级市	4.759	0.458		
	省会城市	4.633	0.820		
	直辖市	4.603	0.817		

入学前户籍因素。以入学前户籍因素为自变量进行均值分析，数据显示，大学生对红色文化的认同度较高，均超过4.6分，处于"比较认同"与"非常认同"区间。然而，不同入学前户籍的大学生在红色文化的态度方面也存在显著差异（F=2.348，P<0.05）。数据显示，来自地级市的大学生最具红色文化认同感，其均值得分为4.759分，处于"非常认同"和"比较认同"区间。大学生按入学前户籍对红色文化的均值得分由高到低排序，依次为来自县城（县级市）的大学生（4.685分）、农村的大学生（4.644分）、省会城市的大学生（4.633分）、直辖市的大学生（4.603分）、乡镇的大学生（4.600分）。

（3）学校教育因素差异分析

统计分析发现，年级、政治面貌、学生干部经历和奖学金经历不同的大学生对红色文化的态度存在显著差异（见表3-11），具体情况如下。

表 3-11 不同学校教育因素大学生对红色文化的态度的均值比较

		M	SD	F 值/t 值	P
年级	大一	4.642	0.580	F = 3.133	P < 0.01
	大二	4.610	0.633		
	大三	4.654	0.666		
	大四	4.708	0.545		
	硕士	4.704	0.678		
	博士	4.855	0.329		
政治面貌	中共党员（含预备党员）	4.774	0.597	F = 8.843	P < 0.001
	共青团员	4.631	0.615		
	民主党派成员	4.500	0.548		
	无党派人士	4.500	0.837		
	群众	4.544	0.652		
学生干部经历	有	4.668	0.605	t = 3.319	P < 0.001
	无	4.575	0.660		
奖学金经历	有	4.687	0.598	t = 3.140	P < 0.01
	无	4.621	0.630		

年级因素。以年级因素为自变量进行均值分析，数据显示，大学生对红色文化的认同度较高，均超过 4.6 分，处于"比较认同"与"非常认同"区间。然而，不同年级大学生对红色文化的态度也存在显著差异（F = 3.133，P < 0.01）。调研结果表明，在所有大学生中，博士生对红色文化最为认同，均值得分最高，为 4.855 分。依据降序排序，不同年级大学生在该考察项上的均值得分分别为：大四学生（4.708 分）、硕士生（4.704 分）、大三学生（4.654 分）、大一学生（4.642 分）、大二学生（4.610 分）（见图 3-4）。

政治面貌因素。以政治面貌因素为自变量进行均值分析，数据显示，大学生对红色文化的认同度较高，均超过 4.5 分，处于"比较认同"与"非常认同"区间。然而，不同政治面貌的大学生对红色文化的态度也存在显著差异（F = 8.843，P < 0.001）。党员大学生对红色文化最为认同，均值得分最高，为 4.774 分。共青团员大学生位居其次，均值得分 4.631 分。其余政治面貌大学生群体对红色文化认同的均值得分由高到低排序，依次为：群众（4.544 分）民主党

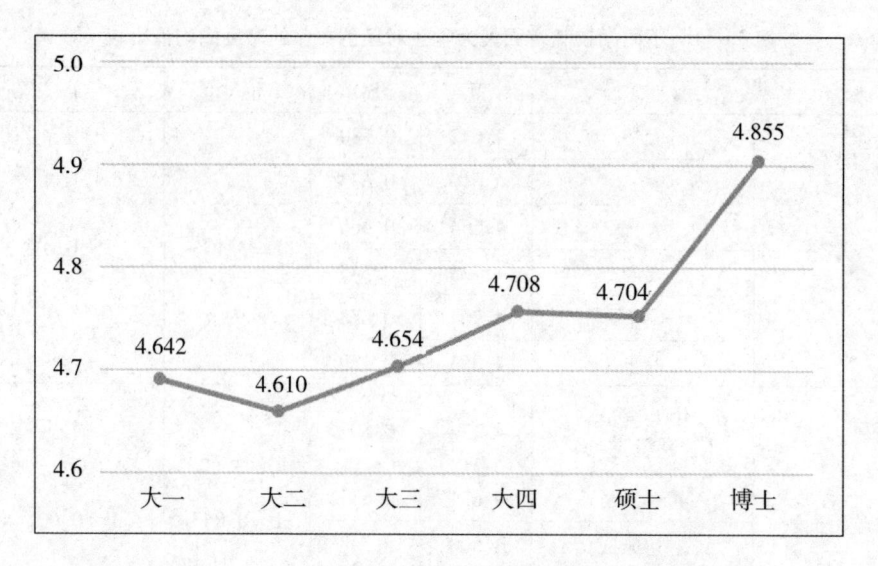

图 3-4 不同年级大学生对红色文化的态度的均值得分

派成员（4.500 分）、无党派人士（4.500 分）。可见，政治面貌对大学生对红色文化的认同有影响。

学生干部经历因素。不同学生干部经历的大学生在红色文化的态度认知上存在显著差异（t=3.319，P<0.001）。有过学生干部经历的大学生更为认同红色文化（4.668 分），而暂无此经验的大学生均值得分为 4.575 分。可以看出，学生干部经历有助于提升他们对红色文化的认同程度。

奖学金经历因素。以奖学金经历因素为自变量进行均值分析，数据显示，大学生对红色文化的认同度较高，均超过 4.6 分，处于"比较认同"与"非常认同"区间。然而，不同奖学金经历的大学生对红色文化的态度也存在显著差异（t=3.140，P<0.01）。根据结果显示，获得过奖学金的大学生在此考察项上的均值得分为 4.687 分，高于没有得过奖学金的大学生的均值得分（4.621 分）。

3. 结论

（1）绝大多数大学生能够正确理解红色文化的时代价值，对红色文化的认同度较高。

（2）大学生对红色文化的认同在性别、入学前户籍、年级、政治面貌、学生干部经历、奖学金经历等人口学变量上存在显著差异。

（3）大学生对红色文化的认同在学生类型、专业类别、独生子女状况、国外学习经历、儿时父母外出务工、家庭类型、父亲职业类型、母亲职业类型、父亲文化程度、母亲文化程度、家庭月收入等人口学变量上不存在显著差异。

(四)大学生对社会主义先进文化的态度状况及差异源分析

1. 大学生对社会主义先进文化的态度状况

课题组借由"在实现中华民族伟大复兴的中国梦的征程中有必要大力弘扬中国精神""要继续传承和弘扬'雷锋精神''两弹一星精神''焦裕禄精神''载人航天精神''抗震救灾精神'"以及"会在日常主动抵制一些不符合社会主义先进文化的错误思想和言论"等问题,对大学生对社会主义先进文化的态度进行考察。

量表采用 Likert 5 点计分法,"1~5"依次代表"完全不认同"至"非常认同"。经可靠性分析,该量表 Cronbach's Alpha 为 0.843,说明量表具有很高的内在一致性。经检验,KMO 样本合适性测定值为 0.712,Bartlett 球形度检验近似卡方值为 4774.653,显著性水平 $P<0.001$,表明数据适合做探索性因子分析。采用主成分分析和最大方差旋转,从 3 项中抽取 1 个主因子,用 Y 表示。分析结果显示,该因子的累计方差贡献率为 77.508%,表明这个因子能较好地解释大学生对社会主义先进文化的态度的调查内容(见表 3-12)。

表 3-12 大学生对社会主义先进文化的态度的探索性因子分析

	成分
	Y
中国精神作用认同	0.903
时代精神意义认同	0.899
抵制错误思想言论	0.837

量表认同率是"非常认同"和"比较认同"两项比例之和;认同度即为该题项的平均分,得分越高,认同度越高。根据对量表的描述性分析,大学生对社会主义先进文化的整体认同度为 4.757 分,数值位于"比较认同"和"非常认同"区间。由均值得分可见,当前大学生群体整体上对社会主义先进文化的认同度较高,超过九成的大学生表达了对社会主义先进文化的认同(见表 3-13)。

表3-13 大学生对社会主义先进文化的整体认同度

	非常认同	比较认同	不确定	不太认同	完全不认同	认同率	M	SD
在实现中华民族伟大复兴的中国梦的征程中有必要大力弘扬中国精神	85.1	12.0	1.4	0.4	1.1	97.1	4.797	0.584
要继续传承和弘扬"雷锋精神""两弹一星精神""焦裕禄精神""载人航天精神""抗震救灾精神"	86.0	11.4	1.2	0.4	1.1	97.3	4.807	0.576
会在日常主动抵制一些不符合社会主义先进文化的错误思想和言论	74.7	19.5	4.1	0.6	1.1	94.2	4.661	0.687
整体认同度							4.757	0.540

2. 差异源分析

为进一步调查研究不同群体大学生对社会主义先进文化的态度，课题组将大学生对社会主义先进文化的态度作为因变量，与性别、学生类型、年级、专业类别、政治面貌、独生子女状况、学生干部经历、国外学习经历、儿时父母外出务工、奖学金经历、入学前户籍、家庭类型、父亲职业类型、母亲职业类型、父亲文化程度、母亲文化程度、家庭月收入等自变量进行了均值比较分析，发现具有不同家庭背景因素和学校教育因素的大学生群体现阶段对社会主义先进文化的态度存在显著差异。

(1) 家庭背景因素差异分析

统计分析发现，入学前户籍状况不同的大学生对社会主义先进文化的态度具有显著差异。

入学前户籍因素。以入学前户籍因素为自变量进行均值分析，数据显示，大学生对社会主义先进文化的认同度较高，均超过4.6分，处于"比较认同"与"非常认同"区间。然而，入学前户籍状况不同的大学生对社会主义先进文化的态度也存在显著差异（$F=4.778$，$P<0.001$）。数据显示，来自地级市的大

学生对社会主义先进文化认同度最高,即便是来自乡镇的大学生对于社会主义先进文化的认同度最低,其均值得分依然处于"非常认同"和"比较认同"区间,为4.676分。具体来看,大学生按入学前户籍对社会主义先进文化的认同的均值得分由高到低排序,依次为来自县城(县级市)的大学生(4.769分)、农村的大学生(4.756分)、省会城市的大学生(4.751分)、直辖市的大学生(4.724分)、乡镇的大学生(4.676分)(见图3-5)。

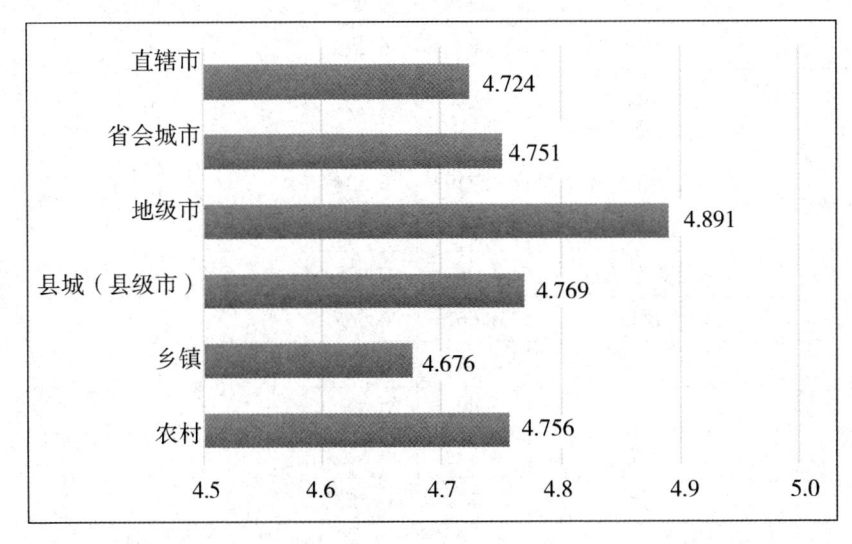

图3-5 不同入学前户籍大学生社会主义先进文化的均值得分

(2) 学校教育因素差异分析

统计分析发现,学生类型、年级、政治面貌、学生干部经历和奖学金经历不同的大学生对社会主义先进文化的态度存在显著差异(见表3-14),具体情况如下。

表3-14 不同学校教育因素大学生对社会主义先进文化的均值比较

		M	SD	F值/t值	P
学生类型	专科生	4.710	0.524	F = 4.292	P < 0.01
	本科生	4.784	0.533		
	硕士生	4.794	0.639		
	博士生	4.885	0.295		

(续表)

		M	SD	F值/t值	P
年级	大一	4.745	0.501	F = 2.495	P < 0.05
	大二	4.722	0.557		
	大三	4.778	0.577		
	大四	4.820	0.421		
	硕士	4.794	0.639		
	博士	4.885	0.295		
政治面貌	中共党员（含预备党员）	4.834	0.543	F = 7.070	P < 0.001
	共青团员	4.749	0.534		
	民主党派成员	4.667	0.497		
	无党派人士	4.067	0.925		
	群众	4.667	0.565		
学生干部经历	有	4.773	0.529	t = 3.268	P < 0.001
	无	4.692	0.580		
奖学金经历	有	4.782	0.523	t = 2.301	P < 0.05
	无	4.739	0.552		

学生类型因素。以学生类型因素为自变量进行均值分析，数据显示，大学生对社会主义先进文化的认同度较高，均超过4.7分，处于"比较认同"与"非常认同"区间。然而，不同类型大学生对社会主义先进文化的态度也存在显著差异（F=4.292，P<0.01）。在所有大学生中，对社会主义先进文化认同均值得分最高的是博士生（4.885分）。该考察项上的均值按降序排列，均值得分依次为：硕士生（4.794分）、本科生（4.784分）、专科生（4.710分）。

年级因素。以年级因素为自变量进行均值分析，数据显示，大学生对社会主义先进文化的认同度较高，均超过4.7分，处于"比较认同"与"非常认同"区间。然而，不同年级大学生对社会主义先进文化的态度也存在显著差异（F=2.495，P<0.05）。调研结果表明，在所有大学生中，博士生对社会主义先进文化最为认同，均值得分最高，为4.885分。均值得分最低的为大二的学生群体，均值得分为4.722分。其余不同年级大学生在该考察项上的均值得分从高往低依次是：大四学生（4.820分）、硕士生（4.794分）、大三学生（4.778分）、

大一学生（4.745分）。

政治面貌因素。以政治面貌因素为自变量进行均值分析，数据显示，大学生对社会主义先进文化的认同度较高，均超过4.0分，处于"比较认同"与"非常认同"区间。然而，不同政治面貌的大学生对社会主义先进文化的态度也存在显著差异（F=7.070，P<0.001）。党员大学生对社会主义先进文化最为认同，均值得分为4.834分。共青团员大学生的均值得分4.749分（见图3-6）。其余各项依次为群众（4.667分）和民主党派成员（4.667分）、无党派人士（4.067分）。

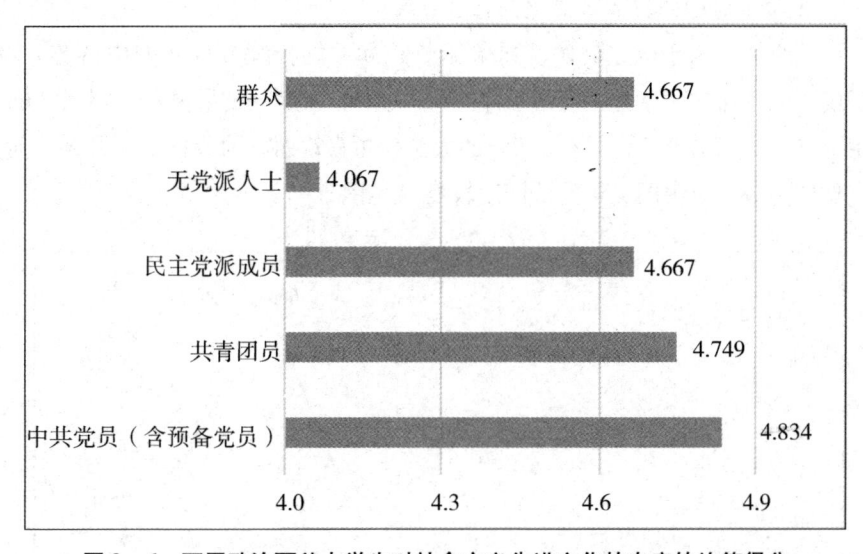

图3-6 不同政治面貌大学生对社会主义先进文化的态度的均值得分

学生干部经历因素。不同学生干部经历的大学生对社会主义先进文化的态度存在显著差异（t=3.268，P<0.001）。有学生干部经历的大学生群体（4.773分）对社会主义先进文化的认同优于没有干部经历的大学生群体（4.692分）。

奖学金经历因素。以奖学金经历因素为自变量进行均值分析，数据显示，大学生对社会主义先进文化的认同度较高，均超过4.7分，处于"比较认同"与"非常认同"区间。然而，不同奖学金经历的大学生对社会主义先进文化的态度也存在显著差异（t=2.301，P<0.05）。根据结果显示，获得过奖学金的大学生在此考察项上的均值得分为4.782分，高于没有得过奖学金的大学生群体（4.739分）。

3. 结论

（1）绝大多数大学生对社会主义先进文化的认同度高。

（2）大学生对社会主义先进文化的认同在入学前户籍、学生类型、年级、政治面貌、学生干部经历、奖学金经历等人口学变量上存在显著差异。

（3）大学生对社会主义先进文化的认同在性别、专业类别、独生子女状况、国外学习经历、儿时父母外出务工、家庭类型、父亲职业类型、母亲职业类型、父亲文化程度、母亲文化程度、家庭月收入等人口学变量上不存在显著差异。

（五）大学生对中西方节日文化的态度状况及差异源分析

1. 大学生对中西方节日文化的态度状况

课题组从"对于西方节日（如圣诞节）和中国传统节日（如中秋节），您的态度"入手考察大学生对于中西方节日文化的态度。结果显示，68.4%的大学生更喜欢中国的节日，只有1.0%的大学生更喜欢西方的节日。可见，当前大学生群体整体上对中国文化的认同度较高（见图3-7）。

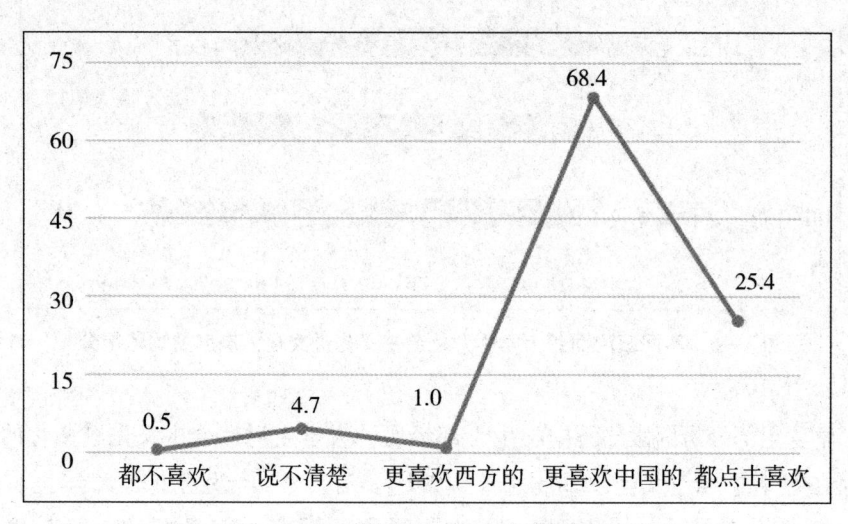

图3-7 大学生对中西方节日文化的态度（%）

2. 差异源分析

为进一步调查研究不同群体大学生对中西方节日文化的态度，课题组将大学生对中西方节日文化的态度作为因变量，与性别、学生类型、年级、专业类别、政治面貌、独生子女状况、学生干部经历、国外学习经历、儿时父母外出务工、奖学金经历、入学前户籍、家庭类型、父亲职业类型、母亲职业类型、父亲文化程度、母亲文化程度、家庭月收入等自变量进行了卡方检验，发现具有不同家庭背景因素和学校教育因素的大学生群体对中西方节日文化的态度存在显著差异。

(1) 家庭背景因素差异分析

统计分析发现，独生子女状况、儿时父母外出务工状况、入学前户籍、家庭类型不同的大学生在对中西方节日文化的态度方面存在显著差异，具体情况如下：

独生子女状况因素。以独生子女状况因素为自变量进行交叉分析，数据显示，大学生对"更喜欢中国的"节日文化的认同率均超过59%。然而，不同独生子女状况的大学生在中西方节日文化的态度方面也存在显著差异（χ^2 = 47.559，$P<0.001$）。独生子女大学生表示"都非常喜欢"和"都不喜欢"的比例均要高于非独生子女，分别高出11个百分点和0.2个百分点，为33.7%和0.7%。

儿时父母外出务工因素。以儿时父母外出务工状况因素为自变量进行交叉分析，数据显示，大学生对"更喜欢中国的"节日文化的认同率均超过66%。然而，不同儿时父母外出务工状况的大学生在中西方节日文化的态度方面也存在差异（$\chi^2=11.745$，$P<0.05$）。儿时父母外出务工的大学生更喜欢中国的节日文化，而非儿时父母外出务工大学生则态度相对没有那么明确，表示"都非常喜欢"和"都不喜欢"的比例均高于儿时父母外出务工大学生，分别为27.2%和0.7%。由于相对来说自己有更多的空间和独处的时间，儿时父母外出务工大学生可能对于自己的兴趣爱好会有更为强烈的意愿和追求，因而在喜欢中西方节日文化上的表态更为鲜明。

入学前户籍因素。入学前户籍不同的大学生在中西方节日文化的态度方面存在差异（$\chi^2=116.798$，$P<0.001$）。表示"更喜欢中国的"大学生以户籍为农村的大学生群体居多，选择比例为73.0%，而省会城市的大学生群体选择比例最低，为48.4%；表示对中西方节日文化"都非常喜欢"的大学生则主要来自省会城市，占比为46.2%，而来自农村的大学生的选择比例最低，为21.9%。可以看出成长在相对开放的城市地区的大学生群体，可能对于西方节日文化的接触机会要比农村地区的大学生更多，因而导致其对西方节日文化的喜爱程度相对更高（见图3-8）。

```
                    ■更喜欢中国的  ■都非常喜欢
     直辖市              31.0          55.2
   省会城市              46.2  48.4
     地级市              39.1    53.8
县城（县级市）           32.9           60.8
      乡镇              25.7            63.2
      农村              21.9              73.0
           0        20       40       60       80
```

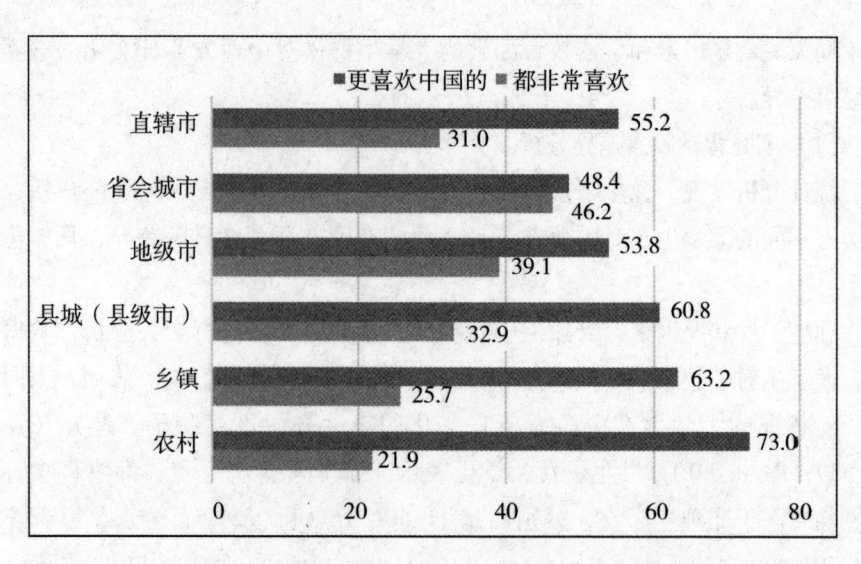

图 3-8　入学前户籍不同的大学生对中西方节日文化态度的分布情况（%）

家庭类型因素。以家庭类型因素为自变量进行交叉分析，数据显示，大学生对"更喜欢中国的"节日文化的认同率均超过56%。然而，不同家庭类型的大学生在中西方节日文化的态度方面也存在差异（$\chi^2=43.886$，$P<0.001$）。双亲家庭的大学生最为喜欢中国节日文化，选择比例最高，为69.1%。祖辈抚养的大学生群体选择比例则最低，为56.3%。与此同时，祖辈抚养的大学生群体也是表达"都非常喜欢"的比例最高的群体，为31.3%，在"更喜欢西方的"统计方面，祖辈抚养的大学生群体还是表达更为喜欢西方节日的比例最高的人群，为8.3%。是孤儿的大学生也更为喜欢西方节日文化，选择比例次之，为4.8%。这在一定程度上反映出了大学生可能是由于父母关爱不足及成长陪伴的缺失，在文化接触方面更多依赖于网络等外部信息渠道而非双亲言传身教，显现出了其对传统文化的喜爱方面的教育仍有待加强（见表3-15）。

表 3-15　不同家庭背景因素大学生对中西方节日文化的态度的交叉分析

		中西方节日文化的态度				
		都非常喜欢	更喜欢中国的	更喜欢西方的	说不清楚	都不喜欢
独生子女状况	是	33.7	59.3	1.6	4.8	0.7
	否	22.7	71.4	0.8	4.6	0.5

续表

		中西方节日文化的态度				
		都非常喜欢	更喜欢中国的	更喜欢西方的	说不清楚	都不喜欢
儿时父母外出务工	是	22.8	70.9	1.1	4.9	0.3
	否	27.2	66.7	0.9	4.5	0.7
入学前户籍	农村	21.9	73.0	0.4	4.3	0.3
	乡镇	25.7	63.2	3.1	7.0	1.0
	县城（县级市）	32.9	60.8	1.9	4.1	0.3
	地级市	39.1	53.8	0.8	5.0	1.3
	省会城市	46.2	48.4	0.0	4.4	1.1
	直辖市	31.0	55.2	3.4	6.9	3.4
家庭类型	双亲	25.5	69.1	0.6	4.2	0.5
	单亲	24.3	63.1	2.7	9.1	0.8
	祖辈抚养	31.3	56.3	8.3	4.2	0.0
	重组家庭	23.7	68.4	1.3	6.6	0.0
	孤儿	19.0	66.7	4.8	9.5	0.0

(2) 学校教育因素差异分析

学生干部经历因素。不同学生干部经历的大学生在中西方节日文化的态度方面存在差异（$\chi^2 = 40.688$，$P < 0.001$）。有干部经历的大学生表示"都非常喜欢"和"都不喜欢"的比例均要低于没有干部经历的大学生。表达"更喜欢中国的"的比例高出没有干部经历的大学生6个百分点，"更喜欢西方的"的比例（0.6%）也远低于没有干部经历的大学生的2.7%（见图3-9）。调研数据充分显示出相较于没有干部经历的大学生而言，在担任干部时期通过开展各项工作会积累形成一定的对中国文化的热爱和情感，而且相对而言会接触到、学习中国节日文化相关内容的机会也更多，所以会影响其对中西方节日文化的态度。这一现实启发高校在育人方面应该不断完善日常思想政治教育的途径和方法，加大对没有干部经历的大学生的思想教育、文化宣传工作，提升他们对中国节日文化的认知和喜爱。

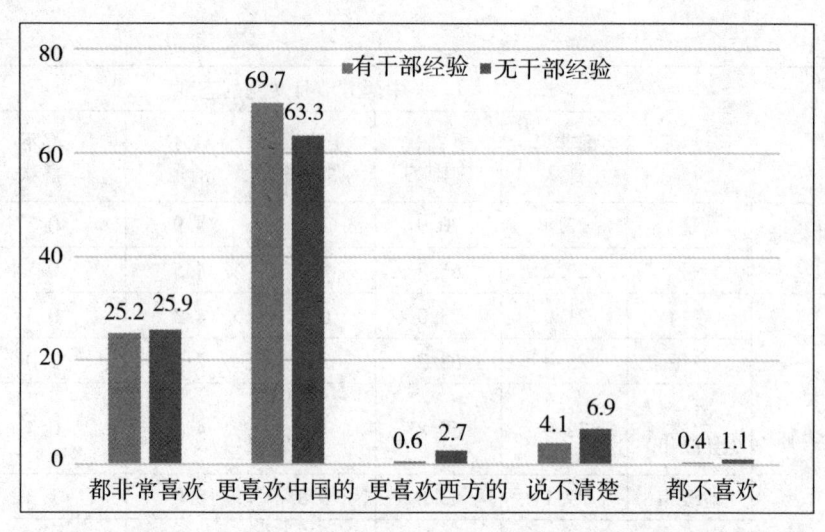

图 3-9　不同学生干部经历的大学生对中西方节日文化态度的分布情况（%）

3. 结论

（1）与西方节日文化相比，绝大多数大学生更钟情中国节日文化。

（2）大学生对中西方节日文化的态度在独生子女状况、儿时父母外出务工、入学前户籍、家庭类型、学生干部经历等人口学变量上存在显著差异。

（3）大学生对中西方节日文化的态度在性别、学生类型、年级、专业类别、政治面貌、国外学习经历、奖学金经历、父亲职业类型、母亲职业类型、父亲文化程度、母亲文化程度、家庭月收入等人口学变量上不存在显著差异。

（六）大学生对经典著作的阅读情况及差异源分析

1. 大学生对经典著作的阅读情况

课题组通过对《共产党宣言》《毛泽东选集》《邓小平文选》《习近平谈治国理政》《习近平的七年知青岁月》《论语》《孟子》《大学》《中庸》9 部著作来考察大学生对经典著作的阅读状况。量表采用"三级量表"进行分析，评分选项为"完整阅读过""阅读过部分"和"没有阅读过"三项，赋值分别为 2 分、1 分和 0 分。

经检验，该量表的 KMO 样本合适性测定值为 0.859，Bartlett 球形度检验近似卡方值为 13275.746，显著性水平 P = 0.000，适合做探索性因子分析。采用主成分分析和最大方差旋转，从 9 项中抽取了 2 个主因子，用 Y1 和 Y2 表示。从表 3-16 可以看出，根据成分得分系数矩阵，Y1 因子在《共产党宣言》《毛泽东选集》《邓小平文选》《习近平谈治国理政》《习近平的七年知青岁月》上有较大的载荷，均是关于马克思主义与中国共产党治国理政方面的理论著作，可以命名为马克思主义经典著作因子。Y2公因子在《论语》《孟子》《大学》《中庸》上有较大载荷，从中国古代文学角度呈现经典著作，因此可以命名为传统文化经典著作因子。分析结果显示，这两个因子的累计方差贡献率为64.324%，表明这两个因子能较好地解释对大学生经典著作阅读情况的调查。

表3-16 大学生经典著作阅读情况的探索性因子分析

	成分	
	Y1	Y2
《共产党宣言》	0.237	-0.038
《毛泽东选集》	0.273	-0.051
《邓小平文选》	0.289	-0.062
《习近平谈治国理政》	0.329	-0.114
《习近平的七年知青岁月》	0.307	-0.108
《论语》	-0.077	0.298
《孟子》	-0.113	0.357
《大学》	-0.089	0.342
《中庸》	-0.074	0.324

经过对量表进行描述性分析，结果显示马克思主义相关经典著作的整体阅读度为0.795，传统文化经典著作阅读度为1.005，说明大学生在阅读经典著作方面，对于传统文化相关经典著作的学习更具积极性（见表3-17）。

表3-17 大学生对经典著作的阅读情况（%）

	完整阅读过	阅读过部分	没有阅读过	M	SD
《共产党宣言》	17.0	65.4	17.7	0.993	0.589
《毛泽东选集》	8.1	67.8	24.1	0.840	0.544
《邓小平文选》	6.4	55.8	37.8	0.686	0.586
《习近平谈治国理政》	8.4	54.8	36.7	0.717	0.610
《习近平的七年知青岁月》	11.0	51.0	38.0	0.730	0.646

（续表）

	完整阅读过	阅读过部分	没有阅读过	M	SD
马克思主义经典著作阅读度				0.795	0.459
《论语》	26.5	67.9	5.5	1.210	0.526
《孟子》	17.0	70.2	12.8	1.043	0.546
《大学》	13.6	64.5	21.9	0.917	0.590
《中庸》	11.4	61.8	26.7	0.847	0.599
传统文化经典著作阅读度				1.005	0.472

整体上当前大学生群体对经典著作的泛读情况良好，大部分大学生都阅读过这些经典著作，即便是阅读度最低的《习近平的七年知青岁月》的百分比也超过了50%，为51.0%，最被大学生喜爱且阅读度最高的是《孟子》，比例则达到70.2%（见图3-10）。

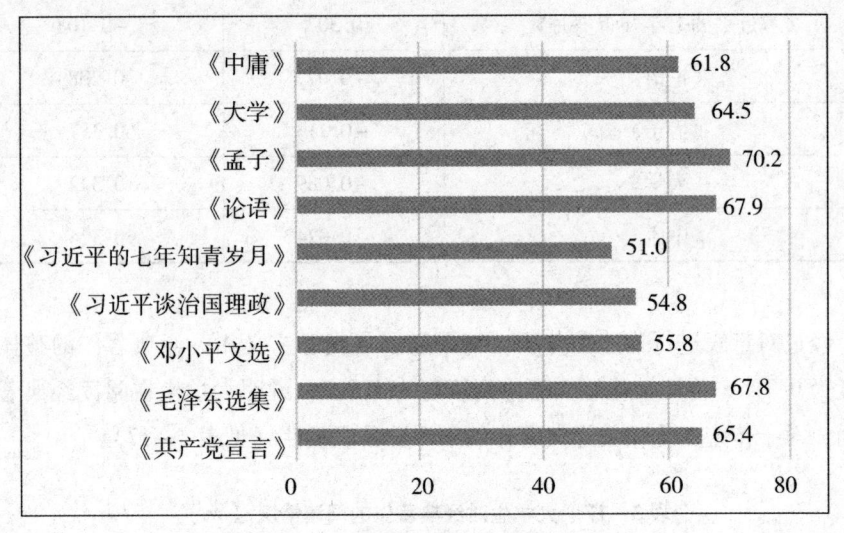

图3-10 大学生对经典著作的泛读情况（%）

在泛读的基础上，课题组进一步考察大学生对经典著作的精读情况，可以看出，大学生对经典著作的精度率整体偏低，即便是精读度最高的著作《论语》也只有26.5%的比例（见图3-11）。

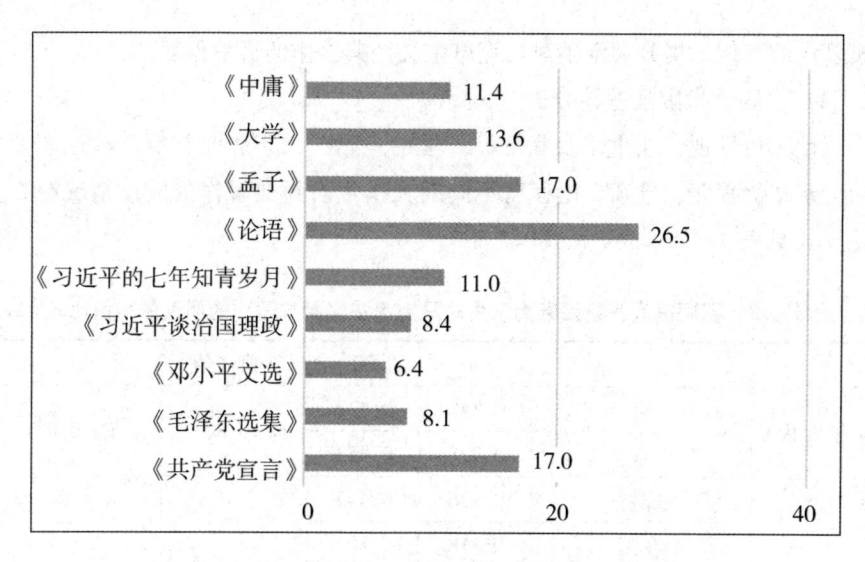

图 3-11 大学生对经典著作的精读情况（%）

- 《中庸》 11.4
- 《大学》 13.6
- 《孟子》 17.0
- 《论语》 26.5
- 《习近平的七年知青岁月》 11.0
- 《习近平谈治国理政》 8.4
- 《邓小平文选》 6.4
- 《毛泽东选集》 8.1
- 《共产党宣言》 17.0

2. 差异源分析

为进一步调查研究不同群体大学生对经典著作的阅读情况，课题组将大学生对马克思主义经典著作和传统文化经典著作阅读情况作为因变量，分别与性别、学生类型、年级、专业类别、政治面貌、独生子女状况、学生干部经历、国外学习经历、儿时父母外出务工、奖学金经历、入学前户籍、家庭类型、父亲职业类型、母亲职业类型、父亲文化程度、母亲文化程度、家庭月收入等自变量进行了均值比较分析，发现具有不同个体自然因素、家庭背景因素和学校教育因素的大学生群体在马克思主义经典著作和传统文化经典著作两类经典著作的阅读上存在显著差异。

（1）个体自然因素差异分析

统计分析发现，不同性别大学生对经典著作的阅读程度具有显著差异。

性别因素。不同性别大学生对经典著作的阅读程度存在显著差异（t = 3.545，P < 0.001）。数据显示，女生较男生更为喜爱阅读传统文化著作，均值得分为 1.021 分（t = -2.181，P < 0.05），处于"完整阅读过"和"阅读过部分"区间。男生则更为喜爱阅读马克思主义经典著作，均值得分为 0.824 分。此外，男生对传统文化著作的均值得分为 0.986 分，女生对马克思主义经典著作的均值得分为 0.767 分。总体来看，大学生对于传统文化经典著作的阅读程度高于对马克思主义经典著作的阅读程度，说明高校还需要加大对马克思主义

经典著作的宣传，提升大学生对马克思主义经典著作的喜爱程度。

（2）家庭背景因素差异分析

统计分析发现，独生子女状况、入学前户籍、父亲职业类型、母亲职业类型、父亲文化程度、母亲文化程度不同的大学生对经典著作的阅读情况存在显著差异（见表3-18、表3-19）。

表3-18 不同家庭背景因素大学生对马克思主义经典著作的阅读的均值比较

		M	SD	F值/t值	P
独生子女状况	是	0.848	0.472	t = 3.805	P < 0.001
	否	0.778	0.453		
入学前户籍	农村	0.776	0.442	F = 2.922	P < 0.05
	乡镇	0.818	0.501		
	县城（县级市）	0.850	0.467		
	地级市	0.808	0.463		
	省会城市	0.853	0.529		
	直辖市	0.964	0.517		
父亲职业类型	公务员	0.881	0.525	F = 5.076	P < 0.001
	教师	0.857	0.479		
	军人	1.185	0.565		
	农民	0.790	0.448		
	工人	0.752	0.456		
	个体户	0.822	0.452		
	企事业单位	0.745	0.435		
	其他	0.783	0.465		
母亲职业类型	公务员	0.992	0.570	F = 2.484	P < 0.05
	教师	0.811	0.460		
	军人	0.863	0.507		
	农民	0.782	0.450		
	工人	0.780	0.453		
	个体户	0.796	0.468		
	企事业单位	0.839	0.443		
	其他	0.79	0.462		

(续表)

		M	SD	F值/t值	P
父亲文化程度	未接受过教育	0.925	0.514	F = 3.471	P < 0.001
	小学	0.762	0.463		
	初中	0.788	0.440		
	高中（含中专、中职）	0.789	0.456		
	高职高专	0.878	0.447		
	大学本科	0.861	0.512		
	硕士	1.044	0.488		
	博士	0.914	0.527		
母亲文化程度	未接受过教育	0.810	0.502	F = 3.993	P < 0.001
	小学	0.760	0.456		
	初中	0.798	0.448		
	高中（含中专、中职）	0.807	0.453		
	高职高专	0.828	0.449		
	大学本科	0.902	0.489		
	硕士	1.200	0.825		
	博士	1.200	0.253		

表3-19 不同家庭背景因素大学生对传统文化经典著作的阅读的均值比较

		M	SD	F值/t值	P
独生子女状况	是	1.040	0.497	t = 2.386	P < 0.05
	否	0.993	0.464		
入学前户籍	农村	0.986	0.459	F = 3.108	P < 0.01
	乡镇	1.024	0.501		
	县城（县级市）	1.062	0.478		
	地级市	1.037	0.501		
	省会城市	1.031	0.527		
	直辖市	1.207	0.539		

（续表）

		M	SD	F值/t值	P
父亲职业类型	公务员	1.083	0.491	F = 2.155	P < 0.05
	教师	1.053	0.531		
	军人	1.010	0.503		
	农民	0.984	0.462		
	工人	0.974	0.483		
	个体户	1.041	0.469		
	企事业单位	1.046	0.475		
	其他	1.013	0.464		
母亲职业类型	公务员	1.110	0.538	F = 4.948	P < 0.001
	教师	1.057	0.481		
	军人	0.921	0.542		
	农民	0.980	0.461		
	工人	0.962	0.485		
	个体户	1.049	0.477		
	企事业单位	1.156	0.474		
	其他	0.994	0.457		
父亲文化程度	未接受过教育	1.086	0.494	F = 3.131	P < 0.01
	小学	0.969	0.474		
	初中	0.994	0.450		
	高中（含中专、中职）	1.007	0.477		
	高职高专	1.102	0.495		
	大学本科	1.083	0.515		
	硕士	1.083	0.637		
	博士	1.107	0.705		

（续表）

		M	SD	F值/t值	P
母亲文化程度	未接受过教育	1.039	0.478	F = 3.913	P < 0.001
	小学	0.967	0.472		
	初中	1.000	0.456		
	高中（含中专、中职）	1.039	0.470		
	高职高专	1.037	0.484		
	大学本科	1.121	0.535		
	硕士	1.393	0.575		
	博士	1.000	0.652		

独生子女状况因素。对于马克思主义经典著作的阅读而言，以独生子女状况因素为自变量进行均值分析，数据显示，大学生对马克思主义经典著作阅读的均值得分均超过0.7分，处于"没有阅读过"与"阅读过部分"区间。然而，不同独生子女状况的大学生对马克思主义经典著作的阅读程度存在显著差异（t = 3.805, P < 0.001）；对于传统文化经典著作的阅读而言，大学生对传统文化经典著作阅读的均值得分均超过0.9分，处于"没有阅读过"与"阅读过部分"区间。不同独生子女状况的大学生对传统文化著作的阅读程度也存在显著差异（t = 2.386, P < 0.05）。可以看出，所有独生子女大学生在阅读经典著作方面较非独生子女具有更高的阅读度，阅读水平整体高于非独生子女。

入学前户籍因素。以入学前户籍因素为自变量进行均值分析，数据显示，大学生对传统文化经典著作具有更高的阅读度，阅读水平整体高于马克思主义经典著作。然而，入学前户籍不同的大学生在对两类经典著作的阅读方面存在显著差异。数据显示，对于马克思主义经典著作的阅读情况来说，来自直辖市的大学生对马克思主义经典著作的阅读度最高，均值得分为0.964分（F = 2.922, P < 0.05）。大学生按入学前户籍对马克思主义经典著作的阅读的均值得分由高到低排序，依次为来自省会城市的大学生（0.853分）、县城（县级市）的大学生（0.850分）、乡镇的大学生（0.818分）、地级市的大学生（0.808分）、农村的大学生（0.776分）；对于传统文化经典著作的阅读情况来说，来自直辖市的大学生对传统文化经典著作的阅读度最高，均值得分为1.207分（F = 3.108, P < 0.01）。农村的大学生对传统文化经典的阅读均值得分最低，为

0.986 分。大学生按入学前户籍对传统文化经典著作的阅读的均值得分由高到低排序，依次为来自直辖市的大学生（1.207 分）、县城（县级市）的大学生（1.062 分）、地级市（1.037 分）、省会城市（1.031 分）、乡镇的大学生（1.024 分）、农村的大学生（0.986 分）。

父亲职业类型因素。在对马克思主义经典著作阅读方面，以父亲职业类型因素为自变量进行均值分析，数据显示，大学生对马克思主义经典著作阅读的均值得分均超过 0.7 分，处于"没有阅读过"与"阅读过部分"区间。然而，父亲文化程度不同的大学生对马克思主义经典著作的阅读上也存在显著差异（$F=5.076, P<0.001$）。数据显示，父亲职业是军人的大学生，阅读马克思主义经典著作最为积极，均值得分最高，为 1.185 分。父亲是公务员和父亲是教师的大学生也对阅读马克思主义经典著作更为偏爱，均值得分分别为 0.881 分和 0.857 分；对于传统文化经典著作的阅读而言，以父亲职业类型因素为自变量进行均值分析，数据显示，大学生对传统文化经典著作阅读的均值得分均超过 0.9 分，处于"没有阅读过"与"阅读过部分"区间。然而，父亲文化程度不同的大学生对传统文化著作的阅读上也存在显著差异（$F=2.155, P<0.05$）。父亲是公务员的大学生阅读传统文化经典著作的情况最好，均值得分为 1.083 分。其次是父亲是教师和公务员的大学生，均值得分分别为 1.053 分和 1.046 分（见图 3-12）。

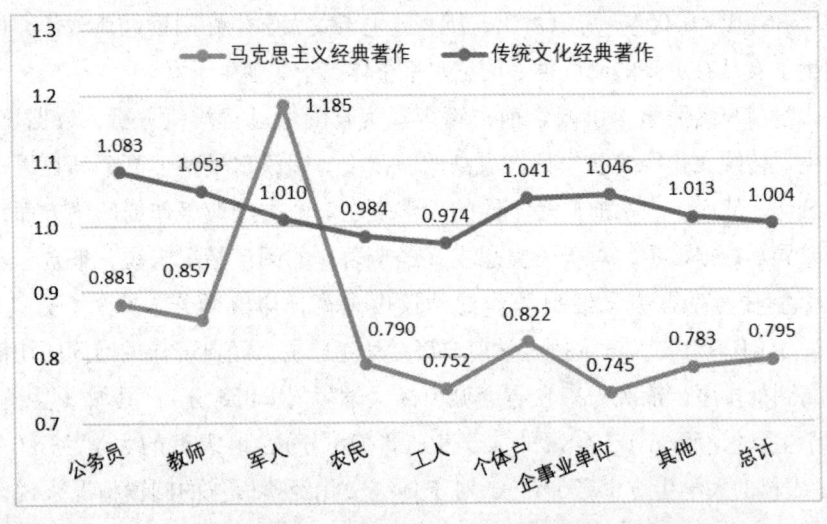

图 3-12 父亲职业不同大学生对经典著作的阅读均值比较

母亲职业类型因素。对于马克思主义经典著作的阅读而言,以母亲职业类型因素为自变量进行均值分析,数据显示,大学生对马克思主义经典著作阅读的均值得分均超过0.7分,处于"没有阅读过"与"阅读过部分"区间。然而,母亲职业不同的大学生在对马克思主义经典著作阅读上也存在显著差异（F=2.484,P<0.05）。数据显示,母亲是公务员的大学生,阅读马克思主义经典著作最为积极,均值得分最高,为0.992分。此外,母亲是军人和企事业单位工作人员的大学生也对阅读马克思主义经典著作更为偏爱,均值得分分别为0.863分和0.839分;对于传统文化经典著作的阅读而言,以母亲职业类型因素为自变量进行均值分析,数据显示,大学生对传统文化经典著作阅读的均值得分均超过0.9分,处于"没有阅读过"与"阅读过部分"区间。然而,母亲职业不同的大学生对传统文化经典著作的阅读也存在显著差异（F=4.948,P<0.001）。母亲为企事业单位工作人员的大学生阅读传统文化经典著作的情况最好,均值得分为1.156分,其次是母亲是公务员和教师的大学生,均值得分分别为1.110分和1.057分。

父亲文化程度因素。对于马克思主义经典著作的阅读而言,以父亲文化程度因素为自变量进行均值分析,数据显示,大学生对马克思主义经典著作阅读的均值得分均超过0.7分,处于"没有阅读过"与"阅读过部分"区间。然而,父亲文化程度不同的大学生对马克思主义经典著作的阅读上存在显著差异（F=3.471,P<0.001）,父亲文化程度较低的大学生对马克思主义经典著作的阅读情况最不乐观,按均值得分降序排列,得分最低的三类分别是：高中（含中专、中职）（0.789分）、初中（0.788分）、小学（0.762分）。这一现象在对传统文化经典著作的阅读上同样存在。在传统文化经典著作的阅读方面,父亲文化程度不同的大学生对传统文化经典著作的阅读上也存在显著差异（F=3.131,P<0.01）,父亲是高中（含中专、中职）、初中和小学文化水平的大学生对传统经典著作的阅读程度较低,均值得分分别为1.007分、0.994分和0.969分。

母亲文化程度因素。母亲文化程度不同的大学生对马克思主义经典著作的阅读上存在显著差异（F=3.993,P<0.001）。母亲的文化程度越高,大学生对马克思主义经典著作的阅读情况就越好。按均值得分降序排列,前三位依次为：母亲是博士文化程度的大学生（1.200分）、母亲是硕士文化程度的大学生（1.200分）、母亲是大学本科文化程度的大学生（0.902分）、母亲是高职高专文化程度（0.828分）;在传统文化经典著作的阅读方面,以母亲文化程度因素为自变量进行均值分析,数据显示,大学生对传统文化经典著作阅读的均值得

分均超过0.9分，处于"没有阅读过"与"阅读过部分"区间。然而，母亲文化程度不同的大学生对传统文化经典著作的阅读上也存在显著差异（F=3.913，P<0.001）。母亲是硕士的大学生的阅读情况最优，而母亲是小学文化的大学生的阅读情况最差，均值得分分别为1.393分和0.967分。

（3）学校教育因素差异分析

统计分析发现，学生类型、年级、政治面貌、学生干部经历、国外学习经历和奖学金经历不同的大学生对马克思主义经典著作的阅读存在显著差异（见表3-20）；年级、专业类别、学生干部经历、国外学习经历和奖学金经历不同的大学生对传统文化经典著作的阅读存在显著差异（见表3-21）。

表3-20 不同学校教育因素大学生对马克思主义经典著作的阅读的均值比较

		M	SD	F值/t值	P
学生类型	专科生	0.825	0.453	F=16.317	P<0.001
	本科生	0.757	0.448		
	硕士生	0.817	0.482		
	博士生	1.128	0.498		
年级	大一	0.731	0.457	F=12.285	P<0.001
	大二	0.787	0.448		
	大三	0.854	0.446		
	大四	0.818	0.456		
	硕士	0.817	0.482		
	博士	1.128	0.498		
政治面貌	中共党员（含预备党员）	0.950	0.420	F=21.859	P<0.001
	共青团员	0.761	0.458		
	民主党派成员	0.740	0.472		
	无党派人士	0.440	0.518		
	群众	0.758	0.472		
学生干部经历	有	0.814	0.445	t=4.503	P<0.001
	无	0.717	0.501		
国外学习经历	有	0.996	0.511	t=5.276	P<0.001
	无	0.786	0.454		

(续表)

		M	SD	F值/t值	P
奖学金经历	有	0.857	0.451	t = 6.951	P < 0.001
	无	0.746	0.458		

表3-21 不同学校教育因素大学生对传统文化经典著作的阅读的均值比较

		M	SD	F值/t值	P
年级	大一	0.987	0.460	F = 2.637	P < 0.05
	大二	0.980	0.471		
	大三	1.047	0.464		
	大四	1.050	0.494		
	硕士	0.992	0.516		
	博士	1.019	0.442		
专业类别	人文科学类	1.052	0.501	F = 2.843	P < 0.05
	社会科学类	0.980	0.470		
	理工类	0.997	0.449		
	农医类	0.990	0.503		
	军事类	0.875	0.468		
学生干部经历	有	1.019	0.465	t = 3.363	P < 0.001
	无	0.946	0.500		
国外学习经历	有	1.171	0.520	t = 3.391	P < 0.001
	无	0.997	0.469		
奖学金经历	有	1.044	0.470	t = 4.355	P < 0.001
	无	0.973	0.471		

学生类型因素。以学生类型因素为自变量进行均值分析，数据显示，大学生对马克思主义经典著作阅读的均值得分均超过0.7分，处于"没有阅读过"与"阅读过部分"区间。然而，不同类型大学生在对马克思主义经典著作阅读上也存在显著差异（F = 16.317，P < 0.001）。在所有大学生中，对社会主义先进文化认同均值得分最高的是博士生（1.128分）。该考察项上其他均值按降序排列的均值得分依次为：专科生（0.825分）、硕士生（0.817分）、本科生（0.757分）。

年级因素。以年级因素为自变量进行均值分析，数据显示，大学生对马克思主义经典著作阅读的均值得分均超过 0.7 分,处于"没有阅读过"与"阅读过部分"区间。然而,不同年级大学生对马克思主义经典著作阅读和对传统文化经典著作的阅读上均存在显著差异。在对马克思主义经典著作的阅读上（F = 12.285,P<0.001）,调研结果表明,在所有大学生中,博士生对马克思主义经典著作的阅读最为积极,均值得分最高,为 1.128 分。均值得分最低的为大一的学生群体,均值得分为 0.731 分。其余不同年级大学生在该考察项上的均值得分从高往低依次是：大三学生（0.854 分）、大四学生（0.818 分）、硕士生（0.817 分）、大二学生（0.787 分）;在对传统文化经典著作的阅读上（F = 2.637,P<0.05）,大二学生在对传统文化经典著作的阅读上的均值得分也最低,为 0.980 分（见图 3-13）。

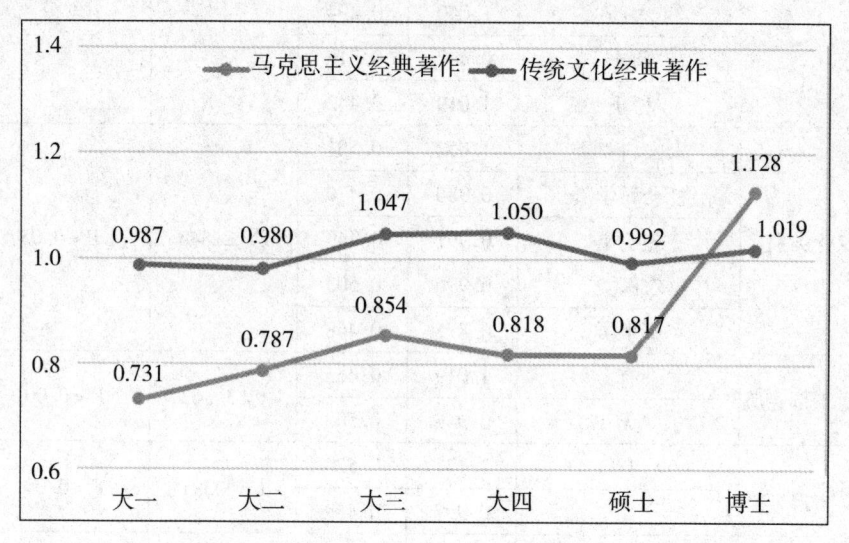

图 3-13　不同年级大学生对经典著作的阅读的均值比较

政治面貌因素。以政治面貌因素为自变量进行均值分析,数据显示,大学生对马克思主义经典著作阅读的均值得分均超过 0.4 分,处于"没有阅读过"与"阅读过部分"区间。然而,不同政治面貌的大学生对马克思主义经典著作的阅读存在着显著差异（F = 21.859,P<0.001）,而对传统文化经典著作的阅读不存在统计学意义上的差异性。党员大学生对马克思主义经典著作的阅读最积极,均值得分为 0.950 分。共青团员大学生的均值得分位居其次,为 0.761 分。该考察项上的均值得分从高往低依次是：群众（0.758 分）、民主党派成员（0.740 分）、无党派人士（0.440 分）。

专业类别因素。以专业类型因素为自变量进行均值分析，数据显示，大学生对传统文化经典著作的阅读的均值得分均超过 0.8 分，处于"没有阅读过"与"阅读过部分"区间。然而，不同专业类别的大学生在对传统文化经典著作的阅读上存在着显著差异（F=2.843，P<0.05），而对马克思主义经典著作的阅读不存在统计学意义上的差异性。结果显示，人文科学类的大学生对阅读传统文化经典著作表现出了最大的积极性，均值得分为 1.052 分，军事类大学生在该考察项上的均值得分最低，为 0.876 分。

干部经历因素。不同学生干部经历的大学生在对经典著作阅读上存在显著差异。身为学生干部，更加注重对自身理论学习的要求，阅读经典著作的程度要高于没有干部经历的大学生群体，这一点，无论是在对马克思主义经典著作的阅读上，还是对传统文件经典著作的阅读上都得以体现。在马克思主义经典著作阅读上，有干部经历的大学生的均值得分为 0.814 分（t=4.503，P<0.001），高于无干部经历的大学生群体；有干部经历的大学生在传统文化经典著作阅读上，均值得分也高于无干部经历的大学生，为 1.019 分（t=3.363，P<0.001）。

国外学习经历因素。所有大学生对经典著作阅读的均值得分均超过 0.9 分，处于"没有阅读过"与"阅读过部分"区间。然而，不同国外学习经历的大学生在对马克思主义经典著作的阅读上存在显著差异（t=5.276，P<0.001）。有过国外学习经历的大学生在马克思主义经典著作和传统文化经典著作阅读两方面的均值得分都高于没有国外学习经历的大学生群体，分别为 0.996 分和 1.044 分（t=3.391，P<0.001）。可能是由于有过国外学习经历的大学生群体，倾向于具有更为强烈的提升自身文化素养和知识学习的意愿，所以在经典著作的阅读方面相对较好。

奖学金经历因素。不同奖学金经历的大学生在对经典著作的阅读上存在差异，在马克思主义经典著作和传统文化经典著作阅读两方面，得过奖学金的大学生的均值得分分别为 0.857 分（t=6.951，P<0.001）和 1.171 分（t=4.355，P<0.001），都比没有奖学金经历的大学生的均值得分高。可以看出，得过奖学金的大学生对于学习的要求和知识的渴求更为迫切，因而阅读程度和积极性都要高于没有获得过奖学金的大学生群体。

3. 结论

（1）大学生群体整体上对经典著作的阅读情况良好，对传统文化经典著作的精读率整体优对马克思主义经典著作。

（2）大学生对马克思主义经典著作的阅读情况在性别、独生子女状况、入学前户籍、父亲职业类型、母亲职业类型、父亲文化程度、母亲文化程度、学生类型、年级、政治面貌、学生干部经历、国外学习经历、奖学金经历等人口学变量上存在显著差异；大学生对传统文化经典著作的阅读情况在性别、独生子女状况、入学前户籍、父亲职业类型、母亲职业类型、父亲文化程度、母亲文化程度、年级、专业类别、学生干部经历、国外学习经历、奖学金经历等人口学变量上存在显著差异。

（3）大学生对马克思主义经典著作的阅读情况在专业类别、儿时父母外出务工、家庭类型、家庭月收入等人口学变量上不存在显著差异；大学生对传统文化经典著作的阅读情况在学生类型、政治面貌、儿时父母外出务工、家庭类型、家庭月收入等人口学变量上不存在显著差异。

四、值得关注的问题

通过对调研数据进行分析可以发现，当前大学生群体总体文化观端正积极，具有中国特色社会主义文化自信，对中华优秀传统文化、红色文化、社会主义先进文化的态度是积极、高度认可的。大部分学生对待中西方节日文化的态度是明确的，表达出了更为喜爱中华文化的态度。同时，调查也反映出了一些值得关注的现象和问题，必须高度重视。

（一）不同群体大学生的文化素养存在显著差异

统计分析发现，人口学变量对大学生的文化观存在显著影响，不同个体自然因素、家庭背景因素、学校教育因素对中国特色社会主义文化自信的认同状况、对中华优秀传统文化的态度、对红色文化的态度、对社会主义先进文化的态度、对中西方节日文化的看法、对经典著作的阅读情况六个考察项的影响程度也有所不同。在这些影响变量的因素中，入学前户籍、政治面貌、学生干部经历、奖学金经历对大学生群体的文化素养影响最大。

在对中国特色社会主义文化自信的认同状况方面，具有显著差异的人口学变量包括：入学前户籍、母亲职业类型、学生类型、政治面貌、学生干部经历和奖学金经历。

在对中华优秀传统文化的态度方面，具有显著差异的人口学变量包括：入学前户籍、母亲职业类型、政治面貌、学生干部经历、奖学金经历。

在对红色文化的态度方面，具有显著差异的人口学变量包括：性别、入学前户籍、年级、政治面貌、学生干部经历、奖学金经历。

在对中西方文化的态度方面，具有显著差异的人口学变量包括：独生子女状况、儿时父母外出务工、入学前户籍、家庭类型、学生干部经历。

对经典著作的阅读情况方面，对马克思主义经典著作具有显著差异的人口学变量包括：性别、独生子女状况、入学前户籍、父亲职业类型、母亲职业类型、父亲文化程度、母亲文化程度、学生类型、年级、政治面貌、学生干部经历、国外学习经历、奖学金经历；对中华优秀传统文化经典著作具有显著差异的人口学变量包括：性别、独生子女状况、入学前户籍、父亲职业类型、母亲职业类型、父亲文化程度、母亲文化程度、年级、专业类别、学生干部经历、国外学习经历、奖学金经历。

（二）大学生对中西方节日文化的态度应积极引导，高校校园文化活动的育人功能需继续加强

统计分析发现，1/4的大学生表示"都非常喜欢"中西方节日，独生子女大学生表示"都非常喜欢"的比例达到了33.7%，这说明随着中国与世界的交流日益密切，社会的快速发展，多元化的思想和文化的冲击日益频繁，西方文化对当代大学生的影响力不断增强，给中华优秀传统文化的传承和弘扬带来了一定的挑战。高校应采取多元化手段，结合时代背景，加大对中华优秀传统文化的宣传教育力度。与此同时，调研发现，大部分（96.6%）的学生愿意参加中华优秀传统文化的教学实践活动，但是，在参与调研的高校中，只有5.5%的高校开设了中华优秀传统文化课程，并且尚有4.1%的高校没有开展过任何传承中华文化的教学实践活动。这些结果表明高校仍需大力开展中华文化的宣传教育，在校园文化活动中强化中华文化的教育内容。

（三）大学生阅读经典著作的状况有待进一步改善

在大学生的阅读方面，课题组从马克思主义经典著作和传统文化经典著作两个方面着手，通过《共产党宣言》《毛泽东选集》《邓小平文选》《习近平谈治国理政》《习近平的七年知青岁月》《论语》《孟子》《大学》《中庸》9部著作进行大学生对经典著作阅读情况的考察。结果显示，所有经典著作中，38%的大学生"没有阅读过"任何著作。其中，《邓小平文选》《习近平谈治国理政》《习近平的七年知青岁月》三部经典著作的阅读情况最不乐观，选择"没有阅读过"的比例分别达到37.8%、36.7%和38.0%，《论语》的阅读状况最好，阅读过的大学生比例达到了95.5%。说明大学生在阅读经典著作方面，对于传统文化相关经典著作的学习更具积极性，阅读率更高。同时，高校也应采取措施，教育引导大学生加强对马克思主义经典著作的阅读和学习，坚定用马克思主义理论武装自身头脑，增强文化素养。

第四章

大学生择业观状况

一、引言

当前,在我国高等教育大众化的背景下,大学生择业就业问题已经成为社会各界关注的焦点。新时代大学生作为职场的新生力量,他们的择业观念直接影响着我国就业市场、人才流向以及国家未来的发展方向。为充分了解大学生择业观现状及存在的问题,本研究对大学生的择业观进行调查研究,为帮助大学生树立正确择业观提供理论参考和实践依据。

(一) 择业观概念界定

所谓"择业",就是具备一定劳动能力的人在一定的世界观、人生观、价值观的引导下,以实现个人价值和社会价值为目标,根据自身的能力、兴趣等因素,所选择的自己在一定时间内从事的职业的过程(任义,2017)。人们在进入某个职业岗位之前,总要进行反复的选择,通过对不同职业的比较、选择,择其最优而从之,寻找到最恰当的职业,这就是择业(罗国杰,2006)。任何已具备劳动能力的人,都要进入社会职业领域选择某个适合自己的职业。在选择职业的过程中,择业个体不仅要考虑到个人的需要、兴趣、能力等因素,还要考虑社会发展的需要。

列宁曾在《哲学笔记》中提出:"观念是自为地存在着的(=似乎是独立的)主观性(=人)对有区别(与观念有区别)的客观性的关系。"可见,"观"就是对事物总的看法和根本观点。择业观,就是指具备一定劳动能力的人在长期社会实践过程中所形成的关于选择什么样的职业以实现个人价值和社会价值总的看法和根本观点,是世界观、人生观、价值观在择业问题上的具体表现(任义,2017)。择业观与世界观、人生观、价值观之间相互作用。择业观从属于世界观、人生观、价值观的范畴,是世界观、人生观和价值观在择业问题上的具体反映。反过来,择业观也会影响到其世界观、人生观和价值观(郭晓冉，2017）。择业观不是先天固有的，它是一定历史条件下的产物，是一个社会的、历史的范畴，随着社会经济的发展而变化。

目前，国内学者对择业观的结构提出了多种不同的划分，主要有五分法和四分法两种。五分法主要以学者李荣华为代表，把大学生择业观结构分为择业理想目标、择业心理动机、择业认知状况、择业价值取向和择业实现途径五个方面（李荣华，2005）。四分法比较典型的有：朱春红、杜学元等学者（2007）认为大学生择业观包含择业理想、择业动机、择业标准、择业意义四个方面；康铭（2017）把大学生择业观结构划分为择业理想、择业目标、择业动机、择业标准四个方面；魏纯、方章东（2017）围绕择业认知、择业预期、择业影响因素和择业方式四个维度对大学生择业观进行了调查分析；卢言言（2019）则认为择业观的构成要素是由择业价值取向、择业认知状况、择业实现途径和择业标准构成；刘杰（2010）通过对新时期择业观的探析，认为择业观的构成因素有择业的理想目标、择业的心理动机、择业的认知状况、择业的价值取向、择业的实现途径。本次研究主要综合参考以上学者关于择业观的结构划分对大学生进行择业观的调查、讨论。

（二）研究现状

1. 择业观相关理论

马克思（1835）认为在选择职业时，我们应该遵循的主要指针是人类的幸福和我们自身的完美。这两种利益是可以相互协调发展的，并非是一方要消灭另外一方；人类的天性本来就是这样：人们只有为同时代的人的完美、为他们的幸福而工作，才能使自己也达到完美。

近年来国内外学术界对大学生择业观问题进行了全面、深入的研究。傅新华（2009）认为择业观是指大学生在选择某种职业时的一种认识、态度、观念以及心态，是个人对于就业的一种反应性倾向，包括认知、情感和行为倾向三个因素。罗晓路等人（2004）认为择业观是在特定历史条件下的产物，是一个历史的、社会的范畴，并将随着社会经济的发展而产生变化。择业观的形成是建立在人生观已经形成的基础之上的多种因素交织在一起的动态过程。大部分学者认为，择业观是大学生的世界观、人生观、价值观在就业过程中的体现，包括就业期望、就业心态、职业道德等内容，在大学生就业过程中有着重要的指导作用。

国外学者对择业观较著名的研究有帕森思的特质因素论和霍兰德的职业类型理论，两者虽然不是仅仅针对大学生这一特定群体，但因具有普遍性而可以反映一些择业观上的共性问题。"特质因素论"是职业指导中历史最久的理论，源于19世纪的官能心理学研究，由美国波士顿大学教授弗兰克·帕森斯（Frank Parsons）创立。根据帕森斯所揭示的职业指导三要素，职业指导的过程由以下三部分组成：①评价求职者的生理和心理特点；②分析职业对人的要求（因素）；③人——职匹配。特质因素论认为每个人都具有自己独特的能力模式和人格特性，每种人格模式都有与其特性相关的职业，因此，每个人都可以找到适合自己的职业（常艺凡，2016）。

2. 择业观的前因变量

研究者们从不同视角切入对择业观进行研究，探讨了诸多因素对大学生择业观的影响。齐春娟（2020）通过调查发现，在"双创"政策背景下影响择业观的主要因素有当前的就业形势（主要外部因素）、家庭成员参与就业抉择及对于创业信念的缺失、个人兴趣（内部因素）。由于受传统观念、社会需求、学校教育、家庭期望和个人素质等多方面的影响，在择业观上还存在着认识上的偏差和行动上的错位，导致择业者有自觉或者不自觉地出现与道德相悖的现象，陷入择业误区。大学生择业观负面变化成因主要有思想道德素质方面、心理素质方面、自我认识差距方面等自身的主观因素；就业体制转轨、市场经济功利化、社会观念变化、中西方文化的影响与撞击等社会环境的影响；学校教育的影响；家庭教育的影响（罗毅华，2006）。引导大学生树立正确的择业竞争观、职业地位观、职业苦乐观，端正择业态度，才能转变其择业观（胡桂英，2007）。社会环境、社会观念、高校思想政治教育者、思想政治教育内容、家庭教育、个人资本、朋友同学、优秀榜样、单位用人标准、单位资本都与新时代大学生择业观存在显著的相关性，都对新时代大学生择业观有显著影响（曹雪梅，2019）。刘杰（2010）的研究表明，家庭是个体成长和社会化的主要场所之一，是主导大学生择业、就业的重要力量。父母的期望，对当代大学生的择业观有很大的影响，是当代大学生在涉世之初建立价值标准的基本依据。家长通过调整自身的观念和素质，调整对子女就业的期望值，可以较好地引导子女形成科学的择业观念，做到科学的择业、就业。郭晓冉（2017）在《当前我国大学生择业观教育研究》中，则是基于一个全新的视角进行了研究并提出，家庭的早期教育、家庭环境、家庭经济状况、家长的文化程度等因素都会在不同程度上影响孩子的择业观。卜玉静（2013）在研究中提出：影响大学生择业观的因素还包括了国家、政府出台的关于高等教育的政策和文件等，随之而来的是毕业生自身的择业焦虑、择业恐惧等心理问题，以及学生之间的择业攀比和从众择业心理等，所有这些方面都将会在不同程度上影响大学生的择业观。

3. 择业观的后果变量

国内学者对大学生择业观的后果变量进行了一定的研究。郭立祥（2019）的研究指出加强新时代青年的择业观教育，引导青年群体树立正确的择业观，有助于促进青年群体合理追求职业、促进青年群体高质量就业，推动社会发展进步。大学生只有树立正确的择业观，才能使他们把个人利益与社会需要紧密结合起来，从而在今后的学习和工作中不断充实和完善自己，通过择业来成就事业，展示人生的价值（罗毅华，2006）。树立健康向上的择业观有利于指导、促进大学生形成健康向上的择业行为，实现个人价值与社会价值的和谐统一，有效推动社会发展和国家进步（夏睿渊，2019）。张蕾（2014）认为大学生就业不仅仅是大学生个人的问题，外部环境的影响也是不容忽视的。一方面，当前大学生的择业观存在着一些问题，但是其择业观中积极的方面也应该予以肯定，不能全盘否定。另一方面，不能把大学生看作是一个充满问题的群体，过分强调大学生自身存在的问题，从而忽略了问题产生的客观原因。

4. 择业观的现状

曹雪梅（2019）通过对四川省大学生择业观深入的研究发现，在择业认知方面，有76.5%的大学生了解自己的性格、能力和兴趣适合何种职业；69.8%的大学生清楚自己的择业优势和劣势；有58.4%的大学生同意职业有高低贵贱之分的说法；63.8%的大学生了解自己想从事职业的性质和相关要求。在择业动机方面，有77.2%的大学生工作是为了满足基本生活需求；85.3%的大学生工作是为了让生活安全稳定、有保障；77.2%的大学生工作是为了在职业中获得归属感；80.6%的大学生工作是为了自信独立，获得他人尊重。在择业价值取向方面，有85%的大学生倾向选择能提供长远发展空间的职业；83.8%的大学生乐意从事符合兴趣，能发挥专长的职业；68.1%的大学生择业时倾向服务于国家的发展和需要。在择业伦理方面，有92%的大学生不会为了巨额利益而选择危害国家的职业；79.6%的大学生会公正与他人竞争同一职位；76.5%的大学生会与竞争对手友善相处；只有27.7%的大学生会利用社会关系"走后门"找工作。由此可见，认为新时代大学生择业观整体上与国家、社会发展要求、新时代的价值导向相一致，但同时也还有一定的不足。从择业认知来看，少数新时代大学生对择业环境特别是国家择业、就业方面的法律法规及政策的认识还比较模糊。从择业动机来看，部分新时代大学生的价值动机特别是个人社会价值动机需要进一步端正。从择业价值取向来看，一些新时代大学生表现出不愿意到基层就业。从择业伦理来看,少数新时代大学生存在就业不诚信等问题。

综上所述,本研究旨在了解大学生择业观的现状,以及各人口学变量对大学生择业观的影响,从而为帮助大学生树立积极向上的择业观提供一定的现实依据。

二、大学生择业观基本概况

大学生择业观状况主要围绕大学生对择业的态度、择业的理念、首选就业意向、影响就业最主要的因素四个方面进行考察,采用正面问法和负面问法相结合的方式。经量表可靠性分析,Cronbach's Alpha 为0.683,说明项目设置具有一定的内在一致性。

调查显示,当前大学生群体总体择业观状况良好,具体表现在以下几点。

(一)绝大部分大学生择业态度端正

当前大学生群体有较明确的职业规划,在择业时比较注重工作单位类型、工作单位性质、就业地区,认同度(均值)分别是3.979、4.359和4.124。尤其看重工作单位的类型或性质,对该考察项的认同度处于"非常认同"和"比较认同"区间,认同率达到90.8%。说明大部分的大学生都比较关注自己的就业问题,有一定的思考,自主性较强,符合我国社会发展需要。此外,大部分大学生择业时最看重的因素是"发展前景"(占比是28.5%),其次是"工作环境、稳定"(占比是15.7%)和"薪酬福利"(占比是18.0%),"家人和朋友的意见"占比只有8.7%。说明大学生在择业时还是比较有主见和比较慎重的。同时,大学生在择业时比较看重职业的发展前景和未来规划,而不是一味追求稳定和高薪酬。

(二)绝大部分大学生的择业理念符合社会发展需要

当前大学生对"大众创业、万众创新的理念日益深入人心"的认同度相对较高,认同度(均值)为4.209,处于"非常认同"和"比较认同"区间,其中持"非常认同"态度的大学生占比44.7%。说明随着我国社会就业压力的不断加剧,创业逐渐成为在校大学生和毕业大学生的一种职业选择方式。在"大众创业,万众创新"的战略背景下,大学生有一定的创新精神,对创业有一定的热情,对创业前景抱有希望。

(三)大学生群体"学而优则仕"的传统择业观念有所改变

当前大学生群体在毕业时首选"到企业就业"(38.5%)的意向最为强烈。毕业后最希望就业的单位主要是"事业单位"（31.0%）和"国有企业"（24.4%），而"党政机关"的选择比例只有13.8%。说明大学生不再盲目跟从扎堆报考公务员单位，"学而优则仕"的传统观念有所改变，而是敢于挑战到机制比较灵活、机遇较多、发展空间大的企业就业。

（四）社会实践与实习经验是影响大学生就业的最主要因素

调查发现，大学生认为影响就业的因素主要集中在"社会实践与实习经验"（29.6%）、"专业知识学习"（26.8%）和"综合能力与素质"（25.4%）三个方面。由此可见，大部分大学生能充分认识到在注重专业知识学习的同时，需要通过积极参加社会实践或实习来提高自己的综合能力和职业素质，通过对社会和市场的提前了解来增强自身的就业竞争力。

三、大学生择业观状况多维考察及差异源分析

本次调查对大学生择业观状况从四个方面的维度进行考察，一是择业的态度，二是择业的理念，三是首选就业意向，四是影响就业的最主要因素。并从个体自然因素（性别）、学校教育因素（学生类型、年级、专业类别、政治面貌、学生干部经历、国外学习经历、奖学金经历）、家庭背景因素（独生子女状况、儿时父母外出务工、入学前户籍、家庭类型、父亲职业类型、母亲职业类型、父亲文化程度、母亲文化程度、家庭月收入）三个方面来探索大学生择业观的差异源。具体调研结果及差异分析如下。

（一）大学生择业态度状况及差异源分析

1. 大学生择业态度状况

课题组通过从"您有明确的职业规划""择业时，工作单位的类型或性质很重要""择业时，您认为就业地区很重要"和"择业时，您认为'专业对口'很重要"4个问题入手，考察大学生的择业态度。采用Likert 5点计分法，"1~5"依次代表"完全不认同"至"非常认同"，继而进行均值分析，结果显示整体认同度为4.045分，数值位于"比较认同"和"非常认同"区间。由均值得分可见，绝大多数大学生择业态度端正（见表4-1）。

表4-1 大学生择业的态度（%）

	非常认同	比较认同	不确定	不太认同	完全不认同	认同率	M	SD
有明确的职业规划	29.4	44.0	22.4	3.5	0.7	73.4	3.979	0.849
择业时，工作单位的类型或性质很重要	47.6	43.2	7.1	1.7	0.4	90.8	4.359	0.722
择业时，您认为就业地区很重要	37.9	43.6	12.0	5.6	0.8	81.6	4.124	0.882
择业时，您认为"专业对口"很重要	25.9	36.5	23.2	12.7	1.7	62.3	3.720	1.038
整体认同度							4.045	0.614

考察大学生择业时最看重的因素，结果显示，大学生择业时最看重的因素是工作的发展前景，选择比例为28.5%。其余因素降序排列依次为薪酬福利（18.0%）、工作环境、稳定（15.7%）、国家需要（12.1%）、家人和朋友的意见（8.7%）、兴趣爱好（7.6%）、就业地区（5.1%）、其他（1.1%），社会地位、知名度和专业对口则均为0.4%（见图4-1）。

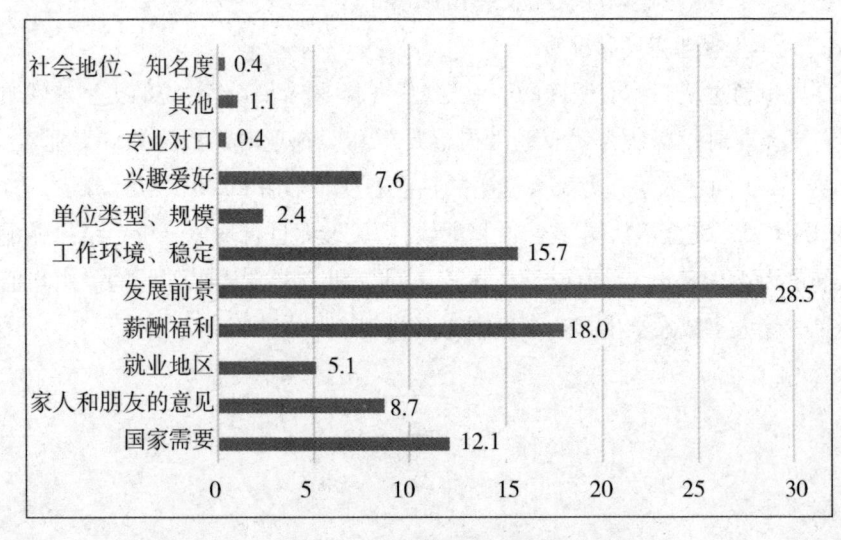

图4-1 大学生择业最看重因素（%）

2. 差异源分析

为进一步调查研究不同群体大学生目前择业态度的状况,课题组将大学生的择业态度作为因变量,与性别、学生类型、年级、专业类别、政治面貌、独生子女状况、学生干部经历、国外学习经历、儿时父母外出务工、奖学金经历、入学前户籍、家庭类型、父亲职业类型、母亲职业类型、父亲文化程度、母亲文化程度、家庭月收入等自变量进行了均值比较分析,发现具有不同个体自然因素、学校教育因素和家庭背景因素的大学生群体对择业的态度存在显著差异。

(1) 个体自然因素差异分析

统计分析发现,性别不同大学生的择业态度具有显著差异。

性别因素。以性别因素为自变量进行均值分析,数据显示,大学生择业态度的均值得分均超过 3.9 分,处于"不确定"与"比较认同"区间。然而,不同性别大学生的择业态度存在显著差异（t = 6.261, P < 0.001）。数据显示,男大学生较女大学生对此考察项的认同度更高,均值得分为 4.112 分,处于"非常认同"和"比较认同"区间（见图 4 - 2）。

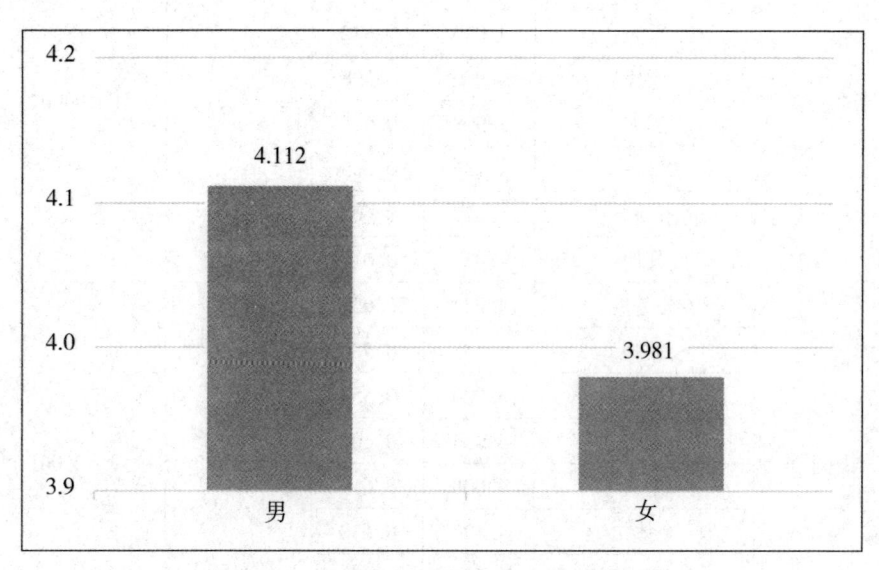

图 4 - 2　不同性别大学生择业态度均值得分

(2) 家庭背景因素差异分析

统计分析发现,独生子女状况、儿时父母外出务工、入学前户籍、父亲职业类型、母亲职业类型、父亲文化程度、母亲文化程度、家庭月收入不同的大学生的择业态度存在显著差异,具体情况如下(见表4-2)。

表4-2 不同家庭背景因素大学生的择业态度的均值比较

		M	SD	F值/t值	P
独生子女状况	是	4.148	0.601	t = 5.676	P < 0.001
	否	4.011	0.614		
儿时父母外出务工	是	4.018	0.618	t = -2.156	P < 0.05
	否	4.064	0.610		
入学前户籍	农村	4.009	0.599	F = 9.029	P < 0.001
	乡镇	4.057	0.667		
	县城(县级市)	4.065	0.642		
	地级市	4.223	0.604		
	省会城市	4.300	0.522		
	直辖市	4.147	0.643		
父亲职业类型	公务员	4.224	0.603	F = 6.911	P < 0.001
	教师	4.197	0.626		
	军人	4.029	0.622		
	农民	4.000	0.598		
	工人	3.978	0.615		
	个体户	4.136	0.635		
	企事业单位	4.077	0.604		
	其他	4.074	0.619		
母亲职业类型	公务员	4.264	0.632	F = 5.123	P < 0.001
	教师	4.155	0.580		
	军人	3.923	0.554		
	农民	4.004	0.602		
	工人	4.006	0.619		
	个体户	4.124	0.630		
	企事业单位	4.096	0.631		
	其他	4.066	0.618		

(续表)

		M	SD	F值/t值	P
父亲文化程度	未接受过教育	4.060	0.640	F=9.070	P<0.001
	小学	3.978	0.578		
	初中	4.007	0.618		
	高中（含中专、中职）	4.088	0.627		
	高职高专	4.174	0.645		
	大学本科	4.274	0.587		
	硕士	4.139	0.502		
	博士	4.500	0.577		
母亲文化程度	未接受过教育	4.027	0.585	F=8.187	P<0.001
	小学	3.983	0.609		
	初中	4.027	0.612		
	高中（含中专、中职）	4.138	0.617		
	高职高专	4.175	0.612		
	大学本科	4.263	0.585		
	硕士	4.000	0.804		
	博士	4.458	0.459		
家庭月收入	2000元以下	4.038	0.611	F=8.633	P<0.001
	2001~4000元	3.992	0.602		
	4001~6000元	4.035	0.618		
	6001~8000元	4.082	0.583		
	8001~10000元	4.101	0.643		
	10001~15000元	4.297	0.631		
	15001以上	4.299	0.601		

独生子女状况因素。以独生子女状况因素为自变量进行均值分析，数据显示，大学生的择业态度较为端正，均值得分均超过4.0分，处于"比较认同"与"非常认同"区间。然而，独生子女状况不同的大学生的择业态度也存在显著差异（t=5.676，P<0.001）。数据显示，独生子女大学生（4.148分）较非

独生子女大学生（4.011分）对此考察项的均值得分更高。

儿时父母外出务工因素。儿时父母外出务工状况不同的大学生的择业态度存在显著差异（t = -2.156，P < 0.05）。数据显示，儿时父母非常年外出务工的大学生（4.064分）较儿时父母常年外出务工的大学生（4.018分）在择业态度上更有自己的想法和规划。说明父母的关爱和陪伴对大学生的择业有一定的影响，父母常年在外务工的大学生对自己择业问题思考相对较少。

入学前户籍因素。入学前户籍状况不同的大学生的择业态度存在显著差异（F = 9.029，P < 0.001）。数据显示，来自省会城市大学生择业态度均值得分最高，为4.300分，处于"非常认同"和"比较认同"区间。其余各项均值得分由高到低排序，依次为来自地级市的大学生（4.223分）、直辖市的大学生（4.147分）、县城（县级市）的大学生（4.065分）、乡镇的大学生（4.057分）、农村的大学生（4.009分）（见图4-3）。说明入学前户籍在城市的，尤其是省会等大城市的大学生更有自身的想法和明确的规划，表现出更强的职业认知和竞争意识。可见，大学生入学前的学习、生活等成长环境是影响大学生择业态度的重要因素之一。

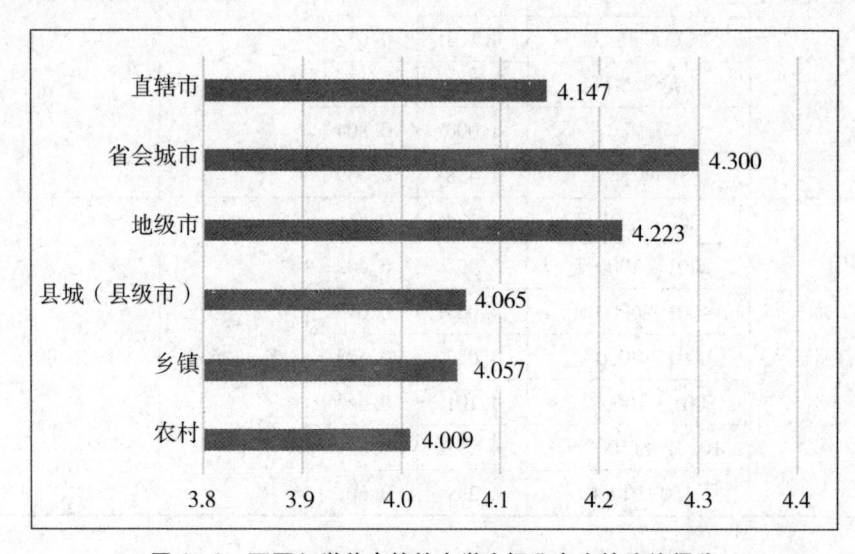

图4-3 不同入学前户籍的大学生择业态度的均值得分

父亲职业类型因素。父亲职业不同的大学生的择业态度存在显著差异（F = 6.911，P < 0.001）。父亲职业是公务员的大学生择业态度的均值得分最高，为4.224分，处于"非常认同"和"比较认同"区间。按均值得分降序排序，依

次为教师（4.197 分）、个体户（4.136 分）、企事业单位（4.077 分）、其他（4.074 分）、军人（4.029 分）、农民（4.000 分）、工人（3.978 分）。

母亲职业类型因素。母亲职业类型不同的大学生的择业态度存在显著差异（$F=5.123$，$P<0.001$）。母亲的职业是公务员的大学生的择业态度均值得分最高，为 4.264 分，处于"非常认同"和"比较认同"区间。按均值得分降序排序，依次为教师（4.155 分）、个体户（4.124 分）、企事业单位（4.096 分）、其他（4.066 分）、工人（4.006 分）、农民（4.004 分）、军人（3.923 分）。

父亲文化程度因素。以父亲文化程度因素为自变量进行均值分析，数据显示，绝大多数大学生的择业态度较为端正，均值得分均超过 4.0 分，处于"比较认同"与"非常认同"区间。然而，父亲文化程度不同的大学生的择业态度也存在显著差异（$F=9.070$，$P<0.001$）。父亲文化程度是博士的大学生的择业态度均值得分最高最高，为 4.500 分，处于"非常认同"和"比较认同"区间。按均值得分降序排序，依次为大学本科（4.274 分）、高职高专（4.174 分）、硕士（4.139 分）、高中（含中专、中职）（4.088 分）、未接受过教育（4.060 分）、初中（4.007 分）、小学（3.978 分）。

母亲文化程度因素。以母亲文化程度因素为自变量进行均值分析，数据显示，绝大多数大学生的择业态度较为端正，均值得分均超过 4.0 分，处于"比较认同"与"非常认同"区间。然而，母亲文化程度不同的大学生的择业态度也存在显著差异（$F=8.187$，$P<0.001$）。母亲文化程度是博士的大学生的择业态度均值得分最高，为 4.458 分，处于"非常认同"和"比较认同"区间。按均值得分降序排序，依次为大学本科（4.263 分）、高职高专（4.175 分）、高中（含中专、中职）（4.138 分），未接受过教育和初中的均值相同（4.027 分），硕士（4.000 分）、小学（3.983 分）。

家庭月收入因素。以家庭月收入因素为自变量进行均值分析，绝大多数大学生的择业态度较为端正，均值得分均超过 4.0 分，处于"比较认同"与"非常认同"区间。然而，家庭月收入状况不同的大学生的择业态度也存在显著差异（$F=8.633$，$P<0.001$）。家庭收入状况在 15001 元以上的大学生择业态度均值得分最高，为 4.299 分，处于"非常认同"和"比较认同"区间。按均值得分降序排序，其余依次为 10001~15000 元（4.297 分）、8001~10000 元（4.101 分）、6001~8000 元（4.082 分）、2000 元以下（4.038 分）、4001~6000 元（4.035 分）、2001~4000 元（3.992 分）。

(3) 学校教育因素差异分析

统计分析发现，学生类型、年级、专业类别、政治面貌、学生干部经历、国外学习经历和奖学金经历不同的大学生的择业态度存在显著差异，具体情况如下（见表4-3）。

表4-3 不同学校教育因素大学生择业态度的均值比较

		M	SD	F值/t值	P
学生类型	专科生	4.045	0.609	F=13.978	P<0.001
	本科生	4.012	0.612		
	硕士生	4.162	0.625		
	博士生	4.461	0.491		
年级	大一	3.988	0.604	F=10.186	P<0.001
	大二	4.020	0.599		
	大三	4.068	0.628		
	大四	4.083	0.632		
	硕士	4.162	0.625		
	博士	4.461	0.491		
专业类别	人文科学类	4.086	0.596	F=14.513	P<0.001
	社会科学类	3.957	0.610		
	理工类	4.036	0.611		
	农医类	4.243	0.613		
	军事类	3.875	1.202		
政治面貌	中共党员（含预备党员）	4.107	0.612	F=3.305	P<0.05
	共青团员	4.036	0.609		
	民主党派成员	3.818	1.085		
	无党派人士	3.583	1.080		
	群众	3.996	0.614		
学生干部经历	有	4.062	0.611	t=3.266	P<0.01
	无	3.975	0.620		
国外学习经历	有	4.193	0.680	t=2.941	P<0.05
	无	4.038	0.610		

(续表)

		M	SD	F 值/t 值	P
奖学金经历	有	4.086	0.622	t = 3.518	P<0.001
	无	4.012	0.605		

学生类型因素。不同类型的大学生的择业态度存在显著差异（F = 13.978，P<0.001）。在所有大学生中，博士生的择业态度均值得分最高，为 4.461 分，处于"非常认同"和"比较认同"区间。本科生的择业态度均值得分最低，为 4.012 分。专科生、硕士生在该考察项上的均值得分分别为 4.045 分和 4.162 分（见图 4 - 4）。说明博士硕士等高学历专业人才都有着明确的自身职业规划和个人价值追求。专科生注重专业技术和实用化，这就决定了其职业发展的基本方向和前景。相对而言，本科生发展更为全面综合，择业面相对较广，竞争也较为激烈，在择业上表现出一定程度的定位不清和选择困难。

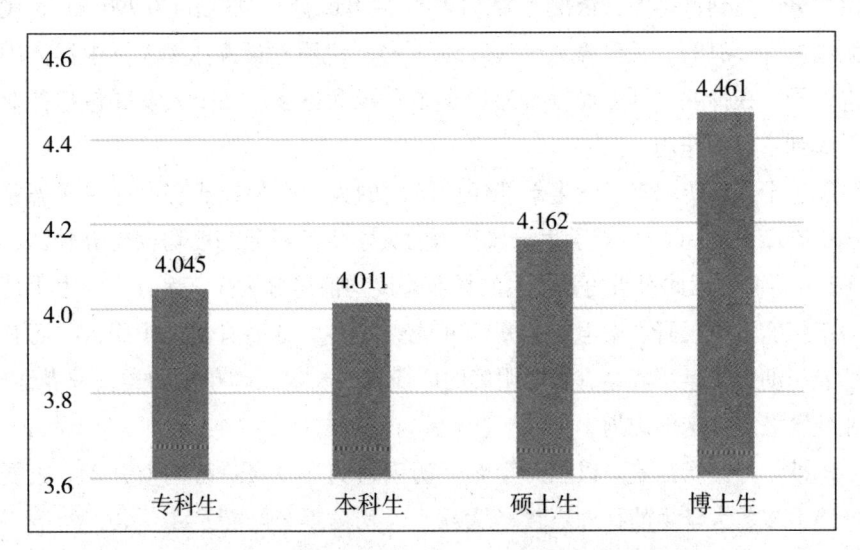

图 4 - 4 不同学生类型大学生择业态度的均值得分

年级因素。不同年级大学生的择业态度存在显著差异（F = 10.186，P<0.001）。在所有年级的大学生中，博士的择业态度均值得分最高，为 4.461 分，处于"非常认同"和"比较认同"区间。大一学生的择业态度均值得分最低，为 3.988 分。其余不同年级大学生择业态度均值得分降序排序，依次为硕士（4.162 分）、大四（4.083 分）、大三（4.068 分）、大二年级学生（4.020 分）。

说明高年级的大学生更加重视职业规划和未来发展。随着大学教育和自身成长的积累，大学生对于职业发展问题越来越关注，对自身的择业规划也不断明晰。

专业类别因素。不同专业类别的大学生的择业态度存在显著差异（F = 14.513，P<0.001）。在所有专业类别的大学生中，专业类别是农医类的大学生的择业态度均值得分最高，为4.243分，处于"非常认同"和"比较认同"区间。军事类的大学生的择业态度均值得分最低，为3.875分。其余不同专业类别大学生择业态度均值得分降序排序，依次为人文科学类（4.086分）、理工类（4.036分）、社会科学类（3.957分）。由此可见，专业性相对更强的农学医学类专业大学生择业表现得更为明确和积极，体现出其专业性对于择业的正面影响。

政治面貌因素。政治面貌不同的大学生的择业态度存在显著差异（F = 3.305，P<0.05）。党员大学生的择业态度均值得分最高，为4.107分，处于"非常认同"和"比较认同"区间。其余不同政治面貌大学生群体择业态度的均值得分由高到低排序，依次为共青团员（4.036分）、群众（3.996分）、民主党派成员（3.818分）、无党派人士（3.583分）。说明党员群体是大学生群体中的先进分子，在择业规划方面较普通同学更积极和进步，在个人发展包括择业问题上起到了引领作用。

学生干部经历因素。学生干部经历不同的大学生的择业态度存在显著差异（t=3.266，P<0.01）。有学生干部经历的大学生的择业态度均值得分较高，为4.062分，而暂无此经历的大学生的择业态度均值得分为3.975分。学生干部经历对于拓宽学习视野、增强综合素养和能力等多个方面有促进作用，因而有过干部经历的大学生可能会有相对明确的职业规划，对工作单位的类型或者性质、就业地区等有一定的规划。

国外学习经历因素。以国外学习经历因素为自变量进行均值分析，数据显示，绝大多数大学生的择业态度较为端正，均值得分均超过4.0分，处于"比较认同"与"非常认同"区间。然而，国外学习经历不同的大学生的择业态度也存在显著差异（t=2.941，P<0.05）。数据显示，有国外学习经历的大学生在此考察项上的均值得分为4.193分，没有国外学习经历的大学生的均值得分为4.038，从整体上看有国外学习经历的大学生较没有国外学习经历的大学生而言更有相对清晰的职业规划。

奖学金经历因素。以奖学金经历因素为自变量进行均值分析，数据显示，绝大多数大学生的择业态度较为端正，均值得分均超过4.0分，处于"比较认同"与"非常认同"区间。然而,奖学金经历不同的大学生的择业态度也存在显著差异（t=3.518，P<0.001）。数据显示,获得过奖学金的大学生在此考察项上的均值得分为4.086分,没有得过奖学金的大学生的均值得分为4.012分,从整体上看获得过奖学金的大学生较没有获得过奖学金的大学生而言择业态度更为端正。

3. 结论

（1）绝大部分大学生择业态度端正。

（2）大学生的择业态度在性别、独生子女状况、儿时父母外出务工、入学前户籍、父亲职业类型、母亲职业类型、父亲文化程度、母亲文化程度、家庭月收入、学生类型、年级、专业类别、政治面貌、学生干部经历、国外学习经历、奖学金经历等人口学变量上存在显著差异。

（3）大学生的择业态度在家庭类型等人口学变量上不存在显著差异。

（二）大学生的择业理念状况及差异源分析

1. 大学生的择业理念状况

课题组通过从"毕业后,您愿意到西部地区或基层就业"和"大众创业、万众创新的理念日益深入人心"2个问题入手,考察大学生对择业理念的认同。量表采用Likert5点计分法,"1~5"依次代表"完全不认同"至"非常认同",继而进行均值分析,结果显示整体认同度为3.892分,数值位于"不确定"和"比较认同"区间。由均值得分可见,绝大部分大学生的择业理念符合社会发展需要（见表4-4）。

表4-4 大学生的择业理念状况（%）

	非常认同	比较认同	不确定	不太认同	完全不认同	认同率	M	SD
毕业后,您愿意到西部地区或基层就业	21.5	29.3	37.8	8.1	3.3	50.7	3.574	1.018
大众创业、万众创新的理念日益深入人心	44.7	35.8	15.9	2.7	0.9	80.6	4.209	0.865
整体认同度							3.892	0.772

考察大学生择业期望月薪，大学生择业期望月薪比较集中在 3001～5000 元之间，选择比例最高，为 36.2%。还有近 1/3 的大学生期望月薪是 5001～8000 元；13.3% 的大学生期望月薪是 10001 元以上；9.9% 的大学生期望月薪是 8001～10000 元；7.3% 的大学生期望月薪是 2001～3000 元；只有 2.1% 的大学生期望月薪是 2000 元以下（见图 4-5）。

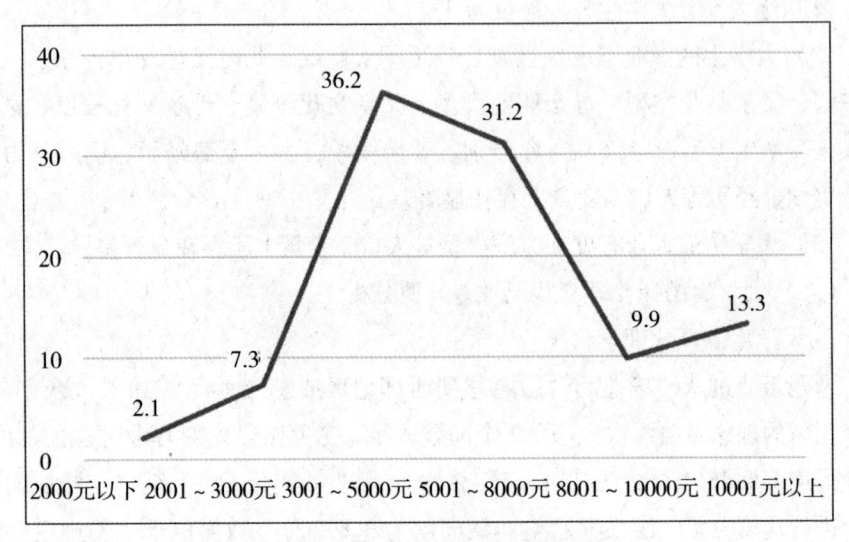

图 4-5 大学生择业期望月薪情况（%）

2. 差异源分析

为进一步调查研究不同群体大学生择业理念的状况，课题组将大学生择业理念作为因变量，与性别、学生类型、年级、专业类别、政治面貌、独生子女状况、学生干部经历、国外学习经历、儿时父母外出务工、奖学金经历、入学前户籍、家庭类型、父亲职业类型、母亲职业类型、父亲文化程度、母亲文化程度、家庭月收入等自变量进行了均值比较分析，发现不同个体自然因素、具有不同家庭背景因素和学校教育因素的大学生群体的择业理念存在显著差异。

（1）个体自然因素差异分析

统计分析发现，不同性别的大学生的择业理念具有显著差异（见图 4-6）。

性别因素。不同性别大学生的择业理念存在显著差异（t = 6.885，P < 0.001）。数据显示，男大学生（3.984 分）较女大学生（3.803 分）对"毕业后，您愿意到西部地区或基层就业"和"大众创业、万众创新的理念日益深入

人心"这两个理念的认同度更高。说明性别对于大学生择业理念具有影响,男大学生较女大学生更容易接受西部地区或者基层就业,也更乐于参与创新创业,而女大学生由于各种原因较少考虑去基层或者西部偏远地区就业,说明性别因素对择业理念有一定的影响。

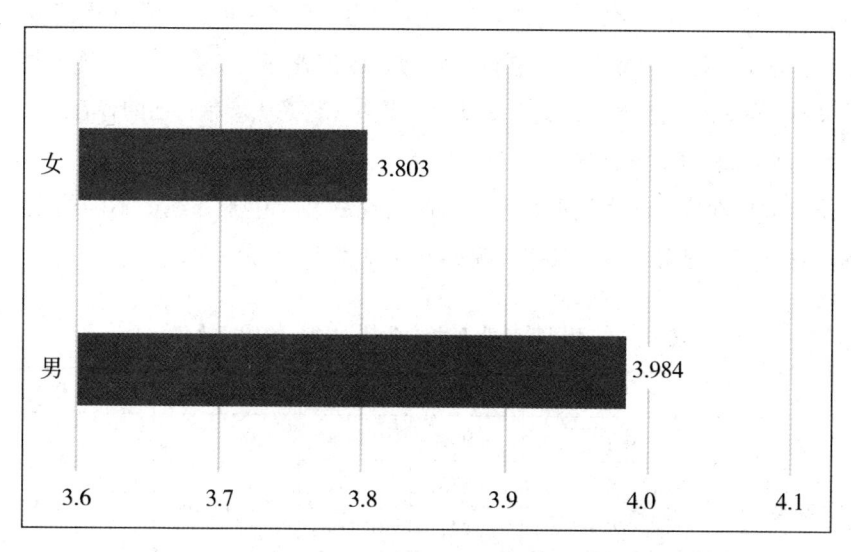

图 4-6 不同个体自然因素大学生择业理念的均值比较

（2）家庭背景因素差异分析

统计分析发现,独生子女状况、儿时父母外出务工状况不同的大学生的择业理念存在显著差异,具体情况如下（见表 4-5）。

表 4-5 不同家庭背景因素大学生择业理念的均值比较

		M	SD	t 值	P
独生子女状况	是	3.945	0.817	t = 2.339	P < 0.05
	否	3.874	0.756		
儿时父母外出务工	是	3.925	0.753	t = 2.076	P < 0.05
	否	3.869	0.784		

独生子女状况因素。独生子女状况不同的大学生的择业理念存在显著差异（t = 2.339，P < 0.05）。数据显示，独生子女大学生（3.945 分）较非独生子女大学生（3.874 分）对此考察项的认同度更高。说明独生子女状况对大学生的

择业理念有一定的影响。

儿时父母外出务工因素。儿时父母外出务工状况不同的大学生的择业理念存在显著差异（t = 2.076，P < 0.05）。数据显示，儿时父母常年外出务工的大学生（3.925 分）较儿时父母非常年外出务工的大学生（3.869 分）对此考察项的认同度更高。由此可见，父母常年外出务工的大学生具有较强的独立性，更能自立自强和吃苦耐劳，择业上敢于到、愿意到西部地区或者基层就业。部分大学生甚至就是来自西部地区或者基层，具有情感上的共鸣，愿意去奉献自己的青春。

（3）学校教育因素差异分析

统计分析发现，学生类型、年级、政治面貌和学生干部经历不同的大学生的择业理念存在显著差异，具体情况如下（见表 4-6）。

表 4-6 不同教育背景大学生择业理念的均值比较

		M	SD	F 值/t 值	P
学生类型	专科生	3.931	0.764	F = 6.216	P < 0.001
	本科生	3.885	0.759		
	硕士生	3.721	0.854		
	博士生	4.000	0.811		
年级	大一	3.884	0.735	F = 3.668	P < 0.01
	大二	3.906	0.776		
	大三	3.949	0.760		
	大四	3.861	0.805		
	硕士	3.721	0.854		
	博士	4.000	0.811		
政治面貌	中共党员（含预备党员）	4.013	0.759	F = 5.864	P < 0.001
	共青团员	3.874	0.762		
	民主党派成员	3.955	0.934		
	无党派人士	3.583	1.158		
	群众	3.769	0.849		
学生干部经历	有	3.912	0.769	t = 3.062	P < 0.05
	无	3.810	0.781		

学生类型因素。不同类型大学生的择业理念存在显著差异（F=6.216，P<0.001）。在所有大学生中，博士生的择业理念均值得分最高，为4.000分，处于"非常认同"和"比较认同"区间。其余不同类型大学生群体的择业理念均值得分由高到低排序，依次为：专科生（3.931分）、本科生（3.885分）、硕士生（3.721分）。（见图4-7）。

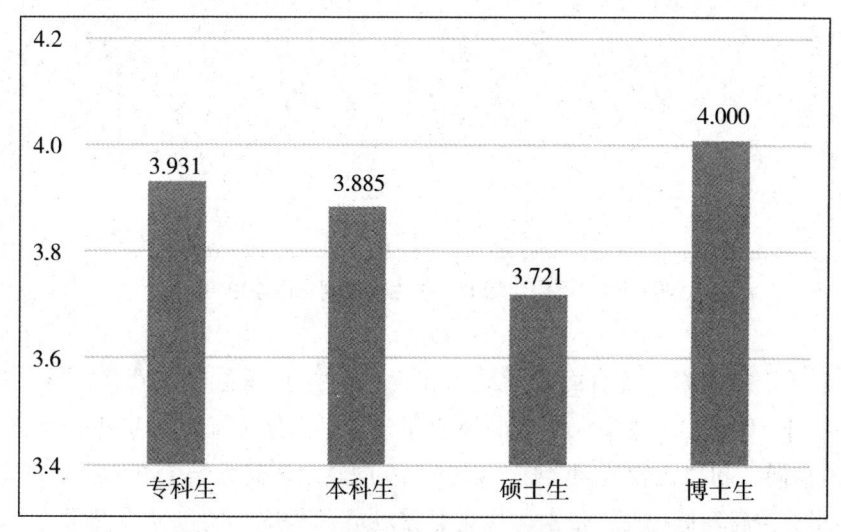

图4-7 不同学生类型的大学生择业理念的均值得分

年级因素。不同年级大学生的择业理念存在显著差异（F=3.668，P<0.01）。在所有年级的大学生中，博士的择业理念均值得分最高，为4.000分，处于"比较认同"和"完全认同"区间。硕士生的择业理念均值得分最低，为3.721分。其余不同年级大学生择业理念均值得分降序排序，依次为大三（3.949分）、大二（3.906分）、大一（3.884人）、大四（3.861分）。说明高学历的博士生有着明确的社会价值和个人目标的追求，更能将个人发展融入国家的需要。从大一到硕士生，对择业理念认同度呈现出先上升再下降的趋势，大四生和硕士生群体整体上对于到西部就业、基层就业以及"双创"理念的认同度低于其他群体。（见图4-8）。

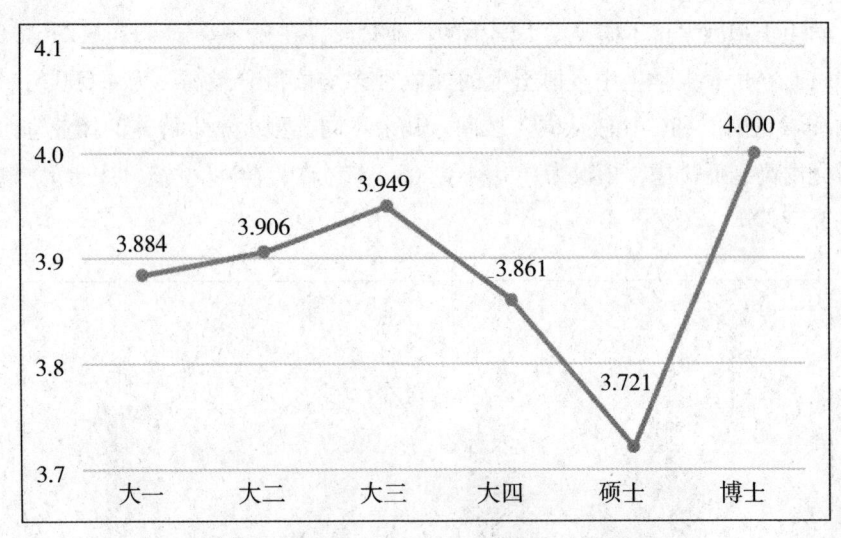

图 4-8　不同年级的大学生择业理念的均值得分

政治面貌因素。政治面貌不同的大学生的择业理念存在显著差异（F = 5.864，P < 0.001）。党员大学生的择业理念均值得分最高，为 4.013 分，处于"非常认同"和"比较认同"区间。其余不同政治面貌大学生群体择业理念的均值得分由高到低排序，依次为民主党派成员（3.955 分）、共青团员（3.874 分）、群众（3.769 分）、无党派人士（3.583 分）。由此可见，党员作为大学生中的先进群体，发挥着模范带头作用，在择业上更能主动响应党和国家的号召，到基层和人民中去建功立业，到祖国最需要的地方去，主动融入"大众创业、万众创新"，树立了较好的榜样。

学生干部经历因素。学生干部经历不同的大学生的择业理念存在显著差异（t = 3.062，P < 0.05）。有学生干部经历的大学生（3.912 分）较暂无相关经历的大学生（3.810 分）对此考察项更为认同。学生干部经历对于提升政治理论水平、拓宽学习视野、增强综合素养和能力等多个方面有促进作用，因而有过干部经历的大学生可能会更积极响应国家关于支持西部的倡议和"双创"理念，而暂无此经历的大学生对此认同度较低。

3. 结论

（1）绝大部分大学生的择业理念符合社会发展需要。

（2）大学生的择业理念在性别、独生子女状况、儿时父母外出务工、学生类型、年级、政治面貌、学生干部经历等人口学变量上存在显著差异。

（3）大学生的择业理念在专业类别、国外学习经历、奖学金经历、入学前户籍、家庭类型、父亲职业类型、母亲职业类型、父亲文化程度、母亲文化程度、家庭月收入等人口学变量上不存在显著差异。

(三)大学生首选就业意向状况及差异源分析

1. 大学生首选就业意向状况

课题组通过对"报考公务员或事业单位""到企业就业""暂不找工作,继续深造""报考'三支一扶''西部计划'等基层项目""创业"和"其他"6个选项入手,考察大学生首选就业的意向。结果显示,38.5%的大学生首选到企业就业;28.1%的大学生首选报考公务员或事业单位;13.1%的大学生选择暂不找工作,继续深造;选择报考"三支一扶""西部计划"等基层项目占比最少,只有5.5%;选择创业的有6.4%;暂时没有规划和具体想法的有8.4%。可见,当前大学生群体在毕业时首选到企业就业的意向最高(见图4-9)。

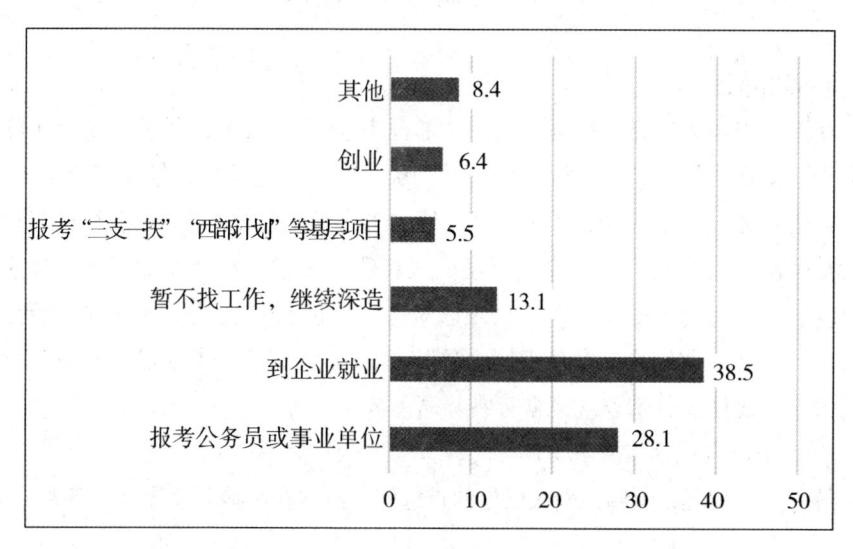

图4-9 大学生的首选就业意向(%)

选项	比例
其他	8.4
创业	6.4
报考"三支一扶""西部计划"等基层项目	5.5
暂不找工作,继续深造	13.1
到企业就业	38.5
报考公务员或事业单位	28.1

统计大学生择业时的首选就业地区,结果显示,当前大学生群体首选到省会城市就业的比例最高,首选到国外就业的比例最低,选择比例分别为30.5%和0.9%。还有30.1%大学生认为工作合适,哪里皆可;13.1%的大学生首选县城(县级市);12.7%的大学生首选地级市;5.8%的大学生首选直辖市;4.4%的大学生首选乡镇;2.6%的大学生首选农村(见图4-10)。

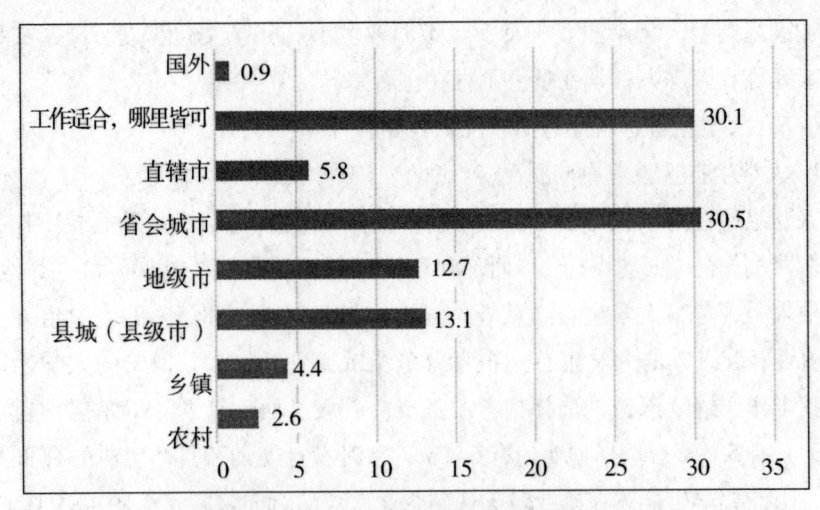

图4-10 大学生的就业地区选择情况（%）

数据（条形图）：
- 国外：0.9
- 工作适合，哪里皆可：30.1
- 直辖市：5.8
- 省会城市：30.5
- 地级市：12.7
- 县城（县级市）：13.1
- 乡镇：4.4
- 农村：2.6

2. 差异源分析

为进一步调查研究不同群体大学生首选就业意向状况，课题组结合个体自然因素、家庭背景因素、学校教育因素，从性别、学生类型、年级、专业类别、政治面貌、独生子女状况、学生干部经历、国外学习经历、儿时父母外出务工、奖学金经历、入学前户籍、家庭类型、父亲职业类型、母亲职业类型、父亲文化程度、母亲文化程度、家庭月收入等对大学生的首选就业意向状况进行了交叉分析。根据卡方检验，发现不同个体自然因素、家庭背景因素和学校教育因素的大学生群体的首选就业意向存在显著差异。

（1）个体自然因素差异分析

统计分析发现，不同性别大学生的首选就业意向存在显著差异（见表4-7）。

表4-7 不同个体自然因素大学生首选就业意向的交叉分析（%）

		首选就业意向					
		报考公务员或事业单位	到企业就业	暂不找工作，继续深造	报考基层项目	创业	其他
性别	男	25.4	38.9	12.4	6.3	9.4	7.6
	女	30.8	38.2	13.8	4.6	3.5	9.1

性别因素。以性别因素为自变量进行交叉分析，数据显示，大学生首选就业意向为"到企业就业"，选择比例均超过了38%。然而，不同性别大学生的首选就业意向状况也存在显著差异（$\chi^2=63.871$，$P<0.001$）。无论男女大学生"报考公务员或事业单位"和"到企业就业"等相对稳定的工作单位的选择比例合计超过了60%；男女大学生选择"到企业就业"的比例最高，比选择"报考公务员或事业单位"分别高出了13.5%和7.4%；女大学生选择"报考公务员或事业单位"的比例高于男大学生群体，为30.8%。可以看出，企业就业相对来说，机制比较灵活、机遇较多、发展空间大等优势对于大学生来说可能更具吸引力。

（2）家庭背景因素差异分析

调查显示，基于家庭背景因素的不同，大学生群体的首选就业意向存在显著差异，具体体现在独生子女状况、儿时父母外出务工、入学前户籍、父亲职业类型、母亲职业类型、家庭月收入上的差异（见表4-8）。

表4-8 不同家庭背景因素大学生首选就业意向的交叉分析（%）

		报考公务员或事业单位	到企业就业	暂不找工作，继续深造	报考基层项目	创业	其他
独生子女状况	是	29.5	33.1	15.7	5.8	8.3	7.6
	否	27.6	40.3	12.3	5.4	5.8	8.6
儿时父母外出务工	是	25.6	40.9	11.7	6.5	7.1	8.3
	否	29.7	36.9	14.1	4.8	6.0	8.5
入学前户籍	农村	27.1	40.2	11.4	5.6	7.0	8.6
	乡镇	29.2	38.3	12.8	6.0	5.5	8.2
	县城（县级市）	31.3	37.3	15.8	4.1	5.1	6.3
	地级市	30.7	28.2	22.3	5.0	4.6	9.2
	省会城市	28.6	30.8	22.0	7.7	3.3	7.7
	直辖市	27.6	17.2	31.0	3.4	6.9	13.8

(续表)

		首选就业意向					
		报考公务员或事业单位	到企业就业	暂不找工作,继续深造	报考基层项目	创业	其他
父亲职业类型	公务员	42.4	26.4	15.3	4.2	5.6	6.3
	教师	38.0	34.1	14.0	3.9	3.1	7.0
	军人	19.2	38.5	23.1	11.5	3.8	3.8
	农民	29.7	39.8	10.0	5.9	6.3	8.4
	工人	22.1	42.7	14.8	5.6	6.6	8.2
	个体户	26.1	38.2	14.4	4.9	7.4	9.1
	企事业单位	28.4	31.4	23.1	5.9	5.9	5.3
	其他	23.9	35.8	15.8	5.3	7.7	11.6
母亲职业类型	公务员	41.1	21.9	16.4	8.2	8.2	4.1
	教师	43.2	29.5	16.5	2.8	4.5	3.4
	军人	17.9	53.8	7.7	2.6	10.3	7.7
	农民	29.9	38.7	10.7	6.1	6.2	8.4
	工人	21.3	45.3	13.7	5.5	6.5	7.8
	个体户	26.4	38.8	13.8	5.0	6.5	9.6
	企事业单位	27.6	31.0	22.1	6.9	6.2	6.2
	其他	22.4	37.1	16.5	4.5	7.7	11.7
家庭月收入	2000元以下	26.7	39.9	10.6	6.0	6.7	10.1
	2001~4000元	28.7	39.0	12.8	5.4	5.4	8.7
	4001~6000元	27.8	38.5	12.7	6.0	7.9	7.2
	6001~8000元	26.2	40.8	13.7	5.1	5.7	8.6
	8001~10000元	33.5	37.7	15.6	3.3	5.7	4.2

(续表)

		首选就业意向					
		报考公务员或事业单位	到企业就业	暂不找工作，继续深造	报考基层项目	创业	其他
家庭月收入	10001~15000元	28.3	28.3	22.8	7.9	3.9	8.7
	15001以上	27.3	27.3	18.2	4.0	15.2	8.1

独生子女状况因素。独生子女状况不同的大学生的首选就业意向存在显著差异（$\chi^2=22.303$，$P<0.001$）。独生子女（29.5%）比非独生子女（27.6%）更倾向于报考公务员或事业单位，高出1.9个百分点；但非独生子女比独生子女更倾向于到企业就业，高出7.2个百分点，分别是40.3%和33.1%。在暂不找工作，继续深造方面，独生子女则比非独生子女高出3.4个百分点。

儿时父母外出务工因素。儿时父母外出务工状况不同的大学生的首选就业意向存在显著差异（$\chi^2=17.874$，$P<0.01$）。儿时父母未外出务工的大学生比父母外出务工大学生更为渴望相对稳定的工作，在选择报考公务员或事业单位时高出了4.1个百分点；而儿时父母外出务工的大学生（40.9%）比儿时父母未外出务工大学生（36.9%）更倾向于到企业就业。

入学前户籍因素。入学前户籍不同的大学生的首选就业意向存在显著差异（$\chi^2=61.360$，$P<0.01$）。来自农村、乡镇和县城（县级市）的大学生在选择报考公务员或事业单位、到企业就业这两项考察项的累计占比都超过60.0%，较地级市、省会城市、直辖市的大学生更为渴望稳定的工作。在"到企业就业"这个考察项上，选择比例按降序排列依次为农村、乡镇、县城（县级市）、省会城市、地级市、直辖市的大学生；而在"暂不找工作，继续深造"这考察项上，选择比例呈升序状况的则依次为入学前户籍是农村、乡镇、县城（县级市）、省会城市、地级市、直辖市的大学生。由于受到生活环境的影响，城市的生活条件相对较好，经济压力也相对较小，所以在"暂不找工作，继续深造"这一考察项上，户籍是直辖市的大学生（31.0%）比户籍是农村的大学生（11.4%）高出了19.6个百分点。

父亲职业类型因素。父亲职业不同的大学生的首选就业意向存在显著差异

(χ^2=84.844，P<0.001）。父亲职业是公务员的大学生报考公务员和事业单位的意向最强烈，比父亲是其他职业的大学生占比都要高，达到了42.4%。父亲职业是工人的大学生选择到企业就业的意向最强烈，比父亲是其他职业的大学生占比都要高，达到了42.7%。说明父亲的职业对大学生的首选就业意向有一定的影响。

母亲职业类型因素。母亲职业不同的大学生的首选就业意向存在显著差异（χ^2=99.931，P<0.001）。母亲职业是公务员和教师的大学生报考公务员和事业单位的意向比母亲职业是其他的大学生都要高得多，分别是41.1%和43.2%，这些大学生更希望选择相对稳定的工作。母亲职业是军人和工人的大学生首选就业意向更多是到企业就业，比母亲职业是其他的大学生也都要高得多，分别是53.8%和45.3%。说明母亲职业类型对大学生的首选就业意向具有一定的影响。

家庭月收入因素。家庭月收入不同的大学生的首选就业意向存在显著差异（χ^2=56.693，P<0.01）。家庭月收入为6001～8000元的大学生群体，最倾向于"到企业就业"，选择比例为40.8%；家庭月收入为8001～10000元的大学生群体，最倾向于"报考公务员或事业单位"，选择比例为33.5%。由此可见，报考公务员或事业单位、到企业就业可以说是大学生主流的就业意向。

（3）学校教育因素差异分析

调查显示，基于学校教育因素的不同，大学生群体的首选就业意向存在显著差异，具体体现在不同学生类型、年级、专业类别、政治面貌、学生干部经历和是否获得过奖学金等方面（见表4-9）。

表4-9　不同学校教育因素大学生首选就业意向的交叉分析（%）

		首选就业意向					
		报考公务员或事业单位	到企业就业	暂不找工作，继续深造	报考基层项目	创业	其他
学生类型	专科生	19.1	46.0	8.0	6.2	9.2	11.5
	本科生	30.8	35.6	16.7	5.3	5.3	6.4
	硕士生	49.4	28.9	9.9	3.2	2.0	6.7
	博士生	47.3	12.7	27.3	1.8	0.0	10.9

(续表)

		首选就业意向					
		报考公务员或事业单位	到企业就业	暂不找工作,继续深造	报考基层项目	创业	其他
年级	大一	21.7	42.0	13.7	5.1	8.6	8.9
	大二	22.8	41.7	11.8	6.5	7.3	9.8
	大三	31.4	35.9	13.2	6.2	4.9	8.5
	大四	37.4	34.8	15.2	4.5	4.8	3.4
	硕士	49.4	28.9	9.9	3.2	2.0	6.7
	博士	47.3	12.7	27.3	1.8	0.0	10.9
专业类别	人文科学类	26.8	34.1	12.2	7.3	9.6	10.1
	社会科学类	30.4	39.3	10.2	5.8	5.5	8.8
	理工类	25.7	42.8	14.4	4.9	6.1	6.0
	农医类	32.0	30.7	19.7	2.5	3.1	11.9
	军事类	33.3	33.3	0.0	16.7	16.7	0.0
政治面貌	中共党员(含预备党员)	41.4	26.4	17.0	6.8	3.0	5.3
	共青团员	26.2	40.4	12.8	5.1	6.7	8.8
	民主党派成员	9.1	63.6	27.3	0.0	0.0	0.0
	无党派人士	0.0	50.0	16.7	16.7	0.0	16.7
	群众	16.3	47.6	5.6	6.3	12.7	11.5
学生干部经历	有	29.7	36.5	13.6	6.0	6.4	7.7
	无	21.2	46.5	11.1	3.6	6.3	11.1
奖学金经历	有	32.7	34.0	15.0	5.3	5.5	7.5
	无	24.5	42.0	11.7	5.6	7.2	9.0

学生类型因素。学生类型不同的大学生的首选就业意向存在显著差异（$\chi^2 =237.154, P<0.001$）。高学历的大学生更渴望稳定的工作，选择报考公务员或事业单位的硕士生最为突出（49.4%），博士生也达到47.3%。专科生由于所学知识和技能更适合到企业就业，因此选择到企业就业的比例达到了46.0%。此外，专科生的创业热情也是大学生群体中最高的，选择比例为9.2%。

年级类型因素。不同年级的大学生的首选就业意向存在显著差异（$\chi^2 =170.825, P<0.001$）。硕士生选择"报考公务员或事业单位"比其他年级的占比都要高，达到49.4%，博士生群体次之，为47.3%。对于刚入学的大一新生来说，则更倾向于到企业就业，占比为42.0%。

专业类别因素。专业类别不同的大学生的首选就业意向存在显著差异（$\chi^2 =90.603, P<0.001$）。理工类学生到企业就业的意向最高，达到42.8%；农医类大学生则最愿意"暂不找工作，继续深造"（19.7%）。说明理工类学生具有相对专业的工程技术知识，适应能力较强，选择到企业就业更容易发挥专业优势。农医类学生由于专业性要求较高，继续深造则更能提高自身的竞争力。

政治面貌因素。政治面貌不同的大学生首选就业意向存在显著差异（$\chi^2 =153.307, P<0.001$）。政治面貌是中共党员（含预备党员）的大学生较其他政治面貌的大学生首选就业意向更倾向于报考公务员或事业单位，占比为41.4%；50%的无党派人士大学生倾向"到企业就业"。

学生干部经历因素。学生干部经历不同的大学生的首选就业意向存在显著差异（$\chi^2 =43.040, P<0.001$）。有过学生干部经历的大学生（29.7%）比没有学生干部经历的大学生（21.2%）首选就业意向更倾向于报考公务员或事业单位，高出8.5%；没有学生干部经历的大学生（46.5%）比有学生干部经历的大学生首选就业意向更倾向于到企业就业（36.5%），高出10个百分点。

奖学金经历因素。奖学金经历不同的大学生的首选就业意向存在显著差异（$\chi^2 =47.349, P<0.001$）。没有获得过奖学金的大学生在首选就业意向方面最倾向于到企业就业（42.0%），有奖学金经历的大学生在"报考公务员或事业单位"的考察项上，比没有获得过奖学金的大学生群体高出8,2%，选择比例为32.7%。

3. 结论

（1）当前大学生群体在毕业时首选到企业就业的意向最高。

（2）大学生的首选就业意向在性别、独生子女状况、儿时父母外出务工、入学前户籍、父亲职业类型、母亲职业类型、家庭月收入、学生类型、年级、专业类别、政治面貌、学生干部经历、奖学金经历等人口学变量上存在显著差异。

（3）大学生的首选就业意向在国外学习经历、家庭类型、父亲文化程度、母亲文化程度等人口学变量上不存在显著差异。

（四）影响大学生就业最主要因素的认知状况及差异源分析

1. 影响大学生就业最主要因素的认知状况

课题组通过对"专业知识学习""社会实践与实习经验""各种证书与技能""就业指导和课外培训""就读学校或专业""所在城市发展水平""家庭背景关系""综合能力与素质"和"其他"等9个考察项入手，考察大学生认为影响就业的最主要因素。结果显示，29.6%的大学生认为影响就业最主要的因素是社会实践与实习经验；26.8%的大学生认为影响就业最主要的因素是专业知识学习；5.7%的大学生认为影响就业最主要的因素是各种证书与技能；4.1%的大学生认为影响就业最主要的因素是就读学校或专业；3.8%的大学生认为影响就业最主要的因素是所在城市发展水平；2.6%的大学生认为影响就业最主要的因素是家庭背景关系；1.4%的大学生认为影响就业最主要的因素是就业指导和课外培训；只有0.6%的大学生对影响就业最主要的因素持不确定的态度。可见，影响大学生就业最主要的因素是"社会实践与实习经验"（见图4－11）。

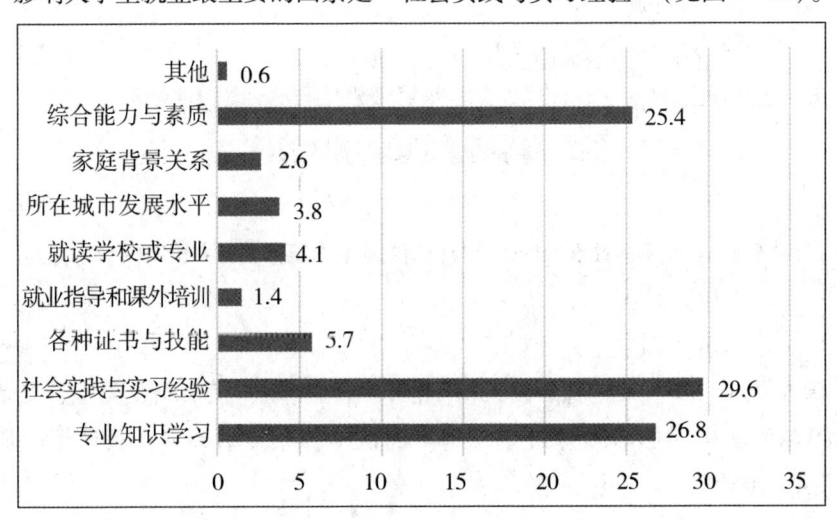

图4－11 大学生对影响就业最主要因素的认知（%）

- 其他 0.6
- 综合能力与素质 25.4
- 家庭背景关系 2.6
- 所在城市发展水平 3.8
- 就读学校或专业 4.1
- 就业指导和课外培训 1.4
- 各种证书与技能 5.7
- 社会实践与实习经验 29.6
- 专业知识学习 26.8

2. 差异源分析

为进一步调查研究不同群体大学生对影响就业最主要因素的认知状况，课题组基于个体自然因素、家庭背景因素、学校教育因素等对大学生认为影响就业最主要因素情况进行了交叉分析。根据卡方检验，发现具不同个体自然因素、家庭背景因素和学校教育因素的大学生群体对影响就业最主要因素的认知状况存在显著差异。

(1) 个体自然因素差异分析

性别因素。统计分析发现，基于个体自然因素，不同性别大学生对影响就业最主要因素的认知存在显著差异（$\chi^2 = 26.692$，$P < 0.01$）。女生认为影响就业最主要因素是"社会实践与实习经验"和"综合能力与素质"的比例均要高于男生，分别高出了1.7个百分点和3.5个百分点，为30.4%和27.1%。男生则认为"专业知识学习"是影响就业的最主要因素，比例是28.4%，比女生高出了3.3个百分点（见图4-12）。

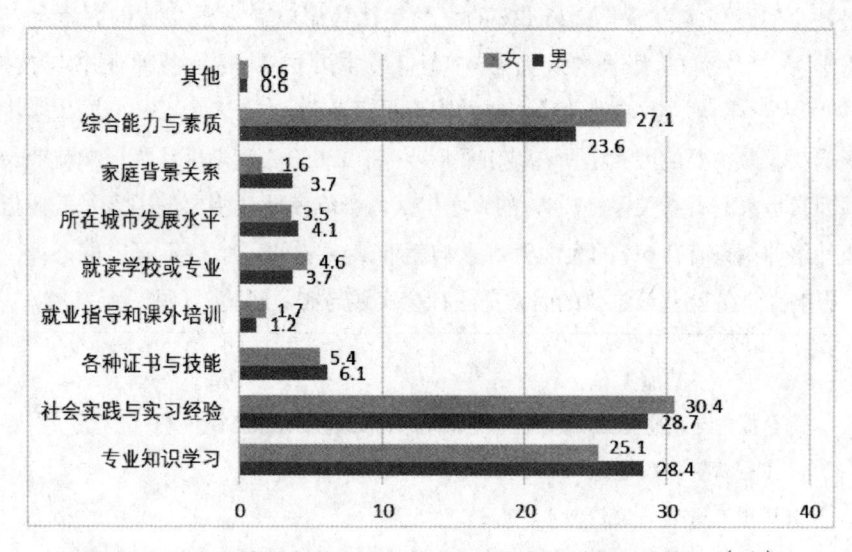

图4-12 不同性别大学生认为影响就业最主要因素分布情况（%）

(2) 家庭背景因素差异分析

调查显示，基于家庭背景因素的不同，不同户籍、父亲职业类型、父亲文化程度的大学生对影响就业最主要因素的认知存在显著差异。具体情况如下（见表4-10）。

表4-10 不同家庭背景因素大学生对影响就业最主要因素的认知的交叉分析（%）

		影响就业最主要因素								
		专业知识学习	社会实践与实习经验	各种证书与技能	就业指导和课外培训	就读学校或专业	所在城市发展水平	家庭背景关系	综合能力与素质	其他
入学前户籍	农村	26.1	29.0	6.3	1.2	3.9	3.6	2.6	26.8	0.6
	乡镇	31.7	32.9	4.4	2.2	1.9	4.6	2.9	18.4	1.0
	县城（县级市）	26.0	30.2	5.1	2.5	5.1	3.5	1.6	25.7	0.3
	地级市	29.5	30.4	3.4	0.4	7.2	3.0	2.5	23.6	0.0
	省会城市	18.2	28.4	4.5	1.1	9.1	6.8	4.5	27.3	0.0
	直辖市	27.6	24.1	3.4	0.0	0.0	10.3	6.9	20.7	6.9
父亲职业类型	公务员	36.1	26.4	4.2	0.0	6.3	2.8	1.4	22.9	0.0
	教师	28.9	30.5	1.6	5.5	5.5	3.1	2.3	21.1	1.6
	军人	23.1	46.2	7.7	0.0	0.0	7.7	0.0	15.4	0.0
	农民	26.1	30.9	6.2	1.2	3.6	3.8	2.6	25.3	0.6
	工人	26.2	28.0	7.5	1.4	4.1	2.4	3.8	26.6	0.3
	个体户	26.6	30.0	5.1	1.9	4.2	3.6	2.1	25.8	0.8
	企事业单位	21.7	31.3	3.0	1.8	7.2	5.4	1.8	26.5	1.2
	其他	30.5	24.1	3.2	0.4	3.9	6.0	5.3	26.2	0.4
父亲文化程度	未接受过教育	35.1	33.8	2.7	0.0	2.7	1.4	5.4	17.6	1.4
	小学	27.6	30.2	5.1	1.1	3.5	4.5	2.0	25.4	0.5
	初中	25.8	29.4	7.0	1.0	3.6	2.8	2.7	27.2	0.5
	高中（含中专、中职）	26.1	30.4	5.5	2.2	5.2	4.2	2.5	23.6	0.3
	高职高专	25.5	27.9	2.4	1.2	4.2	4.8	3.6	29.1	1.2
	大学本科	31.0	25.7	3.1	4.0	5.3	4.4	3.5	21.2	1.8
	硕士	12.5	37.5	12.5	0.0	12.5	0.0	0.0	25.0	0.0
	博士	14.3	28.6	0.0	0.0	14.3	14.3	14.3	14.3	0.0

137

入学前户籍因素。入学前户籍状况不同的大学生对影响就业最主要因素的认知存在显著差异（$\chi^2=84.787$，$P<0.001$）。户籍在乡镇的大学生认为"专业知识"和"社会实践与实习经验"是影响就业最主要的因素，比其他户籍类型的大学生比例都要高，为31.7%和32.9%。户籍是省会城市的大学生认为影响就业最主要因素是"就读学校或专业""所在城市发展水平"和"综合能力与素质"方面比其他户籍类型的大学生比例要高。说明户籍是省会城市的大学生，学习生活条件相对较好，视野相对较宽，则更注重就读学校或专业、所在城市发展水平和综合能力与素质方面。

父亲职业类型因素。父亲职业不同的大学生对影响就业最主要因素的认知存在显著差异（$\chi^2=90.939$，$P<0.01$）。父亲职业是公务员的大学生认为影响就业最主要的因素是"专业知识学习"，比父亲是其他职业的大学生比例均要高，为36.1%。父亲职业是企事业单位的大学生认为影响就业最主要的因素是"社会实践与实习经验"和"综合能力与素质"，比父亲是其他职业的大学生比例均要高，分别为31.3%和26.5%。说明父亲的职业类型对大学生就业认知有一定的影响。

父亲文化程度因素。父亲文化程度不同的大学生对影响就业最主要因素的认知存在显著差异（$\chi^2=78.300$，$P<0.05$）。父亲文化程度是未接受过教育的大学生认为影响就业最主要的因素是"专业知识学习"，比父亲是其他职业的大学生比例均要高，为35.1%。父亲文化程度是硕士的大学生认为影响就业最主要的因素是"社会实践与实习经验"，比父亲是其他职业的大学生比例均要高，为37.5%。由此可见，父亲文化程度在大学生就业认知上具有一定的影响。

（3）学校教育因素差异分析

调查显示，基于学校教育因素的不同，大学生对影响就业最主要因素的认知存在显著差异，具体体现在不同学生类型、年级、专业类别、政治面貌、学生干部经历和国外学习经历等方面（见表4-11）。

学生类型因素。不同学生类型的大学生对影响就业最主要因素的认知存在显著差异（$\chi^2=93.268$，$P<0.001$）。博士生认为影响就业最主要因素是"专业知识学习"，选择比例为40.0%。专科生则认为影响就业最主要因素是"社会实践与实习经验"，选择比例为33.5%。本科生则认为影响就业最主要因素是"综合能力与素质"，选择比例为29.6%。

表4-11 不同学校教育因素大学生对影响就业最主要因素的认知的交叉分析（%）

		影响就业最主要因素								
		专业知识学习	社会实践与实习经验	各种证书与技能	就业指导和课外培训	就读学校或专业	所在城市发展水平	家庭背景关系	综合能力与素质	其他
学生类型	专科生	27.1	33.5	7.1	1.8	4.4	3.2	2.7	19.2	1.0
	本科生	26.4	28.1	5.1	1.2	3.2	3.7	2.6	29.6	0.3
	硕士生	25.2	23.6	4.3	1.6	8.3	5.1	2.8	28.7	0.4
	博士生	40.0	14.5	5.5	0.0	9.1	7.3	1.8	21.8	0.0
年级	大一	26.8	30.3	6.1	1.7	4.1	3.8	2.7	24.1	0.4
	大二	26.9	30.0	5.3	1.3	3.8	4.0	2.7	25.2	0.8
	大三	27.8	30.1	7.0	1.3	2.5	1.9	1.6	27.0	0.9
	大四	23.2	31.9	4.2	1.4	4.8	5.1	4.2	24.9	0.3
	硕士	25.2	23.6	4.3	1.6	8.3	5.1	2.8	28.7	0.4
	博士	40.0	14.5	5.5	0.0	9.1	7.3	1.8	21.8	0.0
专业类别	人文科学类	26.6	31.1	5.5	1.2	3.9	3.5	2.1	25.5	0.5
	社会科学类	24.0	32.8	7.0	1.7	4.3	3.4	2.5	23.6	0.6
	理工类	28.0	27.9	4.6	1.5	3.9	3.5	2.8	27.1	0.6
	农医类	29.3	23.7	6.6	0.6	5.4	6.0	2.8	24.9	0.6
	军事类	16.7	16.7	0.0	33.3	0.0	16.7	0.0	16.7	0.0
政治面貌	中共党员（含预备党员）	29.8	30.0	3.7	1.0	3.7	2.7	3.5	25.5	0.2
	共青团员	26.7	29.5	5.9	1.3	4.3	3.8	2.2	25.8	0.5
	民主党派成员	18.2	45.5	27.3	0.0	0.0	0.0	9.1	0.0	0.0
	无党派人士	0.0	50.0	0.0	16.7	0.0	0.0	0.0	33.3	0.0
	群众	21.0	29.4	7.7	3.6	3.6	6.0	5.2	21.0	2.4
学生干部经历	有	26.7	29.4	5.2	1.2	4.1	4.0	2.5	26.3	0.5
	无	27.2	30.1	7.6	2.3	4.4	2.7	3.2	21.7	0.8

(续表)

		影响就业最主要因素								
		专业知识学习	社会实践与实习经验	各种证书与技能	就业指导和课外培训	就读学校或专业	所在城市发展水平	家庭背景关系	综合能力与素质	其他
国外学习经历	有	37.8	27.3	4.2	1.4	4.2	2.8	5.6	16.8	0.0
	无	26.3	29.7	5.8	1.4	4.1	3.8	2.5	25.8	0.6

年级因素。不同年级的大学生对影响就业最主要因素的认知存在显著差异（$\chi^2=62.052$，$P<0.01$）。博士生认为影响就业最主要因素是"专业知识学习"，选择比例为40.0%。硕士生则认为影响就业最主要因素是"综合能力与素质"，选择比例均要高于其他类型大学生，为28.7%。大四的学生则认为影响就业最主要因素是"社会实践与实习经验"，选择比例均要高于其他类型大学生，为31.9%。

专业类别因素。不同专业类别的大学生对影响就业最主要因素的认知存在显著差异（$\chi^2=141.055$，$P<0.001$）。农医类专业的大学生认为影响就业最主要因素是"专业知识"学习，选择比例均高于其他类型大学生，为29.3%。社会科学类专业的大学生认为影响就业最主要因素是"社会实践与实习经验"（32.8%）。理工类专业的大学生认为影响就业最主要因素是"综合能力与素质"，选择比例为27.1%。军事类专业的大学生认为影响就业最主要因素是"就业指导和课外培训"（33.3%）。

政治面貌因素。不同政治面貌的大学生对影响就业最主要因素的认知存在显著差异（$\chi^2=82.987$，$P<0.001$）。中共党员（含预备党员）的大学生认为影响就业最主要因素是"专业知识学习"，选择比例为29.8%。无党派人士的大学生认为影响就业最主要因素是"社会实践与实习经验"，选择比例最高，为50.0%。民主党派成员的大学生则认为影响就业最主要因素是"各种证书与技能"（27.3%）。

学生干部经历因素。学生干部经历不同的大学生对影响就业最主要因素的认知存在显著差异（$\chi^2 = 17.571$，$P < 0.05$）。没有学生干部经历的大学生认为"社会实践与实习经验"是影响就业的最主要因素，选择比例为30.1%，高于有学生干部经历的大学生（29.4%）。

国外学习经历因素。不同国外学习经历的大学生对影响就业最主要因素的认知存在显著差异（$\chi^2 = 18.279$，$P < 0.05$）。有过国外学习经历的大学生最为看重"专业知识学习"，认为这是影响就业的最主要因素，选择比例为37.8%。没有国外学习经历的大学生最看重"社会实践与实习经验"，选择比例为29.7%。

3. 结论

（1）社会实践与实习经验是影响大学生就业的最主要因素。

（2）大学生对影响就业最主要因素的认知在性别、入学前户籍、父亲职业类型、父亲文化程度、学生类型、年级、专业类别、政治面貌、学生干部经历、国外学习经历等人口学变量上存在显著差异。

（3）大学生对影响就业最主要因素的认知在独生子女状况、儿时父母外出务工、奖学金经历、家庭类型、母亲职业类型、母亲文化程度、家庭月收入等人口学变量上不存在显著差异。

四、值得关注的问题

通过对调研数据进行分析可以发现，当前大学生群体总体择业观是积极向上的，对择业的态度整体较好，有较明确的职业规划，择业自主意识较强，创业意识较为明显，求稳怕变现象减少。但是，调查结果也反映出了一些值得关注的现象和问题。

在对调研数据进行具体分析的过程中，课题组发现，不同群体大学生的择业观不尽相同。由于受到某些因素的影响，大学生在择业态度、择业理念、首选就业意向等方面存在显著差异，这些差异所反映出的现象和问题值得我们关注。

（一）不同群体大学生的择业观存在显著差异

统计分析发现，人口学变量对大学生的择业观存在显著影响，不同个体自然因素、家庭背景因素、学校教育因素对大学生在择业态度、择业理念、首选就业意向等方面的影响程度也有所不同。各项具体表现出显著差异的人口学变量中，性别、独生子女状况、入学前户籍、父母亲职业、学生类型、年级对大学生群体的择业观影响最大。

在择业态度方面，具有显著差异的人口学变量包括：性别、独生子女状况、儿时父母外出务工、入学前户籍、父亲职业类型、母亲职业、父亲文化程度、母亲文化程度、家庭月收入、学生类型、年级、专业类别、政治面貌、学生干部经历、国外学习经历、奖学金经历。

在择业理念方面，具有显著差异的人口学变量包括：性别、独生子女状况、儿时父母外出务工、学生类型、年级、政治面貌、学生干部经历。

在首选就业意向方面，具有显著差异的人口学变量包括：性别、独生子女状况、儿时父母外出务工、入学前户籍、父亲职业类型、母亲职业、家庭月收入、学生类型、年级、专业类别、政治面貌、学生干部经历、奖学金经历。

在影响就业最主要因素的认知方面，具有显著差异的人口学变量包括：性别、入学前户籍、父亲职业类型、父亲文化程度、学生类型、年级、专业类别、政治面貌、学生干部经历、国外学习经历。

（二）大学生到基层就业的观念需要进一步教育引导

统计分析发现，毕业后愿意到西部或基层就业的大学生不多，首选就业意向"报考'三支一扶''西部计划'等基层项目"也是同类考察项目中占比最低的，仅为5.5%；首选就业地区是乡镇和农村的也是同类考察项目中占比最低的，分别为4.4%和2.6%；调查表明，30.5%的大学生首选就业地区是省会城市的比例最高。大城市比较重视人才，工作和生活条件好，经济收入高，发展机会多，并且接收各种信息的途径快，具有较强的吸引力。大学生择业首选大城市有一定的合理性，但择业地点过于集中，势必导致人才的闲置和浪费现象，同时也增加了毕业生就业的难度。而大学生不愿意到西部地区或者基层就业的两个主要原因是因为条件艰苦（44.7%）和不太了解西部和基层（22.6%）。尽管国家出台了很多鼓励毕业生到西部或基层就业和参加志愿服务的优惠政策，但毕业生的积极性仍然不高。一定程度上表现出了大学生择业的现实性和功利性，奉献意识和锻炼意识有待加强。因此高校应加强对国家出台的"三支一扶""志愿服务西部计划"、选调生等基层就业帮扶政策的宣传和解读，加大对毕业生到西部和基层就业政策的支持力度，积极选树毕业生在西部或基层成才的先进典型，营造良好的舆论氛围，唱响到西部或基层、到祖国最需要的地方建功立业的主旋律。鼓励高校毕业生不要把就业方向一味地固定在大城市，可选择去乡镇及以下条件相对比较艰苦的地方就业。高校应深入开展大学生的理想信念教育，加强爱国主义、集体主义、就业观和择业观的教育，帮助大学生转变就业观念，增强择业的社会责任感。

（三）大学生择业理性有待进一步提升

调查发现，大部分大学生首选就业意向主要集中在"到企业就业"（38.5%）和"报考公务员或事业单位"（28.1%）；择业时最看重的因素，仍有较大一部分大学生看重的是"薪酬福利"（18.0%）和"工作环境、稳定"（15.7%）这两个因素；大学生择业期望月薪主要集中在"3001~5000元"（36.2%）和"5001~8000元"（31.2%）。说明大部分学生在择业时较看重"薪酬福利"和"工作环境、稳定"，在薪酬方面表现出期望偏高，有好高骛远急功近利的问题。加强大学生择业观教育，增强大学生择业的理性不仅在于如何指导大学生找到一份称心如意、理想的工作，还需要从目标、主体、客体、方法和环境等方面入手，设立科学的择业观教育目标，树立择业观教育的社会化主体并明确各主体，如社会、高校、家庭主体等的职责作用；明确择业观教育的客体要求，如理性全面的择业认知、崇高合理的择业理想、导向正确的择业价值和积极健康的择业心理等；丰富择业观教育的实施方法，进一步优化包括社会环境、高校环境、家庭环境等择业观教育的外部环境。

# 第五章

大学生实践观状况

一、引言

党的十九大指出:"要全面贯彻党的教育方针,落实立德树人根本任务,发展素质教育,推进教育公平,培养德智体美全面发展的社会主义建设者和接班人。"大学生作为祖国的未来、民族的希望,更需要在不断学习理论知识的同时,运用所学理论知识指导具体实践。为充分了解大学生的实践观现状,本研究结合量表对大学生的实践观状况进行了调查分析,为帮助大学生树立正确实践观及促进大学生全面发展提供理论参考和实践依据。

(一)大学生实践观概念界定

要明晰大学生实践观内涵,首先需对大学生社会实践的结构、功能、本质等基本要素进行系统研究。目前学界普遍认为,大学生社会实践是一种社会化的教育活动,本质上是一种为了完善大学生知识结构和提升大学生能力素质而进行的社会性活动。曹银忠和胡树祥(2010)等学者提出:"大学生社会实践活动作为人类实践活动的重要组成部分,是指大学生在学习过程中学习知识、理论联系实际的应用与创新的活动,是大学生在成长成才过程中改造主观世界、促进自身全面发展的活动,是大学生在走向社会过程中与生产劳动和人民群众相结合适应社会、承担社会责任的活动,也是社会主义高校思想政治教育的重要途径。大学生社会实践活动其实就是一种学习性、成长性和社会化的实践。"魏巍(2012)认为大学生社会实践是一种综合性的教育活动:"大学生社会实践是实现学校教育和社会教育、理论教育与应用教育的有效对接,是帮助青年学生了解社会民生、磨砺品格、提升素质、成长成才的有效课堂。"陈爱民(2010)认为:"大学生社会实践是由主体、内容和载体等内容所构成的活动过程。"

综上所述，本研究认为大学生实践观是大学生主体通过参与和体验社会实践而形成的对社会实践的态度、价值、期望等的基本观点和看法。

（二）大学生实践观研究现状

1. 实践观相关理论研究

马克思在《关于费尔巴哈的提纲》《德意志意识形态》等著作中鲜明提出了实践的观点，确立了马克思主义实践观，主要包括四个方面的内容：一是人的实践活动引起了世界存在方式的变化，马克思在《德意志意识形态》中提出"周围的感性世界绝不是某种开天辟地以来就直接存在的、始终如一的东西，而是工业和社会状况的产物，是历史的产物，是世世代代活动的结果"，"这种活动、这种连续不断的感性劳动和创造、这种生产，正是整个现存的感性世界的基础"；二是人的实践活动是人与环境关系的基础，马克思提出"环境的改变和人的活动和自我改变的一致，只能被看作并合理地理解为革命的实践"；三是人的实践活动是主体与客体统一的基础，马克思在《关于费尔巴哈的提纲》中表明"人应该在实践中证明自己思维的真理性，即自己思维的现实性和力量，亦即自己思维的此岸性"；四是人的实践活动是理解人的本质的基础，马克思指出"全部社会生活在本质上是实践的"，人的本质是"一切社会关系的总和"。

美国实用主义代表人物约翰·杜威从实用主义经验论和机能心理学出发，认为教育奠基于现实生活；学校本身必须是一种社会生活，校内学习应该与校外学习连接起来；教学过程应该就是"做"的过程，应当"从做中学"。我国古代思想家王阳明主张"知行合一"，认为"知是行之始，行是知之成"，"知之真切笃实处即是行，行之明觉精察处即是知"。近代教育家陶行知倡导"行是知之始""教学做合一"，认为"事如何做便如何学，如何学便如何教。教法根据学法，学法根据做法"，强调以作为中心的教与学的统一。

2. 实践观的前因变量研究

20世纪80年代以来，在中宣部、教育部、团中央的积极组织与倡导下，我国高校普遍开展社会实践活动。理论界围绕"大学生社会实践"的现状与问题进行了持续跟踪与研究。

学者们从不同视角展开对大学生实践观研究，探讨诸多因素对大学生实践观的影响。陈爱民（2010）等学者认为，当前大学生实践活动与主体认知、实践载体等方面存在密切关系：政府部门、接收单位、社会团体、所在家庭等因素对大学生社会实践能否顺利进行具有重要的影响作用。周彩姣（2012）等学

145

者认为,大学生社会实践活动与实施体系有紧密关联,实践活动实施体系主要包括组织领导机制、指导教师队伍、专业实践基地、经费保障等四个方面:在调查中,近40%的人认为大学生社会实践活动的组织支持力度"很弱"或"较弱"。虽然指导教师在大学生社会实践教育过程中作用重大,但51.44%的被调查者认为教师指导方面仍不到位。在目前的大学生社会实践活动中,社会实践基地建设和经费保障方面还存在缺陷。被调查者中,认为社会实践基地"很缺乏""比较缺乏"和"一般"的占了83.54%,而认为实践经费"很缺乏""比较缺乏"和"一般"的高达93.42%。顾国盛(2012)综合前人研究,提出当代大学生社会实践与多维度因素相关,如家庭维度、学校维度、社会维度。

3. 实践观的后因变量研究

学界对实践观的后果变量进行了系列研究,薄爱敬(2011)认为,由于树立正确实践观,大学生社会实践和志愿服务对加速学生社会化进程、提升学生综合素质、扩大学校影响力、增强思想政治教育实效、提高学生专业技能等有着显著的成效;社会实践活动能使大学生"四学会",即学会认知、学会做事、学会共处、学会生存。赵跃宇(2011)全面总结了树立正确实践观、发挥实践育人作用的"五个有利于":有利于引导大学生坚定走中国特色社会主义道路的理想信念,树立正确的世界观、人生观和价值观,形成良好的思想道德品质;有利于引导大学生将理论学习和社会实践有机结合起来,形成良好的科学文化素养;有利于引导大学生陶冶情操、砥砺品格,锻炼意志,健全人格,形成良好的心理素质;有利于引导大学生把创新思维和社会实践紧密结合起来,不断提高实践能力、创新创业能力;有利于缩短学生走向社会、成长为合格的社会成员的适应期。岳云强(2010)认为,对实践观理解不到位,会导致大学生社会实践不能有效促进学生社会化,不能与学生专业技能相结合,不能有效提升学生就业率。

4. 实践观的现状

追踪新中国成立70年来大学生社会实践活动的轨迹,可清楚地发现重视大学生社会实践活动已经成为社会共识。基于这种共识,大学生社会实践活动蓬勃发展且呈现以下特征与发展趋势:在特征上,参与的人数越来越多,活动的规模越来越大,活动的内容越来越丰富,活动的形式日益多样,活动的组织更加完善,活动的设计更为合理,考核的指标越来越科学;在发展趋势上,呈现出实践要求常态化、实践对象差异化、实践形态网络化、实践内容专业化、实践运作项目化、实践基地多样化的趋势。

在看到成绩的同时，也要正视大学生社会实践活动存在的问题。杨继瑞（2010）认为，当前大学生社会实践存在以下问题：社会对大学生社会实践活动重视度不够、高校对大学生社会实践活动指导还不够深入、大学生参与社会实践活动自觉性还需进一步提高。同时，建议应当探索创新与完善激励大学生积极参与社会实践活动的制度安排，整合社会资源为大学生社会实践创造良好的环境，建立与完善大学生社会实践活动基地等有效机制。周彩姣（2012）等学者曾对湖南师范大学、中南大学、湖南大学等六所高校本科生进行调查研究，发现大学生社会实践活动包括课外家教、社会调查、社团活动、志愿服务、"三下乡"、竞赛活动、岗位见习、创业活动八种基本形式，但从参与人数比例和实际情况来看，仍然存在形式单一、内容单调的问题。调查结果表明，57.20%的人选择课外家教（勤工助学的一种主要形式）作为参与社会实践的方式；41.56%的人选择社会调查；28.40%的人表示虽然曾参加过社团活动，但多流于形式，很少能够得到真正的锻炼；20.58%的人参与过志愿服务，18.52%的人参与过文化、科技、卫生"三下乡"活动，这些形式的社会实践活动对扩大学校影响力、锻炼学生能力、服务当地社区有着重要的作用；14.40%的人表示参加过"挑战杯"课外学术科技竞赛、"未来教育家"等形式的专业演习、劳动竞赛活动、党史知识竞赛活动、体育竞赛活动等竞赛活动，这些活动有助于打破传统思维方式，培养创新精神，挖掘人的潜在能力；而参加与所学专业知识紧密联系的岗位见习人数仅占11.11%；有时代特征、能缓解就业压力的创业活动（2.47%）更是未能引起足够重视。

本研究旨在了解大学生实践观现状以及各人口学变量对大学生实践观的影响，为培养大学生树立积极向上的实践观提供一定的现实依据。

二、大学生实践观基本概况

大学生实践观调查主要是基于大学生对社会实践的态度和参加社会实践状况两大方面，主要设置8条项目，包含1个量表和6个定性变量。量表采用Likert5点计分法，"1~5"依次代表"完全不认同"至"非常认同"。

调查显示，当前大学生群体总体实践观状况良好，具体表现在以下三点。

（一）绝大多数大学生了解学校社会实践活动

调查显示，绝大多数大学生了解学校社会实践活动，选择比例为85.0%，仅有1.8%的大学生表示对此不了解。这说明，当前大学生群体在校学习生活期间，整体上对学校的社会实践活动高度关注，能够及时了解学校的社会实践活动。

（二）绝大多数大学生对参加社会实践活动的认同率较高

调查显示，当前大学生群体整体上认同大学生应该参加社会实践，认同率达到96.9%。说明绝大多数大学生对参加社会实践活动，提升自身实践能力的必要性有较高的认同度。此外，选择参加的社会实践形式主要为志愿服务（31.6%）、社会兼职（23.1%）和科研项目（11.8%）。

（三）大学生主要通过学校组织的途径参加社会实践活动

考察大学生对参加社会实践途径的选择状况，结果显示，超过半数（54.8%）的大学生以参加学校组织开展的社会实践活动为主，另外的渠道主要为"自己寻找"和"同学、朋友、家人介绍"，选择比例分别为17.7%和16.9%。

三、大学生实践观状况多维考察及差异源分析

本次调查对大学生实践观状况从三个方面的维度进行考察：一是对学校社会实践活动的了解状况，二是对参加社会实践的态度状况，三是参加社会实践途径的选择状况，并从个体自然因素（性别）、学校教育因素（学生类型、年级、专业类别、政治面貌、学生干部经历、国外学习经历、奖学金经历）、家庭背景因素（独生子女状况、儿时父母外出务工、入学前户籍、家庭类型、父亲职业类型、母亲职业类型、父亲文化程度、母亲文化程度、家庭月收入）三个方面来探索大学生实践观的差异源。具体调研结果及差异分析如下。

（一）大学生对学校社会实践活动的了解状况及差异源分析

1. 大学生对学校社会实践活动的了解状况

课题组通过对"您是否了解学校的社会实践活动"这一问题入手，考察大学生对学校社会实践活动的了解状况。结果显示，当前大学生群体总体上对学校社会实践活动较为了解，选择比例约为85.0%，仅有1.8%的大学生表示不了解（见图5-1）。

数据显示，大学生参加社会实践的次数以"3~4次"居多，1/3的大学生参加次数达"5次以上"，但也存在3.5%的大学生尚未参加过任何社会实践活动（见图5-2）。

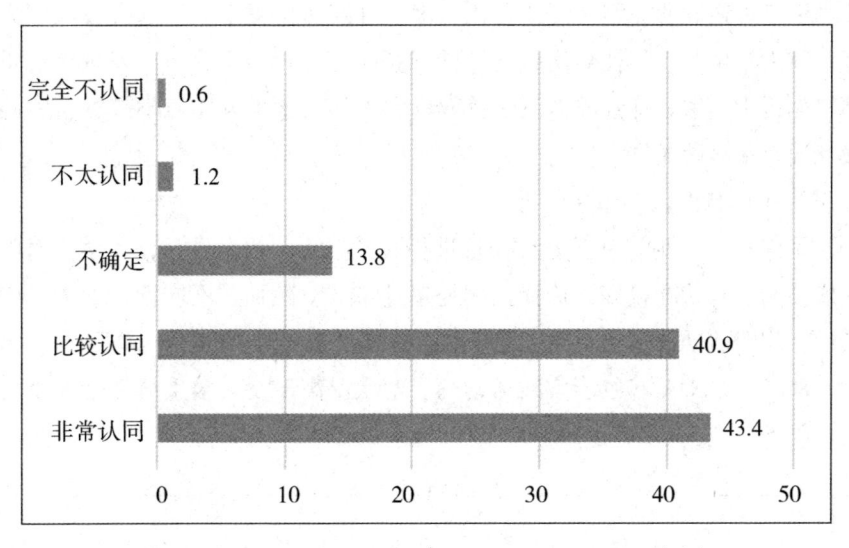

图 5-1 大学生对学校社会实践活动的了解状况（%）

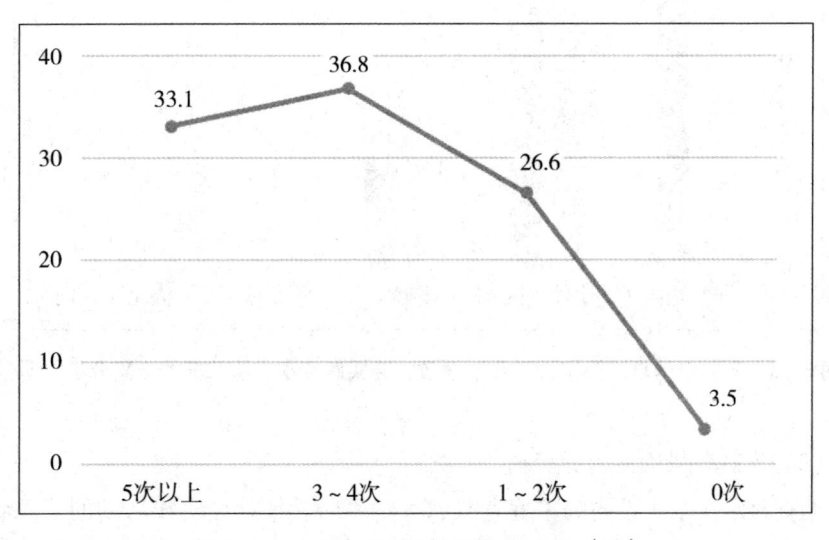

图 5-2 大学生参加社会实践的次数（%）

2. 差异源分析

为进一步调查研究不同群体大学生对学校社会实践活动的了解状况，课题组结合性别、类型、年级、专业、政治面貌、独生子女状况、学生干部经历、国外学习经历、儿时父母外出务工、奖学金经历、入学户籍、家庭类型、父亲职业类型、母亲职业类型、父亲文化程度、母亲文化程度、家庭月收入等人口学变量就大学生对学校社会实践活动的了解状况进行交叉分析，发现具有不同个体自然因素、家庭背景因素及学校教育因素的大学生群体对学校社会实践的了解状况存在显著差异。

(1) 个体自然因素差异分析

性别因素。以性别因素为自变量进行交叉分析，数据显示，大学生对学校社会实践的了解状况较好，选择比例均超过82%。然而，不同性别的大学生对学校社会实践活动的了解状况也存在显著差异（$\chi^2 = 31.563$，$P < 0.001$）。男大学生（86.2%）对学校社会实践活动的了解状况高出女大学生群体近4个百分点（见图5-3）。

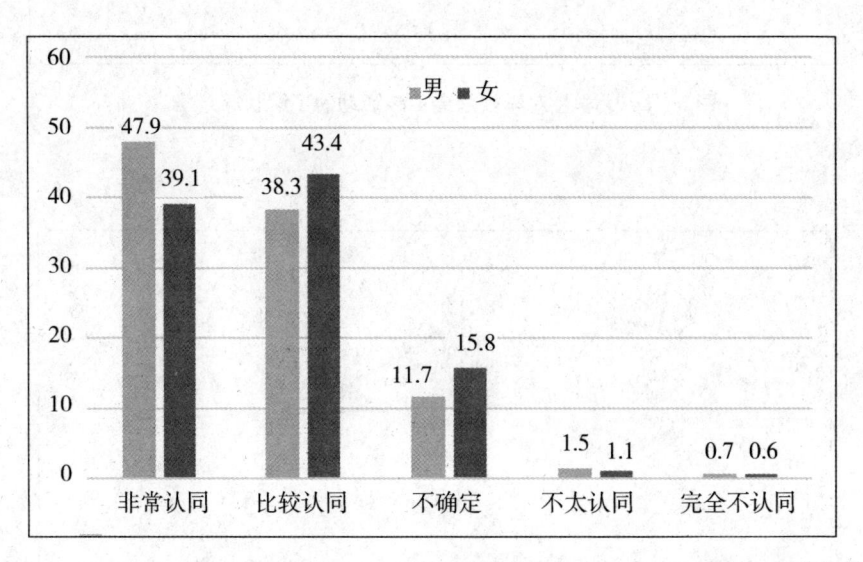

图5-3 不同个体自然因素大学生对学校社会实践活动了解状况的交叉分析（%）

(2) 家庭背景因素差异分析

调查显示，基于不同的家庭背景，大学生对学校社会实践活动的了解状况存在显著差异，具体体现在独生子女状况、入学前户籍、父亲文化程度、母亲文化程度、家庭月收入不同上的差异（见表5-1）。

表5-1 不同家庭背景因素大学生对学校社会实践活动了解状况的交叉分析（%）

		是否了解社会实践活动				
		非常认同	比较认同	不确定	不太认同	完全不认同
独生子女	是	50.7	36.5	10.8	1.3	0.7
	否	41.0	42.4	14.8	1.2	0.6
入学前户籍	农村	40.8	42.3	14.9	1.4	0.7
	乡镇	46.3	37.0	15.5	1.0	0.3
	县城（县级市）	48.7	39.0	10.7	1.0	0.6
	地级市	49.8	40.9	7.6	1.3	0.4
	省会城市	55.6	33.3	8.9	1.1	1.1
	直辖市	57.1	42.9	0.0	0.0	0.0
父亲文化程度	未接受过教育	49.3	36.0	13.3	1.3	0.0
	小学	37.7	45.5	15.3	1.1	0.4
	初中	43.4	40.2	14.4	1.3	0.6
	高中（含中专、中职）	44.4	38.8	14.1	1.9	0.7
	高职高专	50.3	37.4	10.4	0.0	1.8
	大学本科	55.4	38.4	5.4	0.4	0.4
	硕士	66.7	33.3	0.0	0.0	0.0
	博士	57.1	28.6	14.3	0.0	0.0
母亲文化程度	未接受过教育	43.9	42.8	11.8	1.1	0.5
	小学	39.4	43.7	15.3	1.3	0.3
	初中	43.7	39.9	14.3	1.3	0.8
	高中（含中专、中职）	45.6	38.2	14.3	1.3	0.6
	高职高专	51.3	38.0	6.7	2.0	2.0
	大学本科	58.2	34.7	5.9	0.6	0.6
	硕士	57.1	28.6	14.3	0.0	0.0
	博士	66.7	16.7	16.7	0.0	0.0

(续表)

		是否了解社会实践活动				
		非常认同	比较认同	不确定	不太认同	完全不认同
家庭月收入	2000元以下	43.0	40.8	15.3	0.7	0.1
	2001~4000元	40.0	43.9	14.0	1.4	0.7
	4001~6000元	43.4	40.2	14.4	0.5	1.5
	6001~8000元	41.7	42.0	12.3	3.6	0.3
	8001~10000元	52.9	34.1	12.5	0.5	0.0
	10001~15000元	61.6	29.6	6.4	2.4	0.0
	15001元以上	54.1	34.7	10.2	1.0	0.0

独生子女状况因素。以独生子女状况因素为自变量进行交叉分析，数据显示，大学生对学校社会实践的了解状况较好，选择比例均超过了83%。然而，独生子女状况不同的大学生群体在对学校社会实践活动的了解状况上也存在显著差异（$\chi^2=26.455$，$P<0.001$）。独生子女大学生对学校社会实践活动的了解比例为87.2%、不了解比例为2.0%，而非独生子女大学生了解学校社会实践活动的比例为83.4%、不了解的比例为1.8%。

入学前户籍因素。以入学前户籍因素为自变量进行交叉分析，数据显示，大学生对学校社会实践的了解状况较好，选择比例均超过了83%。然而，不同户籍大学生群体在对学校社会实践活动的了解状况上也存在显著差异（$\chi^2=37.552$，$P<0.01$）。入学前户籍为直辖市的大学生对学校社会实践活动的了解状况最好，了解学校社会实践活动的选择比例达100.0%。其余各项按降序排列依次为地级市（90.7%）、省会城市（88.9%）、县城（县级市）（87.7%）、乡镇（83.3%）、农村（83.1%）。

父亲文化程度因素。以父亲文化程度因素为自变量进行交叉分析，数据显示，大学生对学校社会实践的了解状况较好，选择比例均超过了83%。然而，父亲文化程度不同的大学生在对学校社会实践活动的了解状况上也存在显著差异（$\chi^2=55.919$，$P<0.01$）。父亲的文化程度为硕士的大学生对学校社会实践活动的了解状况最好，选择比例达到100.0%。其余各项按降序排列分别为大学

152

本科（93.8%）、高职高专（87.7%）、博士（85.7%）、未接受过教育（85.3%）、初中（83.6%）、高中（含中专、中职）（83.2%）、小学（83.2%）。

母亲文化程度因素。以母亲文化程度因素为自变量进行交叉分析，数据显示，大学生对学校社会实践的了解状况较好，选择比例均超过了83%。然而，母亲文化程度不同的大学生在对学校社会实践活动的了解状况上同样存在显著差异（$\chi^2=54.122$，$P<0.01$）。母亲的文化程度为大学本科的大学生，对学校社会实践活动表现出最高的了解程度，选择比例为92.9%；排在第二位的是母亲文化程度为高职高专的大学生，比例为89.3%。其余依次为未接受过教育（86.7%）、硕士（85.7%）、高中（含中专、中职）（83.8%）、初中（83.6%）、博士（83.4%）、小学（83.1%）。

家庭月收入因素。家庭月收入不同的大学生群体对学校社会实践活动的了解状况存在显著差异（$\chi^2=65.236$，$P<0.001$）。家庭月收入为10001~15000元的大学生群体对学校社会实践活动的了解程度最高，为91.2%。其次为家庭月收入为15001元以上的大学生群体，选择比例达到了88.8%（见图5-4）。

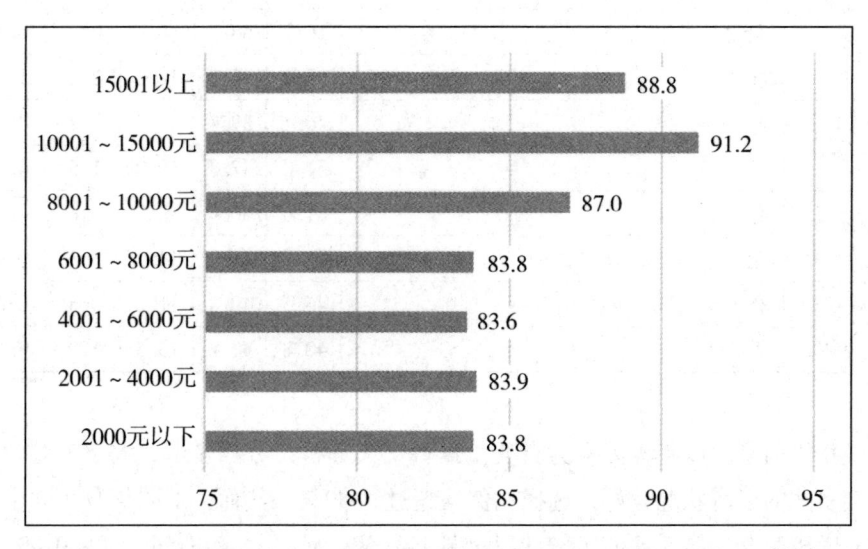

图5-4 不同家庭月收入大学生群体对学校社会实践活动的了解状况（%）

（3）学校教育因素差异分析

调查显示，不同教育背景的大学生对学校社会实践活动的了解状况存在显著差异，具体体现在年级、政治面貌、学生干部经历、国外学习经历、奖学金经历不同上的差异。具体如下（见表5-2）。

表 5-2　不同学校教育背景因素大学生对学校社会实践
活动的了解状况的交叉分析（%）

		是否了解社会实践活动				
		非常认同	比较认同	不确定	不太认同	完全不认同
年级	大一	37.4	42.6	17.1	2.1	0.8
	大二	42.6	41.1	14.6	1.3	0.4
	大三	48.9	39.9	10.1	0.3	0.9
	大四	53.4	37.9	8.3	0.0	0.3
	硕士	42.8	38.0	16.0	2.4	0.8
	博士	38.9	53.7	7.4	0.0	0.0
政治面貌	中共党员（含预备党员）	51.3	39.2	8.1	1.0	0.5
	共青团员	42.4	40.7	15.1	1.2	0.6
	民主党派成员	50.0	40.0	10.0	0.0	0.0
	无党派人士	16.7	66.7	16.7	0.0	0.0
	群众	35.4	46.3	14.6	2.0	1.6
学生干部经历	有	46.4	39.4	12.3	1.2	0.7
	无	31.0	47.3	19.9	1.6	0.3
国外学习经历	有	61.6	30.4	6.5	0.0	1.4
	无	42.7	41.3	14.1	1.3	0.6
奖学金经历	有	46.5	40.8	11.6	0.5	0.6
	无	40.8	41.2	15.5	1.9	0.6

年级因素。以年级因素为自变量进行交叉分析，数据显示，大学生对学校社会实践的了解状况较好，选择比例均超过了80%。然而，不同年级大学生群体对学校社会实践活动的了解状况也具有显著差异（$\chi^2 = 73.565$，$P < 0.001$）。本科阶段大学生对学校社会实践活动的了解程度随年级增长逐步提高；研究生阶段大学生对学校的社会实践活动的了解状况同样呈现逐年提高态势。博士生对学校社会实践活动的了解程度最高，选择比例达到92.6%（见图5-5）。

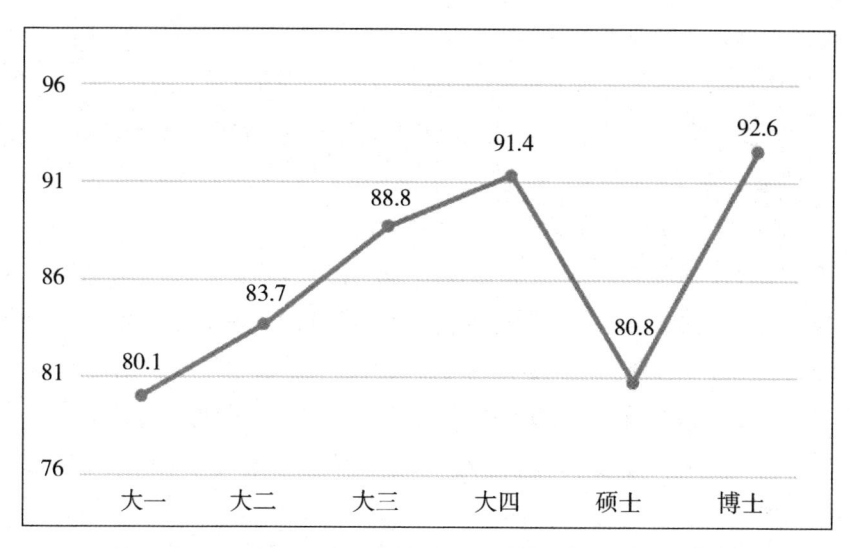

图 5-5 不同年级大学对学校社会实践活动的了解状况（%）

政治面貌因素。以政治面貌因素为自变量进行交叉分析，数据显示，大学生对学校社会实践活动的了解状况较好，选择比例均超过了81%。然而，不同政治面貌的大学生群体对学校社会实践活动的了解状况也具有显著差异（χ^2 = 45.925，$P < 0.01$）。政治面貌为中共党员的大学生对学校社会实践活动的了解程度明显高于其他大学生群体，选择比例为90.5%。其余各考察项按降序排列，依次为民主党派成员（90.0%）、无党派人士（83.4%）、共青团员（83.1%）、群众（81.7%）。

学生干部经历因素。学生干部经历不同的大学生群体对学校社会实践活动的了解状况也具有显著差异（χ^2 = 59.291，$P < 0.001$）。有学生干部经历的大学生对学校社会实践活动的了解要高于没有干部经历的大学生群体，选择比例为85.8%，比没有干部经历的大学生群体高7.5%。可见，学生干部因为参与组织各项活动的经验较为丰富，与学校组织的社会实践活动的接触机会更多，因而相较其他大学生更为熟悉了解学校的社会实践活动。

国外学习经历因素。以国外学习经历因素为自变量进行交叉分析，数据显示，大学生对学校社会实践的了解状况较好，选择比例均超过了84%。然而，国外学习经历不同的大学生群体对学校社会实践活动的了解状况也具有显著差异（χ^2 = 23.289，$P < 0.001$）。有过国外学习经历的大学生（92.0%）对学校社会实践活动的了解状况高出没有国外学习经历的大学生群体8个百分点。

奖学金经历因素。奖学金经历不同的大学生群体对学校社会实践活动的了解状况具有显著差异（$\chi^2=28.147$，$P<0.001$）。获得过奖学金的大学生对学校社会实践活动的了解状况高于未获得过奖学金的大学生群体，选择比例87.3%。这在一定程度上反映出学习成绩优良的大学生对社会实践活动的态度更为积极。

3. 结论

（1）绝大多数大学生了解学校社会实践活动。

（2）大学生对学校社会实践活动的了解状况在性别、独生子女状况、入学前户籍、父亲文化程度、母亲文化程度、家庭月收入、年级、政治面貌、学生干部经历、国外学习经历、奖学金经历等人口学变量上存在显著差异。

（3）大学生对学校社会实践活动的了解状况在学生类型、专业类别、儿时父母外出务工、家庭类型、父亲职业类型、母亲职业类型等人口学变量上不存在显著差异。

（二）大学生对参加社会实践活动的态度状况及差异源分析

1. 大学生对参加社会实践活动的态度状况

课题组通过对"您对大学生参加社会实践的看法"这一问题入手，考察大学生对参加社会实践的态度。结果显示，大学生对参加社会实践活动的整体认同率较高，达到96.9%，仅有1.3%的大学生表达了对参加社会实践活动的不认同（见图5-6）。

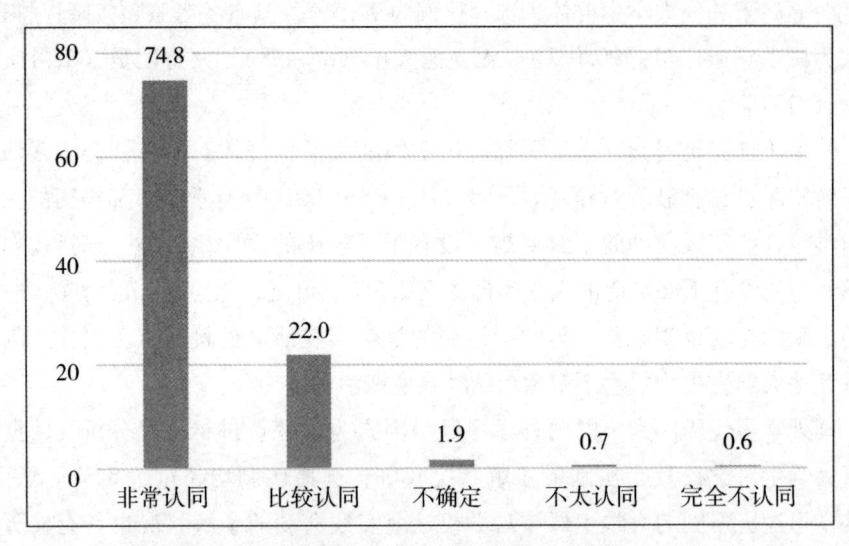

图5-6 大学生对参加社会实践活动的态度（%）

考察大学生参加社会实践活动最主要的动机，结果发现超过1/2的大学生

(58.2%)认为"关注了解社会现实,增长见识"是参加社会实践活动的最主要动机。其余动机按选择比例降序排列依次为"帮助他人,服务社会,为社会做贡献"(12.8%)、"对升学、就业等个人发展有帮助"(10.0%)、"结交更多志同道合的朋友"(8.3%)、"追求综合测评加分、评优,完成学校相关要求"(6.0%)、"赚钱,获得补贴"(3.3%)、"闲着没事,打发时间"(0.6%)、"从众心理,大家都去我也去"(0.4%)、"其他"(0.4%)。可见,大学生参加社会实践活动的动机整体良好,既重视个人成长进步,又关注社会现实,着眼于服务社会发展。

大学生最想参加的社会实践活动形式排前三位的是"志愿服务""社会兼职"和"参加科研项目",选择比例分别为31.6%、23.1%和11.8%。反映出大学生参加社会实践活动的形式呈现出多元化趋势(见图5-7)。

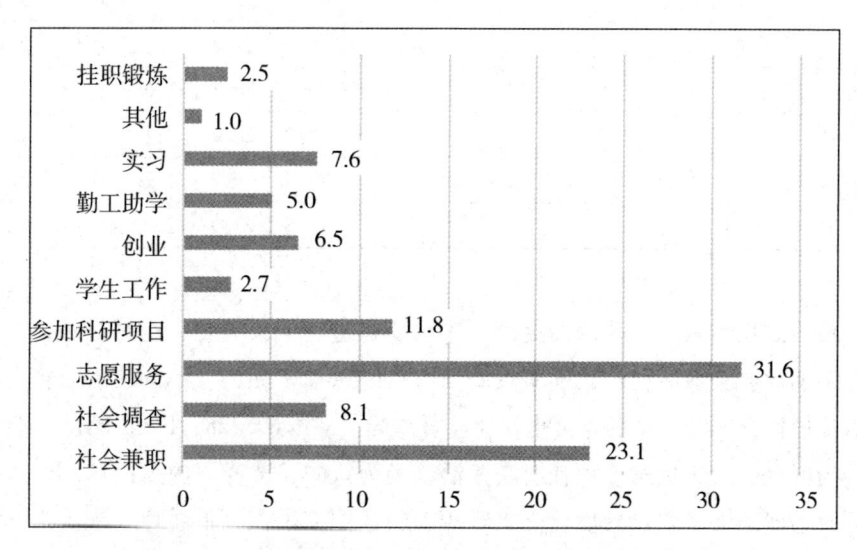

图5-7 大学生最想参加的社会实践活动的形式(%)

2. 差异源分析

为进一步调查研究不同群体大学生对参加社会实践活动的态度,课题组结合性别、学生类型、年级、专业类别、政治面貌、独生子女状况、学生干部经历、国外学习经历、儿时父母外出务工、奖学金经历、入学前户籍、家庭类型、父亲职业类型、母亲职业类型、父亲文化程度、母亲文化程度、家庭月收入等人口学变量进行了交叉分析,发现具有不同学校教育因素的大学生群体对参加社会实践活动的态度存在显著差异。

157

统计分析发现,政治面貌、学生干部经历和奖学金经历不同的大学生对参加社会实践活动的态度存在显著差异。具体如下(见表5-3)。

表5-3 不同学校教育因素大学生对参加社会实践活动的认同的交叉分析(%)

		是否了解社会实践活动				
		非常认同	比较认同	不确定	不太认同	完全不认同
政治面貌	中共党员(含预备党员)	75.3	21.9	0.0	2.7	0.0
	共青团员	78.4	19.3	1.2	0.6	0.6
	民主党派成员	61.1	25.0	13.9	0.0	0.0
	无党派人士	74.1	22.8	1.7	0.8	0.6
	群众	75.1	22.8	1.1	0.6	0.4
学生干部经历	有	76.8	20.4	1.6	0.6	0.6
	无	66.7	28.6	3.1	1.1	0.5
奖学金经历	有	77.8	19.7	1.2	0.8	0.5
	无	72.5	23.9	2.3	0.6	0.6

政治面貌因素。以政治面貌因素为自变量进行交叉分析,数据显示,大学生对参加社会实践活动的认同率较高,均超过86%。然而,不同政治面貌大学生对参加社会实践活动的态度也存在显著差异($\chi^2 = 67.728$,$P<0.001$)。政治面貌为群众的大学生对参加社会实践活动最为认同,选择比例高达97.9%。按不同政治面貌大学生对参加社会实践活动的认同率由高到低排序,依次为共青团员(97.7%)、中共党员(含预备党员)(97.2%)、无党派人士(96.9%)、民主党派成员(86.1%)。

学生干部经历因素。以学生干部经历因素为自变量进行交叉分析,数据显示,大学生对参加社会实践活动的认同率较高,均超过95%。然而,学生干部经历不同的大学生对参加社会实践活动的态度也存在显著差异($\chi^2 = 30.115$,$P<0.001$)。有学生干部经历的大学生对社会实践活动的认同率为97.2%,高于没有学生干部经历的大学生(95.3%)。

奖学金经历因素。以奖学金经历因素为自变量进行交叉分析,数据显示,大学生对参加社会实践活动的认同率较高,均超过96%。然而,不同奖学金经历的大学生群体对参加社会实践活动的态度也存在显著差异（$\chi^2 = 16.059$，P < 0.01）。获得过奖学金的大学生对参加社会实践活动的认同率为97.5%，高出未获得过奖学金的大学生1个百分点。

3. 结论

（1）绝大多数大学生对参加社会实践活动的认同率较高。

（2）大学生对参加社会实践活动的态度状况在政治面貌、学生干部经历和奖学金经历等人口学变量上存在显著差异。

（3）大学生对参加社会实践活动的态度状况在性别、学生类型、年级、专业类别、独生子女状况、国外学习经历、儿时父母外出务工、入学前户籍、家庭类型、父亲职业类型、母亲职业类型、父亲文化程度、母亲文化程度、家庭月收入等人口学变量上不存在显著差异。

（三）大学生参加社会实践活动途径的选择状况及差异源分析

1. 大学生参加社会实践活动途径的选择状况

课题组通过对"您主要通过什么途径参加社会实践"这一问题入手，考察大学生对参加社会实践活动途径的选择状况。结果显示，当前大学生群体总体上以参加学校社会实践活动为主，自己寻找参加社会实践活动的和经同学、朋友、家人介绍参加社会实践活动的比例分别为17.7%和16.9%，仅有1.5%的大学生因找不到渠道而没有参加过社会实践活动（见图5-8）。

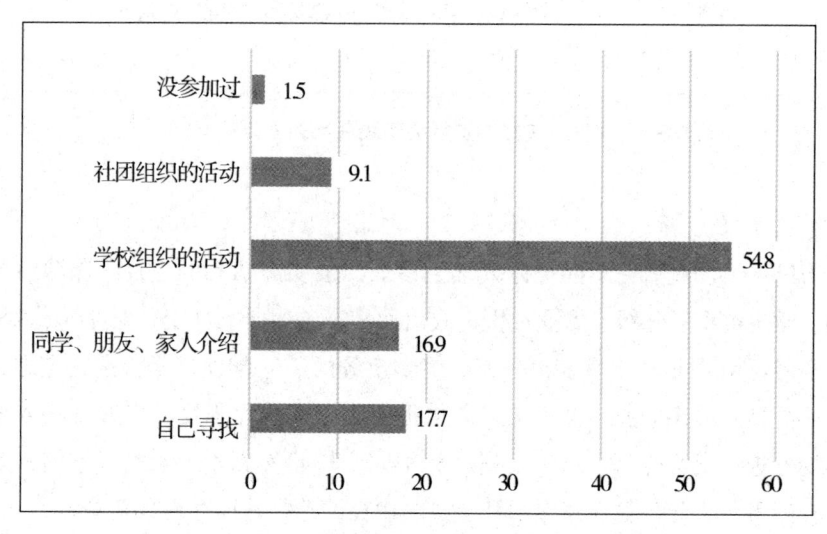

图5-8 大学生参加社会实践活动的途径（%）

进一步了解大学生最想去参加社会实践活动的地点，结果表明"事业单位"是大学生最心仪的社会实践地点，选择比例位居首位，为27.0%。"居委会或村委会"是大学生最不想去参加社会实践的地点，选择比例最低，为3.2%。其余各考察项按选择比例降序排列，依次为政府机关（22.7%）、国有企业（22.1%）、社会组织（13.8%）、其他（6.0%）、私有企业（5.1%）。

探究大学生参加社会实践活动的主要依据，将近半数的大学生（49.7%）选择参加社会实践活动的主要依据是"根据个人兴趣选择参加"，另外，"选与个人专业相关的参加"的大学生群体也将近1/4。还有11.0%的大学生"看实践活动的组织、影响力大小"来决定是否参加社会实践活动（见图5-9）。

选项	百分比
其他	3.7
考虑人身安全与健康保障情况	5.7
看实践活动的时间长短	1.7
考虑实践活动的福利待遇	5.2
看实践活动的组织、影响力大小	11.0
选与个人专业相关的参加	23.1
根据个人兴趣选择参加	49.7

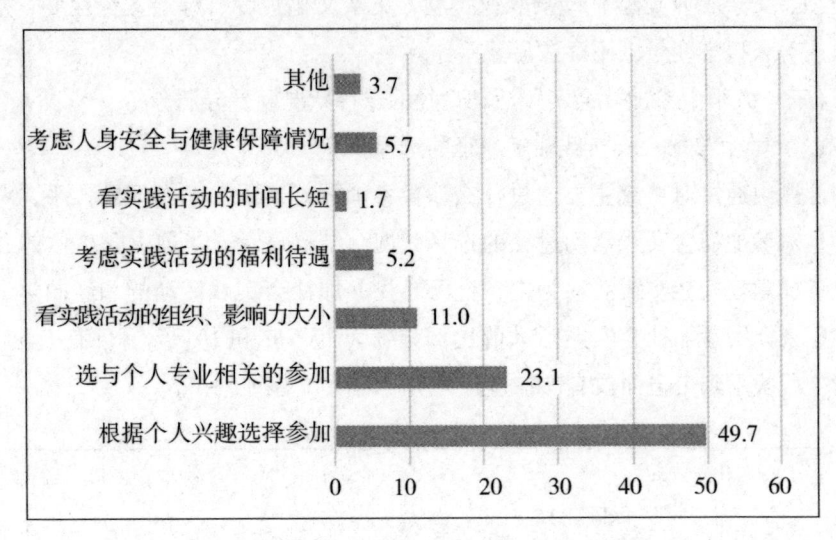

图5-9 大学生选择参加社会实践活动的主要依据（%）

2. 差异源分析

为进一步调查研究不同群体大学生参加社会实践活动的途径，课题组结合性别、学生类型、年级、专业类别、政治面貌、独生子女状况、学生干部经历、国外学习经历、儿时父母外出务工、奖学金经历、入学前户籍、家庭类型、父亲职业类型、母亲职业类型、父亲文化程度、母亲文化程度、家庭月收入等人口学变量进行交叉分析，结果发现具有不同个体自然因素、家庭背景因素及学校教育因素的大学生群体对参加社会实践途径的选择状况存在显著差异。

（1）个体自然因素差异分析

性别因素。以性别因素为自变量进行交叉分析，数据显示，大学生参加社会实践活动的途径以"学校组织的活动"为主,选择比例均超过了53%。然而,不同性别大学生对参加社会实践活动的途径上也存在显著差异(χ^2 = 22.958,P < 0.001)。男大学生自己寻找社会实践途径的比例为20.7%,比女大学生高出近6个百分点;而女大学生通过学校、社团组织活动参加社会实践活动的比例为66.5%,比男大学生高出5个百分点(见表5-4)。

表5-4 不同性别大学生参加社会实践活动的途径的交叉分析(%)

		参加社会实践途径				
		自己寻找	同学、朋友、家人介绍	学校组织的活动	社团组织的活动	没参与过
性别	男	20.7	16.7	53.3	7.9	1.5
	女	14.8	17.1	56.2	10.3	1.6

(2)家庭背景因素差异分析

统计分析发现,独生子女状况、入学前户籍、父亲职业类型、父亲文化程度和母亲文化程度不同的大学生参加社会实践活动途径的选择状况存在显著差异(见表5-5)。

表5-5 不同家庭背景因素大学生参加社会实践活动途径的交叉分析(%)

		参加社会实践途径				
		自己寻找	同学、朋友、家人介绍	学校组织的活动	社团组织的活动	没参与过
独生子女状况	是	20.5	18.3	52.9	7.0	1.3
	否	16.8	16.4	55.4	9.8	1.6
入学前户籍	农村	16.7	15.6	56.3	9.9	1.5
	乡镇	19.1	21.8	50.2	7.1	1.7
	县城(县级市)	18.0	16.1	54.4	9.2	2.2
	地级市	21.3	13.3	57.9	7.1	0.4
	省会城市	20.9	27.5	46.2	4.4	1.1
	直辖市	27.6	31.0	31.0	3.4	6.9

(续表)

		参加社会实践途径				
		自己寻找	同学、朋友、家人介绍	学校组织的活动	社团组织的活动	没参与过
父亲职业类型	公务员	29.2	21.5	41.0	6.3	2.1
	教师	15.5	23.3	51.2	7.0	3.1
	军人	7.7	26.9	50.0	15.4	0.0
	农民	15.9	15.7	57.6	9.5	1.3
	工人	17.0	17.5	54.7	8.9	1.9
	个体户	21.3	15.5	52.3	10.0	0.9
	企事业单位	17.9	16.7	55.4	7.7	2.4
	其他	18.5	17.4	53.3	8.7	2.1
父亲文化程度	未接受过教育	27.6	23.7	39.5	5.3	3.9
	小学	16.5	14.8	56.3	10.1	2.3
	初中	16.4	15.5	57.6	9.7	0.8
	高中（含中专、中职）	18.8	19.3	52.2	8.6	1.2
	高职高专	18.6	19.8	50.3	8.4	3.0
	大学本科	22.9	21.1	48.5	5.7	1.8
	硕士	33.3	22.2	33.3	11.1	0.0
	博士	14.3	0.0	57.1	14.3	14.3
母亲文化程度	未接受过教育	25.5	16.5	45.7	10.1	2.1
	小学	17.6	16.3	55.0	9.7	1.4
	初中	16.5	15.8	56.6	9.8	1.2
	高中（含中专、中职）	14.8	18.2	58.5	6.6	1.9
	高职高专	17.6	22.2	47.7	10.5	2.0
	大学本科	26.0	19.1	46.8	6.4	1.7
	硕士	14.3	28.6	57.1	0.0	0.0
	博士	16.7	0.0	66.7	0.0	16.7

（3）学校教育因素差异分析

统计分析发现，专业类别、政治面貌、学生干部经历不同的大学生在参加社会实践活动的途径上存在显著差异。具体情况如下（见表5-6）。

表5-6 不同学校教育因素大学生参加社会实践活动途径的交叉分析（%）

		参加社会实践途径				
		自己寻找	同学、朋友、家人介绍	学校组织的活动	社团组织的活动	没参与过
专业类别	人文科学类	22.8	17.6	52.0	6.3	1.4
	社会科学类	16.5	18.0	55.4	8.1	1.9
	理工类	17.0	16.6	54.3	10.7	1.4
	农医类	11.7	13.2	60.9	13.2	0.9
	军事类	33.3	0.0	50.0	0.0	16.7
政治面貌	中共党员（含预备党员）	16.2	14.9	63.8	4.8	0.3
	共青团员	18.4	17.0	53.0	10.2	1.4
	民主党派成员	9.1	18.2	54.5	18.2	0.0
	无党派人士	16.7	33.3	16.7	16.7	16.7
	群众	15.1	19.9	51.8	7.2	6.0
学生干部经历	有	18.0	15.8	55.8	9.1	1.2
	无	16.5	21.1	50.6	8.9	2.9

独生子女状况因素。以独生子女状况因素为自变量进行交叉分析，数据显示，大学生参加社会实践活动的途径以"学校组织的活动"为主，选择比例均超过了52%。然而，不同独生子女状况的大学生在参加社会实践活动的途径上也存在显著差异（$\chi^2 = 13.169$，$P < 0.001$）。独生子女的大学生通过"自己寻找"的途径参加社会实践活动的比例为20.5%，比非独生子女的大学生高出3.7%。非独生子女的大学生通过学校组织的方式参加社会实践活动的比例为55.4%，比独生子女的大学生高出2个百分点。

入学前户籍因素。入学前户籍不同的大学生参加社会实践活动的途径也存在显著差异（$\chi^2 = 45.915$，$P < 0.001$）。来自地级市的大学生参加社会实践活动的主渠道是学校组织的活动，选择比例达到了57.9%；以同学、朋友、家人介绍的方式参加社会实践活动的大学生群体，则主要来自省会城市和直辖市，选择比例分别为27.5%和31.0%。

父亲职业类型因素。以父亲职业类型因素为自变量进行交叉分析，数据显示，大学生参加社会实践活动的途径以"学校组织的活动"为主，选择比例均超过了41%。然而，父亲职业类型不同的大学生参加社会实践活动途径的选择状况也存在显著差异（$\chi^2 = 45.743$，$P < 0.05$）。选择参加实践活动途径为"自己寻找"的大学生以父亲职业是公务员的大学生群体为主，选择比例为29.2%；选择参加实践活动途径为"同学、朋友、家人介绍"的大学生以父亲职业是军人的大学生群体为主，选择比例为26.9%；选择参加"学校组织的活动"的群体则以父亲在企事业单位工作的大学生群体为主（55.4%）。

父亲文化程度因素。以父亲文化程度因素为自变量进行交叉分析，数据显示，大学生参加社会实践活动的途径以"学校组织的活动"为主，选择比例均超过了33%。然而，父亲文化程度不同的大学生参加社会实践活动途径的选择状况也存在显著差异（$\chi^2 = 59.330$，$P < 0.001$）。选择参加实践活动途径为"社团组织的活动"的群体以父亲为博士的大学生群体居多（14.3%）；选择参加实践活动途径为"自己寻找"的大学生以父亲是硕士的大学生群体为主，选择比例为33.3%；选择参加实践活动途径为"同学、朋友、家人介绍"的以父亲未接受过教育的大学生群体为主，选择比例为23.7%。

母亲文化程度因素。以母亲文化程度因素为自变量进行交叉分析，数据显示，大学生参加社会实践活动的途径以"学校组织的活动"为主，选择比例均超过了45%。然而，母亲文化程度不同的大学生参加社会实践活动途径的选择状况也存在显著差异（$\chi^2 = 44.748$，$P < 0.05$）。选择参加实践活动途径为"学校组织的活动"的群体以母亲为博士的大学生群体居多（66.7%）；选择参加实践活动途径为"自己寻找"的大学生以母亲是大学本科的大学生群体为主，选择比例为26.0%；选择参加实践活动途径为"同学、朋友、家人介绍"的以母亲为硕士的大学生群体为主，选择比例为28.6%。

专业类别因素。专业类别不同的大学生群体参加社会实践活动的途径存在显著差异（$\chi^2 = 51.584$，$P < 0.001$）。军事类专业大学生（33.3%）主要依靠"自己寻找"的途径参加社会实践活动。在主要依靠"同学、朋友、家人介绍"的途径参加社会实践活动的群体中，社会科学类专业大学生占比最高，比例为18.0%。农医类大学生是以学校组织的方式参加社会实践活动的最主要群体，比例达到60.9%。

政治面貌因素。以政治面貌因素为自变量进行交叉分析，数据显示，大部分大学生参加社会实践活动的途径以"学校组织的活动"为主，选择比例均超过了51%。然而，不同政治面貌大学生参加社会实践活动途径的选择状况也存在显著差异（$\chi^2=72.106$，$P<0.001$）。党员大学生群体参加学校组织的社会实践活动的积极性最高，为选择该途径的大学生中比例最高的群体，为63.8%。无党派人士的大学生没参与过社会实践活动的比例最高，为16.7%。在"自己寻找"渠道参加社会实践活动的群体中，共青团员所占的比例最高，为18.4%。无党派人士则主要依靠经"同学、朋友、家人介绍"参加社会实践活动，比例达到了1/3。

学生干部经历因素。不同学生干部经历的大学生参加社会实践活动的途径存在着显著差异（$\chi^2=21.546$，$P<0.001$）。有学生干部经历的大学生"自己寻找"渠道（18.0%）参加社会实践活动的比例高于没有学生干部经历的大学生群体（16.5%）。通过学校、社团组织等集体活动渠道参加社会实践活动的比例为64.9%，比没有学生干部经历的大学生高出5.4个百分点，一定程度展现出学生干部具有较强的集体归属意识。

3. 结论

（1）大学生主要通过学校组织的途径参加社会实践活动。

（2）大学生参加社会实践活动途径的选择状况在性别、独生子女状况、入学前户籍、父亲职业类型、父亲文化程度、母亲文化程度、专业类别、政治面貌、学生干部经历等人口学变量上存在显著差异。

（3）大学生参加社会实践活动途径的选择状况在学生类型、年级、国外学习经历、儿时父母外出务工、奖学金经历、家庭类型、母亲职业类型、家庭月收入等人口学变量上不存在显著差异。

四、值得关注的问题

通过数据分析发现，当前大学生群体的实践观总体正面、积极。大学生对于参加社会实践活动的认同度高，参加社会实践活动的主要动机兼具实现自我成长和帮助他人。调查结果还反映出一些值得关注的现象和问题。

在对调研数据进行具体分析的过程中，课题组发现由于受到个体自然因素、家庭背景因素和学校教育因素的影响，学生对社会实践活动的了解状况、参与意愿和参与途径等方面存在显著差异，这些差异所反映的现象和问题值得我们关注。

（一）不同群体大学生的实践观存在显著差异

统计分析发现，人口学变量对大学生的实践观存在显著影响，不同个体自然因素、家庭背景因素、学校教育因素对大学生学校社会实践活动的了解状况、参加社会实践活动的态度、社会实践活动途径的选择状况这三个考察项的影响程度有所不同。各项具体表现出显著差异的人口学变量中，政治面貌影响大学生群体实践观的影响更为明显。年级、父亲文化程度、母亲文化程度、学生干部经历、奖学金经历等变量对大学生群体的实践观影响也比较突出。可见，大学生社会实践与家庭、学校、社会、学生个人等因素密切相关。

在对学校社会实践活动的了解状况方面，具有显著差异的人口学变量包括：性别、独生子女状况、入学前户籍、父亲文化程度、母亲文化程度、家庭月收入、年级、政治面貌、学生干部经历、国外学习经历、奖学金经历。

在参加社会实践活动的态度方面，具有显著差异的人口学变量包括：政治面貌、学生干部经历和奖学金经历。

在参加社会实践活动途径的选择方面，具有显著差异的人口学变量包括：性别、独生子女状况、入学前户籍、父亲职业类型、父亲文化程度、母亲文化程度、专业类别、政治面貌、学生干部经历。

（二）大学生社会实践存在一定程度的主体认知局限，高校应进一步加强大学生实践能力培养，深化实践教学改革

大学生对于学生群体参加社会实践活动表示普遍认同，但同时大学生对于学校、社团等组织的实践活动的了解程度相对略低，尚有15.3%的大学生表示自己不清楚、不了解学校的社会实践活动。这可能与大学生作为实践主体存在实践信息不对称，学校、社会宣传不到位，家庭教育等诸方面有关。在本科学习阶段，大学生对学校社会实践活动的了解程度与年级的增高呈现出正相关的趋势，了解认知程度随着年级的增长而提升。研究生阶段也呈现出了这一趋势，博士群体对学校的社会实践活动的认知度显著优于硕士群体。然而，从本科向研究生过渡的阶段，即大四与硕士研究生群体的数据对比显示，大四的大学生群体对社会实践的认知度达到一个峰值。然而进入硕士研究生学习阶段后并没有延续这一态势，而是出现了明显的认知退步现象，跌幅达到了10个百分点。这一现象值得关注。高校应继续加强各阶段学生社会实践能力的培养，深化各学习阶段的实践教学改革，提升大学生的社会实践能力。

（三）大学生社会实践渠道有待拓宽，教育资源的整合和分配有待进一步优化

大学生社会实践是一种社会化的教育活动，其本质是一种为了完善大学生知识结构和提升大学生能力素质而进行的社会性活动。大学生通过多元化的社

会实践活动，对社会进行了解、观察、分析和服务，促进大学生对社会结构和发展趋势的认知。从这个意义来看，大学生社会实践教育资源是一项重要的育人资源。从大学生参加社会实践途径变量分析来看，学校组织活动是大学生参加社会实践活动的主要途径。调查数据显示，大学生通过学校组织活动参加社会实践活动的群体占比最大，为54.8%。还有1.5%的大学生群体因为没有相关渠道而未参加过社会实践活动。可见，拓宽大学生参加社会实践活动的渠道十分必要；最想去参加社会实践活动的地点选择集中在政府机关、事业单位和国有企业，愿意去基层组织机构开展社会实践活动的比例偏低，仅为3.2%。这说明大学生社会实践领域存在资源局部集聚的情况，大学生社会实践渠道有待拓宽，教育资源的整合和分配有待进一步优化。

第六章

大学生消费观状况

一、引言

随着我国经济社会的发展，特别是互联网、新媒体以及物流业的飞速发展，人们的消费方式发生了极大变化。社会环境的变化，使得大学生的消费观念和消费方式也受到了一定的影响。特别是西方消费主义、享乐主义价值观的传入以及互联网金融、网络购物平台的发展，在少部分大学生中出现了盲目消费、超前消费、攀比消费等行为，也出现了校园贷等引起社会及教育界广泛关注的社会问题。大学生的消费观从侧面反映了大学生的人生观和价值观，对大学生的健康成长有着重要意义。对大学生消费观进行调查，从而探索开展大学生消费观教育的有效途径，帮助大学生树立健康的消费观念，是开展高校思想政治教育的重要组成部分，是培养合格的社会主义建设者和接班人的必然要求。为充分了解大学生消费观的现状，本研究对大学生的消费理念、消费方式进行调查，分析影响大学生消费理念和消费方式的各方面因素，探讨引导大学生树立正确消费观的理论参考和实践依据。

（一）消费观概念界定

消费是一个常见的概念词，马克思主义经济学认为，消费是人们在一定社会经济关系中，并借这种社会经济关系而进行的、用消费资料满足自己生活需要的行为和过程。通常意义上所说的消费观是指人们对消费水平、消费方式等问题的总的态度与看法。中外经济思想史上存在三种消费观——节俭消费观、奢靡消费观和适度消费观。节俭消费观主张人们在消费时节约物质财富，减少甚至杜绝浪费。奢靡消费观主张消费者为满足自身的需求和欲望无节制地消耗材料。适度消费观倡导人们消费时不仅要考虑自身效用的最大化，而且要考虑他人利益乃至社会利益（戴维才，2017）。本研究认为，大学生消费观是高校大学生对消费水平、消费方式等问题总的态度和总的看法，大学生的消费观对大学生消费行为产生直接影响，也直接或间接反映大学生的价值观与人生观。

（二）研究现状

1. 大学生消费观相关理论

大学生是高校思想政治教育工作的重要对象，对大学生消费观的教育与引导是高校思想政治教育的重要范畴。鉴于此，国内学术界对大学生消费观及其教育引导进行了广泛而深入的研究。学者们从消费结构、消费方式、网络借贷等角度对大学生消费现状进行了研究分析。曾晓玲、杨倩、杨雅伟（2015）认为大学生的消费结构分为满足生存需要的基础消费，满足情感、归属需要的交往消费以及满足自我发展需要的发展消费三个部分。当代大学生消费结构从温饱型消费结构向发展型消费结构转变，从单一化的消费结构向多元化的消费结构转变，从均质化的消费结构向层次化的消费结构转变。林梅、琚迎（2014）认为大学生消费结构存在消费趋势协同化、消费构成多元化、消费层次二元化的特征，并据此对大学生消费结构中消费个体的逆反效应、参照群体的示范效应、生活环境的规范效应、消费社会的凡勃伦效应进行了分析说明。林明惠（2017）通过问卷调查分析，发现大学生主要消费场域转向网络，热衷于使用移动支付消费，超前消费、网贷消费等非理性消费观念获得部分大学生的认可。骆郁廷、骆虹（2019）认为大学生已成为网络消费主力，但大学生网络消费存在盲目超前消费、泛化娱乐消费、崇尚符号消费和网络消费成瘾等误区。

2. 大学生消费观的前因变量研究

学术界从不同的角度对影响大学生消费观的诸多因素进行了研究探讨。白洁、韩文乾（2015）的调查研究发现，城乡生源大学生在消费目的、月平均花费、超前消费等方面存在显著差异，且城市生源大学生在非理性消费方面表现得更为明显。赵菡、程毅（2016）通过研究认为家庭收入水平和父母职业、父母文化以及是否加入学生组织等因素对大学生消费观有显著影响。程诚（2015）的研究发现大学生群体的同群效应对大学生的消费观也产生影响。傅顺、裴平、顾天竹（2019）的研究表明，大学生所属的年级对大学生消费观产生影响，大学生年级越高，月均消费支出越高。王永友、阳作林（2018）认为消费主义思潮对大学生消费观产生消极影响。赵艳、谷悦、孟海亮（2016）研究发现大学生对绿色消费的了解较少，对绿色消费的认同度较少。

面对大学生消费观的现状和存在的问题，学术界对其产生的原因及影响因素等方面进行了不断深入的研究，认为加强马克思主义消费观教育，发挥社会主义核心价值观引领作用，是引导大学生树立正确、健康的消费观的理论依据和主要内容。姚崇、陈丽芳（2014）强调马克思主义消费观教育的宗旨和目的是使人的本质得到不断的完善，最终促进人自身和社会的和谐发展。骆郁廷、骆虹（2019）认为发挥思想政治理论课主渠道作用，优化网络舆论环境是进行大学生消费观教育引导的有效途径。需要将网络消费相关知识融入思想政治理论课教学之中，提高大学生网络消费的意识、能力和自觉性，运用网络思想政治教育对大学生进行网络消费价值引导。

3. 大学生消费观的后因变量研究

引导大学生树立正确、科学的消费观是新形势下高校思想政治教育的重要课题。少数大学生群体中存在的超前消费、奢侈消费、网贷消费等行为会对大学生树立正确的人生观、价值观产生一定的负面影响。陈柯蓓（2018）的研究提出，大学生的奢侈消费、冲动消费会导致大学生背弃传统美德，产生享乐主义消费观，使大学生的理想追求不断淡化。高芳放（2015）研究认为，网络消费成瘾会助长大学的惰性，主动思维能力退化，甚至于玩物丧志，对大学生的身心成长极为不利。朱迪（2019）的研究表明，大学生非理性的信贷消费为非法借贷提供了生存空间，甚至会引发"校园贷"等严重社会问题。

4. 大学生消费观的现状

白洁、韩文乾（2015）的调查研究发现，城市生源大学生对"您心目中合理健康的消费状态"一题的选择为"花的越多越好"（2.7%）、"只要够花就行"（32.3%）、"让每个月略有盈余"（60.0%）、"其他"（5.0%）；农村生源大学生的相应比例分别为0%、34.5%、60.0%和5.5%。城市生源大学生日常消费中最重要的影响因素依次为质量（60.0%）、价格（27.3%）、品牌（6.8%）、其他（5.9%）。农村生源大学生日常消费中最重要的影响因素依次为质量（61.8%）、价格（30.9%）、其他（7.3%）、品牌（0%）。

傅顺、裴平、顾天竹（2019）的调查研究表明，所调查的对象中有65.0%的大学生表示平时消费以网络购物为主，65.0%的大学生表示能接受网贷消费，非理性消费在大学生中普遍存在，非理性消费往往使大学生"入不敷出"，也是大学生选择网络借贷的主要原因。

综上所述，本研究旨在了解大学生消费观的现状，以及人口学变量对大学生消费观的影响，从而为帮助大学生树立科学理性的消费观提供一定的现实依据。

二、大学生消费观基本概况

大学生消费观状况主要是对大学生消费方式及意愿、认知情况进行考察，围绕大学生当前消费方式和消费意愿，以及对维权的态度、对超前消费的态度、对校园贷的态度与经历等四个方面进行。

调查显示，当前大学生群体总体消费观状况良好，具体表现在以下几个方面。

（一）不同群体大学生的消费方式趋于一致

当前大学生群体整体上对消费方式的认同趋于一致，调查发现，大学生群体对经常进行网络消费的认同率较高，有86.4%的大学生群体表达了对网络消费的认同。大学生在选择绿色产品上的认同率最高，达到93.0%。在严格控制消费支出上和每月生活费有结余上也具有较好的认同度。进一步考察大学生每月消费中花销最多的项目，伙食费仍然是每月大学生的最主要开销，位居首位，比例占到78.3%，交友娱乐方面的花销为8.7%，位居第二。

（二）绝大多数大学生的维权意识较高，消费理念以实用为主

调查数据显示，当前大学生群体对维护自己消费权益的认同率较高（91.6%），仅有0.9%的大学生表示不认同。这说明，当前大学生群体在消费权益受到侵犯时，整体上有坚持积极维护自己消费权益的意识。此外，实用和价格是大学生购买商品的前两位考虑因素，这些选择与当前大学生群体普遍没有收入的经济状况相符合。

（三）大学生消费观念受家庭和自身因素影响较大，对超前消费较为谨慎

当前大学生对超前消费的整体认同度均值为3.628分，数值位于"不确定"和"不太认同"区间。其中，认同超前消费的选择比例为22.1%，认同经常超前消费的比例仅为16.3%。由于目前大学生主要生活费来自"父母提供"，占到了80.0%的比例，绝大多数大学生平均每月的生活费不高于1500元（1/2的大学生平均每月生活费为501~1000元，1/3的群体每月生活费为1001~1500元），因而在对待超前消费的态度上呈现出一定的谨慎心态，是合理的。另外，对大学生消费观影响最大的两个因素为"家庭消费观念"和"自身因素"，选择比例分别为50.9%和26.7%。整体而言，高校还需要继续加强对大学生树立正确消费观的教育宣传和有效引导，倡导健康合理消费，营造良好消费氛围。

（四）绝大多数大学生对校园贷有正确的认识

调查发现，91.9%的大学生没有参与校园贷的经历。说明近年来高校对防

范校园贷的宣传教育发挥了一定作用,大部分大学生已经树立了对校园贷的正确认知。此外,大部分人认为"攀比消费"是大学生群体参与校园贷的最主要原因。

三、大学生消费观状况多维考察及差异源分析

本次调查对大学生消费观状况从四个方面的维度进行考察,一是对当前消费方式的态度状况,二是对维护自己消费权益的态度,三是对超前消费的态度,四是对校园贷的参与经历状况。并从个体自然因素(性别)、学校教育因素(学生类型、年级、专业类别、政治面貌、学生干部经历、国外学习经历、奖学金经历)、家庭背景因素(独生子女状况、儿时父母外出务工、入学前户籍、家庭类型、父亲职业类型、母亲职业类型、父亲文化程度、母亲文化程度、家庭月收入)三个方面来探索大学生消费观的差异源。具体调研结果及差异分析如下。

(一)大学生对当前消费方式的态度状况及差异源分析

1. 大学生对当前消费方式的态度状况

课题组通过从"经常网络消费""选择绿色产品""严格控制消费支出""每月生活费有结余"4道题入手,考察大学生的消费方式。采用Likert5点计分法,"1~5"依次代表"完全不认同"至"非常认同",继而进行统计分析,整体认同度为4.135分,数值位于"比较认同"和"非常认同"区间。由均值得分可见,当前大学生群体整体上对消费方式的认同趋于一致。其中,大学生在经常网络消费上的认同率为86.4%,在选择绿色产品上的认同率为93.0%,在严格控制消费支出上和每月生活费有结余上的认同率分别为76.0%和56.7%(见表6-1)。

表6-1 大学生对消费方式的认同状况(%)

	非常认同	比较认同	不确定	不太认同	完全不认同	认同率	M	SD
经常网络消费	38.9	47.5	6.2	5.8	1.5	86.4	4.165	0.891
选择绿色产品	66.5	26.5	6.2	0.4	0.5	93.0	4.582	0.666
严格控制消费支出	40.1	35.9	20.0	3.2	0.8	76.0	4.112	0.889
每月生活费有结余	29.4	27.3	30.0	8.3	5.0	56.7	3.679	1.127
整体认同度							4.135	0.577

进一步考察大学生每月消费中花销最多的项目，统计结果发现，每月大学生的最主要花费是用于"伙食"，比例为78.3%，其余项目按花销降序排序依次为交友娱乐（8.7%）、其他（5.5%）、通信（3.5%）、购物（2.6%）、学习费用（0.8%）、交通（0.7%）。

2. 差异源分析

为进一步调查研究不同群体大学生对当前消费方式的态度，课题组将大学生对当前消费方式的态度作为因变量，与性别、学生类型、年级、专业类别、政治面貌、独生子女状况、学生干部经历、国外学习经历、儿时父母外出务工、奖学金经历、入学前户籍、家庭类型、父亲职业类型、母亲职业类型、父亲文化程度、母亲文化程度、家庭月收入等自变量进行了均值比较分析，发现具有不同个体自然因素、家庭背景因素和学校教育因素的大学生群体对当前消费方式的态度存在显著差异。

（1）个体自然因素差异分析

统计分析发现，不同性别的大学生对当前消费方式的态度存在显著差异。

性别因素。以性别因素为自变量进行均值分析，数据显示，大学生对当前消费方式的认同度较高，均超过4.0分，处于"比较认同"与"非常认同"区间。然而，不同性别的大学生在消费方式的认同方面也存在显著差异（t=－3.686，P<0.001）。数据显示，男生较女生更为认同当前消费方式，其均值得分为4.172分（见表6-2）。

表6-2 不同群体对消费方式的均值比较

		M	SD	t值	P
性别	男	4.172	0.588	t=3.686	P<0.001
	女	4.099	0.563		

（2）家庭背景因素差异分析

统计分析发现，独生子女状况、入学前户籍、家庭类型、父亲文化程度和母亲文化程度对大学生消费方式的认同都有显著影响（见表6-3）。

独生子女状况因素。以独生子女状况因素为自变量进行均值分析，数据显示，大学生对当前消费方式的认同度较高，均超过4.1分，处于"比较认同"与"非常认同"区间。然而，不同独生子女状况的大学生在对消费方式的态度上也有显著差异（t=5.544，P<0.001）。独生子女大学生对消费方式的认同度

较非独生子女大学生更高,均值得分为4.230分。

入学前户籍因素。以入学前户籍因素为自变量进行均值分析,数据显示,大学生对当前消费方式的认同度较高,均超过4.1分,处于"比较认同"与"非常认同"区间。然而,入学前户籍状况不同的大学生在对消费方式态度上也有显著差异(F=4.742,P<0.001)。来自直辖市的大学生对消费方式的认同度最高,均值得分为4.455分。按入学前户籍对消费方式态度的均值得分由高到低排序,大学生消费方式认同得分依次为来自省会城市(4.294分)、地级市(4.219分)、县城(县级市)(4.146分)、乡镇(4.124分)、农村(4.115分)。(见图6–1)

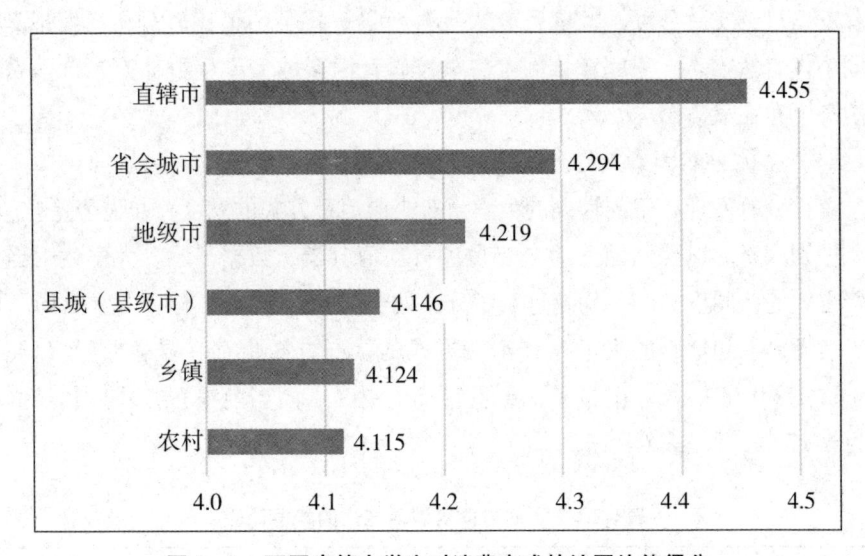

图6–1 不同户籍大学生对消费方式的认同均值得分

家庭类型因素。不同家庭类型的大学生群体消费方式的认同得分存在显著差异(F=4.809,P<0.01)。家庭类型是孤儿的大学生对消费方式的认同度最高,均值得分为4.310分,按照家庭类型对消费方式态度的均值得分由高到低排序,得分依次为来自双亲家庭(4.147分)、单亲(4.043分)、祖辈抚养(4.031分)、重组家庭(3.950分)。可以看出家庭的完整性对大学生消费方式观念的形成有一定影响。

父亲文化程度因素。以父亲文化程度因素为自变量进行均值分析,数据显示,大学生对当前消费方式的认同度较高,均超过4.0分,处于"比较认同"与"非常认同"区间。然而,父亲文化程度不同的大学生对消费方式的态度也具有显著差异（F=4.841，P<0.001）。父亲文化程度是硕士的大学生对消费方式的认同度最高，均值为4.611分，其他文化程度的均值得分由高到低依次是大学本科（4.320分）、博士（4.250分）、高职高专（4.140分）、高中（4.138分）、小学（4.124分）、初中（4.108分）、未接受过教育（4.073分）。

母亲文化程度因素。以母亲文化程度因素为自变量进行均值分析，数据显示，大学生对当前消费方式的认同度较高，均超过4.0分，处于"比较认同"与"非常认同"区间。然而，母亲文化程度不同的大学生对消费方式的态度也具有显著差异（F=5.002，P<0.001）。母亲文化程度是博士的大学生对消费方式的认同度最高，均值为4.375分，其他文化程度的均值得分由高到低依次是大学本科（4.348分）、硕士（4.286分）、高职高专（4.232分）、高中（4.145分）、小学（4.121分）、初中（4.108分）、未接受过教育（4.078分）。

表6-3 不同家庭背景因素大学生对消费方式的态度的均值比较

		M	SD	t值	P
独生子女状况	是	4.230	0.567	t=5.544	P<0.001
	否	4.103	0.577		
入学前户籍	农村	4.115	0.560	F=4.742	P<0.001
	乡镇	4.124	0.628		
	县城（县级市）	4.146	0.616		
	地级市	4.219	0.570		
	省会城市	4.294	0.531		
	直辖市	4.455	0.593		
家庭类型	双亲	4.147	0.570	F=4.809	P<0.01
	单亲	4.043	0.608		
	祖辈抚养	4.031	0.710		
	重组家庭	3.950	0.575		
	孤儿	4.310	0.607		

(续表)

		M	SD	t 值	P
父亲文化程度	未接受过教育	4.073	0.639	F = 4.841	P < 0.001
	小学	4.124	0.551		
	初中	4.108	0.578		
	高中（含中专、中职）	4.138	0.581		
	高职高专	4.140	0.642		
	大学本科	4.320	0.559		
	硕士	4.611	0.417		
	博士	4.250	0.791		
母亲文化程度	未接受过教育	4.078	0.529	F = 5.002	P < 0.001
	小学	4.121	0.574		
	初中	4.108	0.574		
	高中（含中专、中职）	4.145	0.584		
	高职高专	4.232	0.624		
	大学本科	4.348	0.559		
	硕士	4.286	0.652		
	博士	4.375	0.627		

（3）学校教育因素差异分析

统计分析发现，专业类别、政治面貌、学生干部经历对大学生消费方式的态度具有显著影响（见表6－4）。

表6－4　不同学校教育因素大学生对消费方式的态度的均值比较

		M	SD	F 值/t 值	P
专业类别	人文科学类	4.137	0.570	F = 3.814	P < 0.01
	社会科学类	4.090	0.575		
	理工类	4.178	0.564		
	农医类	4.090	0.635		
	军事类	4.167	1.080		

(续表)

		M	SD	F值/t值	P
政治面貌	中共党员（含预备党员）	4.199	0.585	F=5.526	P<0.001
	共青团员	4.127	0.567		
	民主党派成员	3.864	0.847		
	无党派人士	3.350	0.840		
	群众	4.076	0.622		
学生干部经历	有	4.148	0.576	t=2.751	P<0.01
	无	4.079	0.578		

专业类别因素。以专业类别因素为自变量进行均值分析，数据显示，大学生对当前消费方式的认同度较高，均超过4.0分，处于"比较认同"与"非常认同"区间。然而，不同专业类别的大学生在消费方式态度上也存在显著差异（F=3.814，P<0.01）。理工类大学生对消费方式认同度最高，均值得分为4.178分，社会科学类和农医类大学生对消费方式的认同度最低，均值得分均为4.090分。

政治面貌因素。不同政治面貌的大学生在消费方式态度上存在显著差异（F=5.526，P<0.001），政治面貌是中共党员的大学生对消费方式的认同度最高，均值为4.199分，处于"非常认同"和"比较认同"区间，其余由高到低依次是共青团员（4.127分）、群众（4.076分）、民主党派成员（3.864分）、无党派人士（3.350分）。

学生干部经历因素。不同学生干部经历的大学生对消费方式的认同也存在显著差异（t=2.751，p<0.01）。有学生干部经历的大学生相比较无学生干部经历的大学生而言，更加认同当前消费方式，均值得分为4.148分。

3. 结论

（1）当前大学生群体整体上对消费方式的认同趋于一致。

（2）大学生对消费方式的态度在性别、独生子女状况、入学前户籍、家庭类型、父亲文化程度、母亲文化程度、专业类别、政治面貌、学生干部经历等人口学变量上存在显著差异。

（3）大学生对消费方式的态度在学生类型、年级、国外学习经历、儿时父母外出务工、奖学金经历、父亲职业类型、母亲职业类型、家庭月收入等人口学变量上不存在显著差异。

（二）大学生对维护自己消费权益的态度状况及差异源分析

1. 大学生对维护自己消费权益的态度状况

课题组通过对"当消费权益受到侵犯时，您会坚持维护自己的权益"这一问题入手，考察大学生对维护自己消费权益的态度。结果显示，整体认同率超过九成。由此可见，绝大多数大学生愿意维护自己消费权益（91.6%）（见图6-2）。

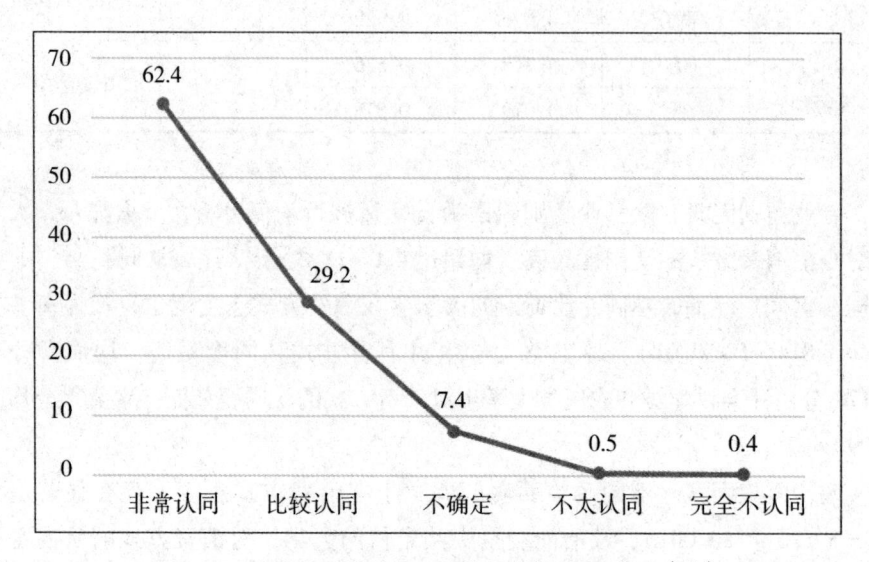

图6-2 大学生对维护自己消费权益的认同情况（%）

维护自己消费权益的观念与态度作为大学生消费观的一个重要考察层面，大学生购买商品时的主要考量会对维权观念产生影响。分析大学生购买商品时最为主要的考虑因素，数据表明，"实用"是购买商品的第一位考虑因素，选择比例为60.4%，其次的主要考虑因素为"价格"，这些选择也与当前大学生群体普遍没有收入的经济状况相一致（见图6-3）。

2. 差异源分析

为进一步调查研究不同群体大学生对维护自己消费权益的态度，课题组将大学生维护权益态度作为因变量，与性别、学生类型、年级、专业类别、政治面貌、独生子女状况、学生干部经历、国外学习经历、儿时父母外出务工、奖学金经历、入学前户籍、家庭类型、父亲职业类型、母亲职业类型、父亲文化程度、母亲文化程度、家庭月收入等自变量进行了交叉分析，发现具有不同个

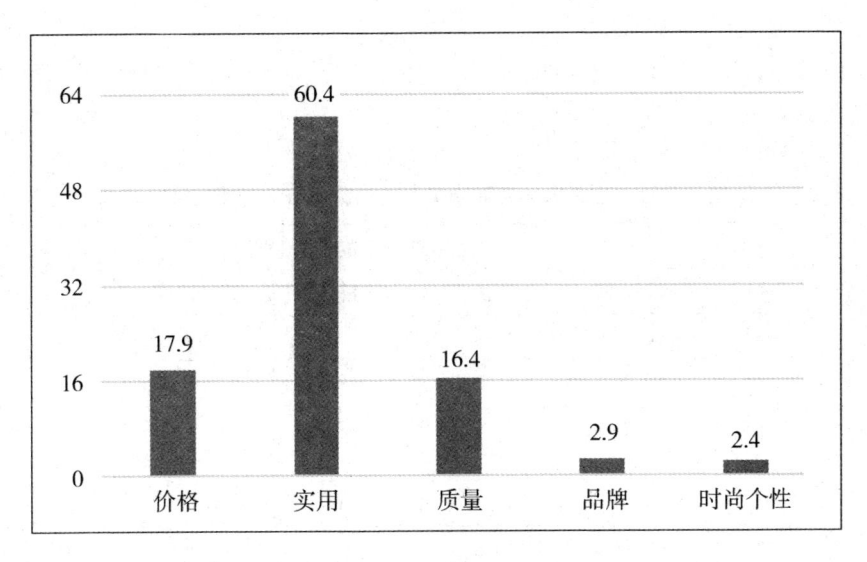

图6-3 大学生购买商品时最主要考虑因素（%）

体自然因素、家庭背景因素和学校教育因素的大学生群体对维护自己消费权益的态度存在显著差异。

(1) 个体自然因素差异分析

统计分析发现，性别不同的大学生对维护自己消费权益的态度存在显著差异（见表6-5）。

表6-5 不同个体自然因素大学生对维护自己消费权益的态度的交叉分析（%）

		维护自己的消费权益				
		非常认同	比较认同	不确定	不太认同	完全不认同
性别	男	64.6	28.3	6.1	0.5	0.5
	女	60.4	30.0	8.7	0.6	0.3

性别因素。以性别因素为自变量进行交叉分析，数据显示，大学生对维护自己消费权益的认同率较高，超过了90%。然而，不同性别的大学生对维护自己消费权益的态度也存在显著差异（$\chi^2=11.813$，$P<0.05$）。数据显示，男生较女生更为坚定认同需要维护自己的消费权益，认同比例较女生群体高出2.5个百分点。

(2) 家庭背景因素差异分析

统计分析发现,独生子女状况和母亲文化程度对大学生维护自己消费权益的认同有显著影响(见表6-6)。

表6-6 不同家庭背景因素大学生对维护自己消费权益的态度的交叉分析(%)

		维护自己的消费权益				
		非常认同	比较认同	不确定	不太认同	完全不认同
独生子女状况	是	70.7	23.1	5.5	0.4	0.4
	否	59.7	31.2	8.1	0.6	0.4
母亲文化程度	未接受过教育	57.2	32.6	9.1	0.5	0.5
	小学	59.9	31.5	7.6	0.7	0.4
	初中	60.9	30.5	7.7	0.4	0.5
	高中(含中专、中职)	68.6	25.2	5.7	0.4	0.2
	高职高专	76.6	14.9	7.1	1.3	0.0
	大学本科	70.1	24.1	5.7	0.0	0.0
	硕士	42.9	42.9	0.0	14.3	0.0
	博士	66.7	16.7	16.7	0.0	0.0

独生子女状况因素。以独生子女状况因素为自变量进行交叉分析,数据显示,大学生对维护自己消费权益的认同率较高,均超过了90%。然而,不同独生子女状况的大学生在维护自己消费权益的态度上也有显著差异($\chi^2 = 33.330$, $P < 0.001$)。70.7%的独生子女大学生表示"非常认同"维护自己的消费权益,比非独生子女大学生高出11.0%。从结果上看,独生子女大学生对维护自己的消费权益的认同率为93.8%,比非独生子女大学生高出近3个百分点。

母亲文化程度因素。以母亲文化程度因素为自变量进行交叉分析,数据显示,大学生对维护自己消费权益的认同率均超过83%。然而,不同母亲文化程度的大学生在维护自己消费权益的态度上也有显著差异($\chi^2 = 57.115$, $P < 0.001$),母亲为大学本科的大学生认同维护自己的消费权益的比例最高,为

94.2%。按母亲文化程度对大学生维护自己消费权益的认同率降序排列,依次为高中(93.8%)、高职高专(91.5%)、小学(91.4%)、初中(91.4%)、未接受过教育(89.8%)、硕士(85.8%)、博士(83.4%)。(见图6-4)

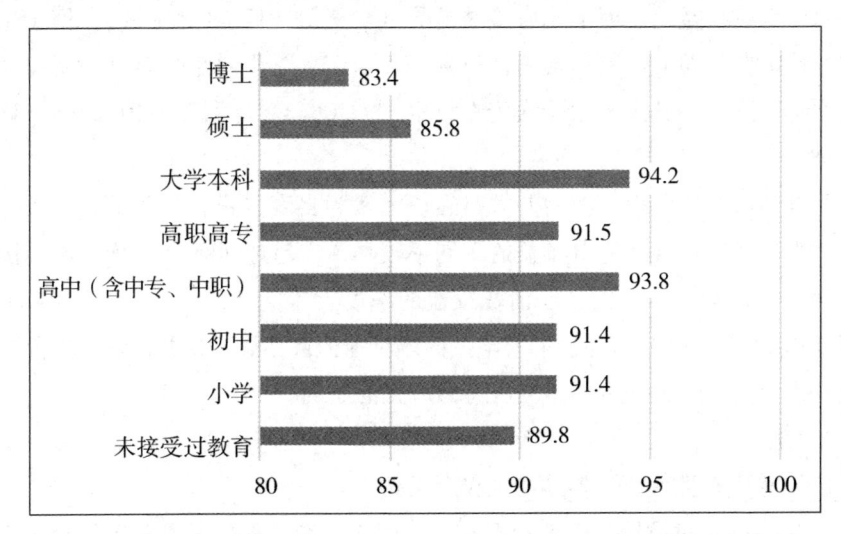

图6-4 母亲文化程度不同大学生对维护自己消费权益的认同状况(%)

(3)学校教育因素差异分析

统计分析发现,不同学生类型和国外学习经历的大学生对维护自己消费权益的认同有显著差异(见表6-7)。

表6-7 不同群体大学生对维护自己消费权益的交叉分析(%)

		维护自己的消费权益				
		非常认同	比较认同	不确定	不太认同	完全不认同
学生类型	专科生	65.2	27.8	5.9	0.6	0.6
	本科生	61.2	30.0	8.2	0.4	0.3
	硕士生	60.9	27.2	10.9	0.7	0.4
	博士生	45.6	49.1	5.3	0.0	0.0
国外学习经历	有	61.6	28.4	6.4	3.5	0.7
	无	62.5	29.2	7.5	0.4	0.4

学生类型因素。以学生类型因素为自变量进行交叉分析，数据显示，大学生对维护自己消费权益的认同率均超过88%。然而，不同学生类型的大学生在维护自己消费权益的态度上也有显著差异（$\chi^2 = 25.917$，$P < 0.01$）。博士生对维护自己消费权益的认同率最高，为94.7%。按大学生对维护自己消费权益的认同率降序排列，其余各项依次为专科生（93.0%）、本科生（91.2%）、硕士生（88.1%）。

国外学习经历因素。以国外学习经历因素为自变量进行交叉分析，数据显示，大学生对维护自己消费权益的认同率较高，均超过90%。然而，不同国外学习经历的大学生在维护自己消费权益的态度上也有显著差异（$\chi^2 = 14.605$，$P < 0.01$）。没有国外学习经历的大学生群体对维护自己消费权益的认同度要高于有国外学习经历的大学生群体，达到91.7%的比例。

3. 结论

（1）绝大多数大学生群体的维权意识高。

（2）大学生对维护自己消费权益的态度在性别、独生子女状况、母亲文化程度、学生类型、国外学习经历等人口学变量上存在显著差异。

（3）大学生对维护自己消费权益的态度在年级、专业类别、政治面貌、学生干部经历、儿时父母外出务工、奖学金经历、入学前户籍、家庭类型、父亲职业类型、母亲职业类型、父亲文化程度、家庭月收入等人口学变量上不存在显著差异。

（三）大学生对超前消费的态度状况及差异源分析

1. 大学生对超前消费的态度状况

课题组从"您支持超前消费"和"您经常超前消费"两个问题入手，考察大学生对超前消费的态度。采用Likert5点计分法，"1~5"依次代表"完全不认同"至"非常认同"，采用反向计分，结果显示大学生对超前消费的整体认同度为3.628分，数值位于"不确定"和"不太认同"区间。由此可见，当前大学生群体对于超前消费较为谨慎。其中，认同超前消费的选择比例为22.1%，认同经常超前消费的比例仅为16.3%（见表6-8）。高校仍需要加强对大学生合理消费的教育，引导大学生合理消费。

表6-8 大学生对超前消费的认同状况（%）

	非常认同	比较认同	不确定	不太认同	完全不认同	认同率	M	SD
支持超前消费	7.7	14.4	20.9	34.6	22.3	22.1	3.495	1.203
经常超前消费	6.4	9.9	20.6	27.4	35.7	16.3	3.761	1.216
整体认同度							3.628	1.106

对待超前消费的态度与大学生收入来源、消费水平和消费观影响因素密切相关。目前大学生主要生活费来自"父母提供"，占到了80.0%的比例，来自"奖/助学金"的比例为8.4%，大学生的生活费来自"勤工助学"的比例为4.4%。再从平均每月生活费金额来看，近二分之一的大学生平均每月生活费为501~1000元，三分之一的群体每月生活费为1001~1500元。还有部分群体每月生活费为1501~2000元，占到了8.2%的比例，500元以下和2001元以上的群体分别占6.2%和3.2%的比例。此外，调查结果显示，影响大学生消费观最为主要的因素分别为"家庭消费理念"和"自身因素"，选择比例分别为50.9%和26.7%（见图6-5）。

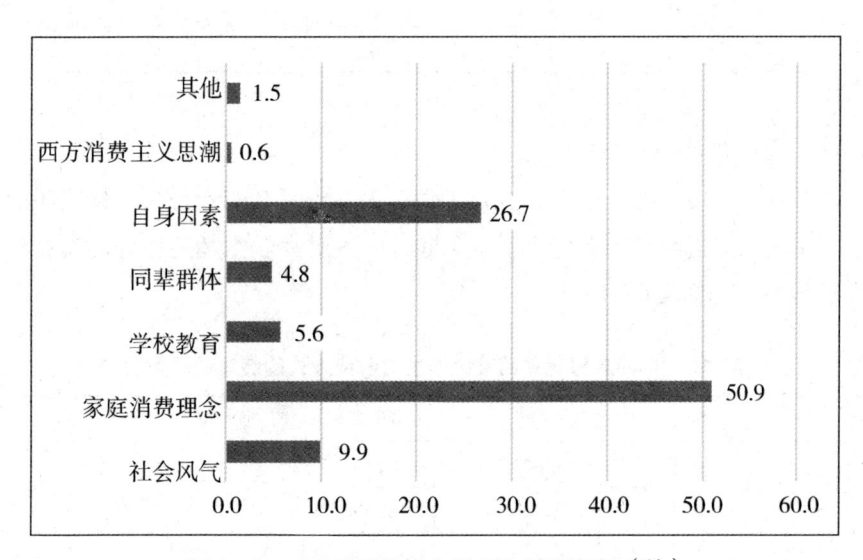

图6-5 对消费观起最大影响作用的因素（%）

- 其他：1.5
- 西方消费主义思潮：0.6
- 自身因素：26.7
- 同辈群体：4.8
- 学校教育：5.6
- 家庭消费理念：50.9
- 社会风气：9.9

2. 差异源分析

为进一步调查研究不同群体大学生对超前消费的态度,课题组将大学生对超前消费的态度作为因变量,与性别、学生类型、年级、专业类别、政治面貌、独生子女状况、学生干部经历、国外学习经历、儿时父母外出务工、奖学金经历、入学前户籍、家庭类型、父亲职业类型、母亲职业类型、父亲文化程度、母亲文化程度、家庭月收入等自变量进行了均值比较分析,发现具有不同个体自然因素、家庭背景因素和学校教育因素的大学生群体对超前消费的态度存在显著差异。

(1) 个体自然因素差异分析

统计分析发现,不同性别的大学生对超前消费的态度存在显著差异。

性别因素。以性别因素为自变量进行均值分析,数据显示,大学生对超前消费的认同度较低,均低于3.7分,处于"不确定"与"不太认同"区间。然而,不同性别的大学生在超前消费的认同方面也存在显著差异($t = -4.642$,$P < 0.001$)。数据显示,男生较女生更为认同超前消费方式,女生对超前消费的态度更为审慎,其均值得分为3.713分(见表6-9)。

表6-9 不同个体自然因素大学生对超前消费的态度的均值比较

性别		M	SD	t 值	P
性别	男	3.537	1.178	$t = -4.642$	$P < 0.001$
	女	3.713	1.028		

(2) 家庭背景因素差异分析

统计分析发现,独生子女状况、入学前户籍、父亲职业类型、母亲职业类型、父亲文化程度和母亲文化程度、家庭月收入对大学生超前消费的态度状况具有显著差异(见表6-10)。

表6-10 不同家庭背景因素大学生对消费方式的态度的均值比较

		M	SD	F值/t值	P
独生子女状况	是	3.419	1.218	$t = -5.909$	$P < 0.001$
	否	3.696	1.059		

（续表）

		M	SD	F值/t值	P
入学前户籍	农村	3.705	1.065	F = 7.472	P < 0.001
	乡镇	3.418	1.190		
	县城（县级市）	3.486	1.152		
	地级市	3.467	1.138		
	省会城市	3.538	1.195		
	直辖市	3.679	1.355		
父亲职业类型	公务员	3.336	1.223	F = 8.614	P < 0.001
	教师	3.262	1.174		
	军人	3.038	1.140		
	农民	3.760	1.051		
	工人	3.576	1.115		
	个体户	3.541	1.131		
	企事业单位	3.589	1.088		
	其他	3.556	1.136		
母亲职业类型	公务员	3.178	1.303	F = 7.178	P < 0.001
	教师	3.443	1.122		
	军人	3.115	1.216		
	农民	3.743	1.054		
	工人	3.619	1.127		
	个体户	3.561	1.122		
	企事业单位	3.432	1.042		
	其他	3.584	1.160		
父亲文化程度	未接受过教育	3.257	1.279	F = 6.899	P < 0.001
	小学	3.744	1.085		
	初中	3.689	1.059		
	高中（含中专、中职）	3.516	1.099		
	高职高专	3.418	1.169		
	大学本科	3.407	1.232		
	硕士	4.111	1.341		
	博士	3.143	1.492		

(续表)

		M	SD	F值/t值	P
母亲文化程度	未接受过教育	3.569	1.165	F = 6.627	P < 0.001
	小学	3.712	1.089		
	初中	3.690	1.045		
	高中（含中专、中职）	3.413	1.163		
	高职高专	3.555	1.041		
	大学本科	3.382	1.265		
	硕士	3.786	1.286		
	博士	2.417	1.686		
家庭月收入	2000以下	3.725	1.133	F = 7.990	P < 0.001
	2001～4000元	3.726	1.039		
	4001～6000元	3.584	1.088		
	6001～8000元	3.513	1.145		
	8001～10000元	3.436	1.143		
	10001～15000元	3.264	1.231		
	15001以上	3.325	1.258		

独生子女状况因素。以独生子女状况因素为自变量进行均值分析，数据显示，大学生对超前消费的认同度较低，均低于3.6分，处于"不确定"与"不太认同"区间。然而，不同独生子女状况的大学生在超前消费的态度上也有显著差异（t = -5.909，P < 0.001）。独生子女大学生更为认同超前消费，非独生子女的大学生群体则消费更为谨慎，均值得分为3.696分。

入学前户籍因素。以入学前户籍因素为自变量进行均值分析，数据显示，大学生对超前消费的认同度较低，均低于3.7分，处于"不确定"与"不太认同"区间。然而，不同入学前户籍的大学生在超前消费的态度上也有显著差异（F = 7.472，P < 0.001）。来自农村的大学生最不认同超前消费，均值得分为3.705分。按均值得分进行降序排序，依次为来自直辖市（3.679分）、省会城市

(3.538分)、县城（县级市）(3.486分)、地级市(3.467分)、乡镇(3.418分)。

父亲职业类型因素。以父亲职业类型因素为自变量进行均值分析，数据显示，大学生对超前消费的认同度较低，均低于3.7分，处于"不确定"与"不太认同"区间。然而，父亲职业类型不同的大学生对超前消费的态度存在显著差异（F=8.614，P<0.001）。父亲职业是农民的大学生对超前消费最不认同，均值得分为3.760分，此后依次是企事业单位(3.589分)、工人(3.576分)、其他(3.556分)、个体户(3.541分)、公务员(3.336分)、教师(3.262分)、军人(3.038分)。

母亲职业类型因素。以母亲职业类型因素为自变量进行均值分析，数据显示，大学生对超前消费的认同度较低，均低于3.7分，处于"不确定"与"不太认同"区间。然而，母亲职业类型不同的大学生群体对超前消费的认同也存在显著差异（F=7.178，P<0.001）。母亲职业是农民的大学生对超前消费的认同度最低，均值得分为3.743分，此后依次是工人(3.619分)、其他(3.584分)、个体户(3.561分)、教师(3.443分)、企事业单位(3.432分)、公务员(3.178分)、军人(3.115分)。

父亲文化程度因素。以父亲文化程度因素为自变量进行均值分析，数据显示，绝大部分大学生对超前消费的认同度较低，均低于3.7分，处于"不确定"与"不太认同"区间。然而，父亲文化程度不同的大学生对超前消费的态度也具有显著差异（F=6.899，P<0.001）。父亲文化程度是硕士的大学生对超前消费认同度最低，均值为4.111分，处于"不太认同"与"完全不认同"区间。其他文化程度的均值得分依次是小学(3.744分)、初中(3.689分)、高中(3.516分)、高职高专(3.418分)、大学本科(3.407分)、未接受过教育(3.257分)、博士(3.143分)。

母亲文化程度因素。以母亲文化程度因素为自变量进行均值分析，数据显示，绝大部分大学生对超前消费的认同度较低，均低于3.7分，处于"不确定"与"不太认同"区间。然而，母亲文化程度不同的大学生对超前消费的态度也具有显著差异（F=6.627，P<0.001）。母亲文化程度是硕士的大学生对超前消费的认同度最低，均值为3.786分，母亲文化程度是博士的大学生对超前消费的认同度最高，均值为2.417分，属于"比较认同"和"不确定"的区间。

家庭月收入因素。家庭月收入不同的大学生对超前消费的态度存在着显著差异（F=7.990，P<0.001）。家庭月收入为2001~4000元的大学生最不认同超前消费，均值得分为3.726分，属于"不确定"和"不太认同"区间。而家庭月收入为10001~15000元的大学生则最为认同超前消费的方式，均值为

3.264分。整体而言，呈现出家庭月收入水平越高的大学生越能接受超前消费的趋势（见图6-6）。

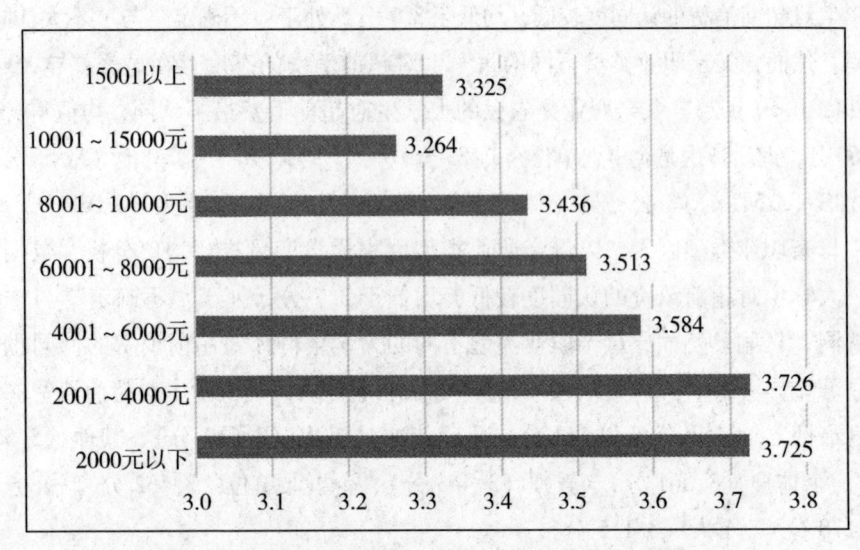

图6-6 家庭月收入不同大学生对超前消费的认同状况

家庭月收入	均值
15001以上	3.325
10001~15000元	3.264
8001~10000元	3.436
60001~8000元	3.513
4001~6000元	3.584
2001~4000元	3.726
2000元以下	3.725

（3）学校教育因素差异分析

统计分析发现，学生类型、年级、专业类别、学生干部经历和国外学习经历不同的大学生对超前消费的态度具有显著差异（见表6-11）。

表6-11 不同学校教育因素大学生对超前消费的态度的均值比较

		M	SD	F值/t值	P
学生类型	专科生	3.664	1.120	F=5.984	P<0.001
	本科生	3.649	1.073		
	硕士生	3.394	1.176		
	博士生	3.427	1.238		
年级	大一	3.711	1.067	F=5.260	P<0.001
	大二	3.668	1.095		
	大三	3.618	1.117		
	大四	3.489	1.121		
	硕士	3.394	1.176		
	博士	3.427	1.238		

(续表)

		M	SD	F值/t值	P
专业类别	人文科学类	3.522	1.105	F = 3.718	P < 0.01
	社会科学类	3.651	1.104		
	理工类	3.690	1.103		
	农医类	3.535	1.105		
	军事类	4.083	1.563		
学生干部经历	有	3.648	1.098	t = 2.246	P < 0.05
	无	3.541	1.140		
国外学习经历	有	3.135	1.357	t = −4.433	P < 0.001
	无	3.649	1.090		

学生类型因素。以学生类型因素为自变量进行均值分析，数据显示，大学生对超前消费的认同度较低，均低于3.6分，处于"不确定"与"不太认同"区间。然而，不同类型的大学生对超前消费的态度也存在显著差异（F=5.984, P<0.001）。在所有大学生中，对超前消费最为认同的是硕士生（3.394分）。其余考察项上的均值得分依次为：专科生（3.664分）、本科生（3.649分）、博士生（3.427分）。

年级类型因素。不同年级的大学生对超前消费的态度存在显著差异（F=5.260, P<0.001）。调研结果表明，在所有大学生中，硕士生对超前消费最为认同，均值得分最低，为3.394分。其余不同年级大学生的均值得分从高往低依次是：大一学生（3.711分）、大二学生（3.668分）、大三学生（3.618分）、大四学生（3.489分）、博士生（3.427分）。进一步分析可以看到，整体而言，年级越高的大学生群体越倾向于认同接受超前消费，年级越低的大学生群体则越为谨慎。

专业类别因素。以专业类别因素为自变量进行均值分析，数据显示，绝大部分大学生对超前消费的认同度较低，均低于3.5分，处于"不确定"与"不太认同"区间。然而，不同专业类别的大学生在超前消费态度上存在显著差异（F=3.718, P<0.01），人文科学类大学生对超前消费的认同度最高，均值得分为3.522分，军事类大学生对超前消费的认同度最低，均值得分为4.083分，属于"不太认同"和"非常不认同"区间。

学生干部经历因素。有无学生干部经历的大学生对超前消费的认同也存在显著差异（t=2.246，p<0.05）。有学生干部经历的大学生相比较无学生干部经历的大学生而言，更加不认同超前消费方式，说明有学生干部经历的大学生对消费方式持更理性审慎的态度，均值得分为3.648分。

国外学习经历因素。不同国外学习经历的大学生对超前消费的认同也存在显著差异（t=-4.433，p<0.001）。有国外学习经历的大学生更加认同超前消费，无国外学习经历的大学生群体则对超前消费持审慎的态度，均值得分为3.649分。

3. 结论

（1）当前大学生群体对于超前消费较为谨慎。

（2）大学生对超前消费的态度在性别、独生子女状况、入学前户籍、父亲职业类型、母亲职业类型、父亲文化程度、母亲文化程度、家庭月收入、学生类型、年级、专业类别、学生干部经历、国外学习经历等人口学变量上存在显著差异。

（3）大学生对超前消费的态度在政治面貌、儿时父母外出务工、奖学金经历、家庭类型等人口学变量上不存在显著差异。

（四）大学生校园贷的参与经历状况及差异源分析

1. 大学生校园贷的参与经历状况

课题组通过对"您是否有过校园贷的经历"这一问题考察大学生校园贷的参与经历状况，结果表明有92.0%的大学生没有参与校园贷的经历。然而，仍有4.6%的大学生群体参与校园贷的频率较高，说明高校仍然需要不断加大对校园贷危害性的宣传教育力度，加强防控预警（见图6-7）。

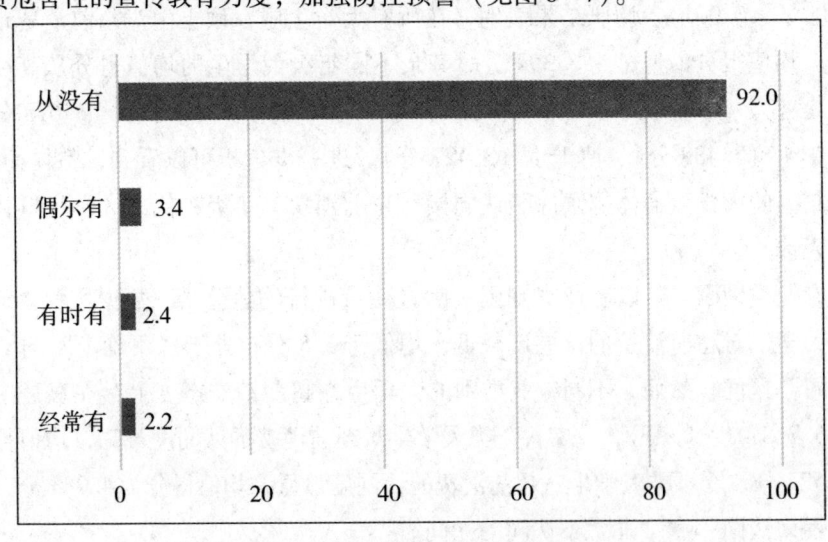

图6-7 大学生校园贷经历（%）

考察大学生群体参与校园贷的主要原因，统计分析发现，"攀比消费"是大学生群体参与校园贷的最主要原因，选择比例为47.4%。根据大学生参与校园贷主要原因的选择比例按降序排序，依次为攀比消费（47.4%）、不清楚（21.6%）、盲目冲动（17.1%）、维持学习和生活（12.7%）、求异（0.9%）、提高投资理财能力（0.4%）。可见，高校要有针对性地教育和引导大学生理性消费（见图6-8）。

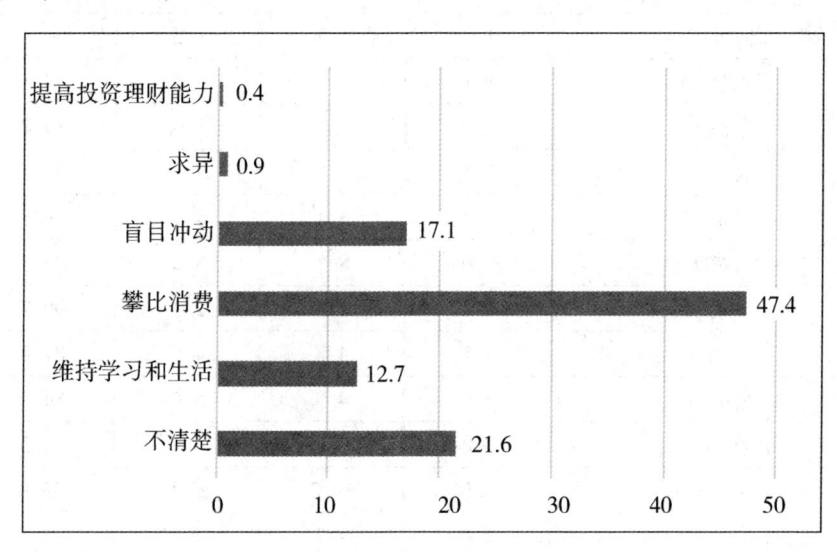

图6-8 大学生参与校园贷的主要原因（%）

2. 差异源分析

为进一步调查研究不同大学生群体参与校园贷的经历状况，课题组基于个体自然因素、家庭背景因素、学校教育因素对大学生参与校园贷的经历进行了交叉分析。发现不同家庭背景因素和不同学校教育因素的大学生群体在校园贷经历上存在显著差异（见表6-12）。

（1）家庭背景因素差异分析

统计分析发现，入学前户籍、家庭类型、父亲职业类型、母亲职业类型、父亲文化程度、母亲文化程度不同的大学生在校园贷的参与经历上存在显著差异，具体情况如下。

表6-12 不同家庭背景因素大学生对校园贷的参与经历的交叉分析（%）

		校园贷经历			
		经常有	有时有	偶尔有	从没有
入学前户籍	农村	2.1	1.8	2.7	93.4
	乡镇	3.6	4.3	7.0	85.0
	县城（县级市）	1.6	3.1	6.0	89.3
	地级市	1.7	2.9	1.2	94.2
	省会城市	1.1	1.1	3.3	94.5
	直辖市	6.9	0.0	3.4	89.7
家庭类型	双亲	2.1	2.1	3.3	92.5
	单亲	3.0	3.4	4.1	89.5
	祖辈抚养	0.0	8.2	8.2	83.7
	重组家庭	5.3	1.3	2.7	90.7
	孤儿	9.5	4.8	4.8	81.0
父亲职业类型	公务员	4.9	4.9	5.6	84.7
	教师	0.8	9.3	7.8	82.2
	军人	0.0	19.2	26.9	53.8
	农民	2.6	1.7	3.4	92.3
	工人	2.0	2.2	3.2	92.5
	个体户	1.3	2.1	2.6	94.0
	企事业单位	1.2	1.2	0.6	97.0
	其他	2.4	0.7	2.4	94.5
母亲职业类型	公务员	4.1	5.5	8.2	82.2
	教师	1.7	4.0	9.1	85.2
	军人	0.0	20.5	10.3	69.2
	农民	2.6	1.6	3.5	92.2
	工人	1.5	1.9	2.7	93.9
	个体户	1.9	2.5	2.5	93.1
	企事业单位	1.4	2.1	0.7	95.9
	其他	2.4	2.1	2.1	93.4

(续表)

		校园贷经历			
		经常有	有时有	偶尔有	从没有
父亲文化程度	未接受过教育	6.6	9.2	6.6	77.6
	小学	2.7	2.1	4.1	91.1
	初中	1.8	1.7	2.3	94.2
	高中（含中专、中职）	2.2	2.7	4.6	90.5
	高职高专	1.8	2.4	1.2	94.6
	大学本科	1.3	2.6	3.9	92.1
	硕士	0.0	0.0	22.2	77.8
	博士	14.3	14.3	0.0	71.0
母亲文化程度	未接受过教育	5.9	2.1	5.9	86.2
	小学	2.4	2.6	3.1	91.8
	初中	1.6	1.8	3.2	93.4
	高中（含中专、中职）	2.3	2.5	4.2	90.9
	高职高专	2.6	1.3	2.6	93.5
	大学本科	0.0	3.4	3.4	93.1
	硕士	0.0	0.0	14.3	85.7
	博士	16.7	16.7	0.0	66.7

入学前户籍因素。以入学前户籍因素为自变量进行交叉分析，数据显示，大学生对没有校园贷经历的选择比例较高，均超过85%。然而，入学前户籍不同的大学生在校园贷的经历上也存在显著差异（$\chi^2 = 46.704$，$P < 0.001$）。户籍为省会城市的大学生没有校园贷经历的比例最高，达到94.5%；户籍为乡镇的大学生没有校园贷经历的比例最低，为85.0%。其余各项按降序排序，依次为省会城市（94.5%）、地级市（94.2%）、农村（93.4%）、直辖市（89.7%）、县城（89.3%）、乡镇（85.0%）。

家庭类型因素。以家庭类型因素为自变量进行交叉分析，数据显示，大学生对没有校园贷经历的选择比例均超过81%。然而，家庭类型不同的大学生在校园贷的经历上也存在显著差异（$\chi^2 = 23.230$，$P < 0.05$）。家庭类型是孤儿的

大学生经常有校园贷经历，比例最高，为9.5%。其次为重组家庭（5.3%）、单亲（3.0%）、双亲（2.1%）、祖辈抚养（0.0%）。

父亲职业类型因素。以父亲职业类型因素为自变量进行交叉分析，数据显示，绝大多数大学生对从没有校园贷经历的选择比例均超过82%。然而，父亲职业类型不同的大学生在校园贷的经历上存在显著差异（$\chi^2 = 90.000$，$P < 0.001$）。父亲在企事业单位工作的大学生对从没有校园贷经历的选择比例最高，达到97%。其余各项按降序排序，依次为其他（94.5%）、个体户（94.0%）、工人（92.5%）、农民（92.3%）、公务员（84.7%）、教师（82.2%）、军人（53.8%）。

母亲职业类型因素。以母亲职业类型因素为自变量进行交叉分析，数据显示，绝大多数大学生对从没有校园贷经历的选择比例均超过82%。然而，母亲职业类型不同的大学生在校园贷的经历上存在显著差异（$\chi^2 = 68.444$，$P < 0.001$）。母亲在企事业单位工作的大学生从没有校园贷经历的比例最高，达到95.9%。其余各项按降序排序，依次为工人（93.9%）、其他（93.4%）、个体户（93.1%）、农民（92.2%）、教师（85.2%）、公务员（82.2%）、军人（69.2%）。

父亲文化程度因素。以父亲文化程度因素为自变量进行交叉分析，数据显示，大学生对从没有校园贷经历的选择比例均超过71%。然而，父亲文化程度不同的大学生在校园贷的经历上也存在显著差异（$\chi^2 = 53.093$，$P < 0.001$）。父亲文化程度为高职高专的大学生从没有校园贷经历的比例最高，达到94.6%；其余各项按降序排序，依次为初中（94.2%）、大学本科（92.1%）、小学（91.1%）、高中（90.5%）、硕士（77.8%）、未接受过教育（77.6%）、博士（71.0%）。

母亲文化程度因素。以母亲文化程度因素为自变量进行交叉分析，数据显示，绝大多数大学生对从没有校园贷经历的选择比例较高，均超过85%。然而，母亲文化程度不同的大学生在校园贷的经历上也存在显著差异（$\chi^2 = 37.741$，$P < 0.01$）。母亲文化程度为高职高专的大学生从没有校园贷经历的比例最高，达到93.5%；其余各项按降序排序，依次为初中（93.4%）、大学本科（93.1%）、小学（91.8%）、高中（90.9%）、未接受过教育（86.2%）、硕士（85.7%）、博士（66.7%）。

(2) 学校教育因素差异分析

统计分析发现，学生类型、年级、学生干部经历和国外学习经历不同的大学生对校园贷的经历具有显著差异（见表6-13）。

表6-13 不同学校教育因素大学生对校园贷经历的交叉分析（%）

		校园贷经历			
		经常有	有时有	偶尔有	从没有
学生类型	专科生	1.7	2.2	3.3	92.8
	本科生	2.6	2.3	3.5	91.7
	硕士生	1.2	3.1	1.6	94.1
	博士生	5.5	3.6	14.5	76.4
年级	大一	2.7	2.6	2.5	92.2
	大二	2.2	2.1	3.6	92.1
	大三	1.7	1.4	3.7	93.1
	大四	1.7	3.7	4.8	89.9
	硕士	1.2	3.1	1.6	94.1
	博士	5.5	3.6	14.5	76.4
学生干部经历	有	2	2.1	3	93
	无	3.3	3.6	5.3	87.8
国外学习经历	有	6.3	7	9.2	77.5
	无	2.0	2.2	3.2	92.6

学生类型因素。以学生类型因素为自变量进行交叉分析，数据显示，绝大多数大学生对从没有校园贷经历的选择比例较高，均超过91%。然而，学生类型不同的大学生在校园贷的经历上也存在显著差异（$\chi^2 = 38.057$，$P < 0.001$）。硕士生在从没有校园贷经历上的比例最高，达到94.1%；其余各项按降序排序，依次为专科生（92.8%）、本科生（91.7%）、博士生（76.4%）。

年级因素。以年级因素为自变量进行交叉分析，数据显示，绝大多数大学生对从没有校园贷经历的选择比例较高，均超过89%。然而，年级不同的大学生在校园贷的经历上也存在显著差异（$\chi^2 = 41.920$，$P < 0.001$）。硕士生在从没有校园贷经历上的比例最高，达到94.1%。其余各项按降序排序，依次为大三（93.1%）、大一（92.2%）、大二（92.1%）、大四（89.9%）、博士（76.4%）（见图6-9）。

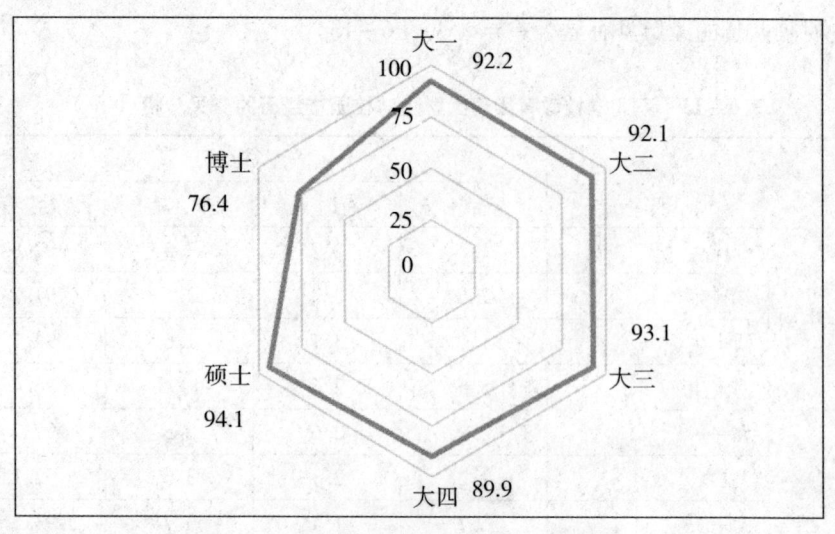

图 6-9　不同年级大学生校园贷经历（%）

学生干部经历因素。学生干部经历不同的大学生在校园贷的经历上存在显著差异（$\chi^2=19.065$，$P<0.001$）。有学生干部经历的大学生在从没有校园贷经历上的比例为93%，暂无学生干部经历的大学生在从没有校园贷经历上的比例为87.8%，两者相差5.2%。由于学生干部有较多机会接触到校园贷的有关校园宣传、知识讲座等活动，因而有可能更了解校园贷的危害性。可见，学生干部经历有助于提高大学生对校园贷的了解程度，降低大学生参与校园贷的比例。

国外学习经历因素。国外学习经历不同的大学生在校园贷的经历上存在显著差异（$\chi^2=32.949$，$P<0.001$）。有国外学习经历的大学生在从没有校园贷经历上的比例为77.5%，没有国外学习经历的大学生从没有校园贷经历上的比例为92.6%，两者相差15.1%。由于有国外学习经历的大学生往往会受到西方消费观念和方式等因素的影响，容易产生超前消费等行为。可见，国外学习经历对大学生的消费方式有一定影响。

3. 结论

（1）绝大多数大学生对校园贷有正确的认知。

（2）大学生的校园贷经历在入学前户籍、家庭类型、父亲职业类型、母亲职业类型、父亲文化程度、母亲文化程度、学生类型、年级、学生干部经历、国外学习经历等人口学变量上存在显著差异。

（3）大学生的校园贷经历在性别、专业类别、政治面貌、独生子女状况、儿时父母外出务工、奖学金经历、家庭月收入等人口学变量上不存在显著差异。

四、值得关注的问题

调查发现，当前大学生群体总体消费观端正积极，对维护自己的消费权益的意识较高，大部分学生不认同超前消费和校园贷，有校园贷经历的大学生较少。同时，大学生对网络消费、绿色消费的认同度较高，多数大学生在消费过程中能够控制支出。调查结果也反映出一些值得关注的现象和问题。比如，有一定比例的大学生群体经常超前消费，还有一定比例的大学生群体对校园贷了解很少或不了解校园贷。

课题组还发现，不同群体大学生的消费方式、意愿和水平不尽相同。由于受到个体自然因素、家庭背景因素和学校教育因素的影响，部分大学生在对当前消费方式的态度、维护自己消费权益的态度、超前消费的态度、校园贷的参与经历等方面存在显著差异，这些差异所反映出的现象和问题值得我们关注。

（一）不同群体大学生的消费观念存在显著差异

统计分析发现，人口学变量对大学生的消费观存在显著影响，不同个体自然因素、家庭背景因素、学校教育因素对大学生当前消费方式的态度、维护自己消费权益的态度、超前消费的态度、校园贷的参与经历这四个考察项的影响程度也有所不同。各项具体表现出显著差异的人口学变量中，性别、母亲文化程度、入学前户籍、学生类型、国外学习经历对大学生群体的消费观念影响较大。

在对当前消费方式的态度方面，具有显著差异的人口学变量包括：性别、独生子女状况、入学前户籍、家庭类型、父亲文化程度、母亲文化程度、专业类别、政治面貌、学生干部经历。

在对维护自己消费权益的态度方面，具有显著差异的人口学变量包括：性别、独生子女状况、母亲文化程度、学生类型、国外学习经历。

在超前消费的态度方面，具有显著差异的人口学变量包括：性别、独生子女状况、入学前户籍、父亲职业类型、母亲职业类型、父亲文化程度、母亲文化程度、家庭月收入、学生类型、年级、专业类别、学生干部经历、国外学习经历。

在校园贷的参与经历方面，具有显著差异的人口学变量包括：入学前户籍、家庭类型、父亲职业类型、母亲职业类型、父亲文化程度、母亲文化程度、学生类型、年级、学生干部经历、国外学习经历。

（二）高校仍需要加强对大学生消费观的教育，引导大学生合理消费

调查显示，当前大学生群体对超前消费的认同率超过了1/5，选择比例达到了22.1%。经常超前消费的群体比例也达到了16.3%。鉴于大学生学习期间主要依靠父母提供生活费，这一结果表明部分大学生的消费观念仍需引导。从大学生平均每月生活费的金额来看，50.0%的大学生月均生活费不超过1000元，但也有3.2%的大学生月均生活费超过2000元，该群体的消费方式及态度可能会对周围学生产生一定影响，甚至可能引发攀比消费。调查结果还显示在影响大学生消费观的主要因素中，社会风气的影响占到了9.9%的比例，学校教育因素仅占到5.6%的比例。说明高校大学生易受到周围环境和社会消费风气的影响，产生不正确的消费观念，高校仍需要加强对大学生消费观的教育，引导大学生合理消费。

（三）少部分大学生校园贷参与率高，高校仍需加强对校园贷危害性的宣传力度

考察大学生参与校园贷经历的结果显示，仍有8.0%的大学生群体有过校园贷经历，其中更有2.2%的大学生经常有校园贷经历。大学生参与校园贷的最主要原因是"攀比消费"，选择比例达到了47.4%。说明高校对校园贷危害性的宣传教育力度仍然需要不断加大，一方面从学生方面做好工作，有针对性的教育和引导大学生不要进行相互攀比消费，增强大学生理性消费的意识，自觉远离校园贷。另一方面，各高校也应积极探索建立校园不良网络借贷日常监测机制和实时预警机制，同时，建立校园不良网络借贷应对处置机制，加强防控预警。

第七章

大学生网络观状况

一、引言

随着网络信息技术的迅猛发展，网络已经成为大学生获取信息的主要渠道、休闲娱乐的重要途径。根据中国互联网络信息中心发布的第 45 次《中国互联网络发展状况统计报告》显示，大学生群体是我国网民群体的重要来源，"每日必网"成为大学生的生活常态。互联网深刻改变着大学生的学习生活和精神世界，对大学生的世界观、人生观、价值观产生重要的影响。为充分了解大学生网络观现状，本研究对大学生网络观的特点进行调查研究，为帮助大学生树立正确的网络观提供理论参考和实践依据。

（一）网络观概念界定

目前，国内学者对网络观的研究，主要是对网络和网络生活的观点和看法。从世界观的层面来认识网络，是对网络及网络生活的"最一般"解释。谢海光（2000）认为应该从"网络的本质究竟是什么？网络给人类社会究竟带来什么？如何正确利用网络，看待网络发展过程中出现的种种弊端？"出发来对网络观进行哲学上讨论。据此，魏刚、代金平（2005）将哲学意义上的网络观定义为"人们对于网络的本质、网络对于人和人类社会的价值等问题的根本的、总的观点"。

潘梅（2011）认为"网络观是大学生在长期的网络生活中所形成的对网络生活整体的认识和看法，形成的关于网络本质的观点。这些认识和看法中包含认知、情感和行为倾向的因素"；向飞（2017）认为"大学生网络观就是指大学生在网络实践中形成的对网络的整体性认识和看法，并集中体现于网络认知、情感和行为倾向等方面。大学生网络观和网络观的内涵基本一致，但其概念的外延相对缩小，主要集中于大学生群体"。据此，大学生网络观具有整体性、交互性、可塑性特点。综上所述，大学生网络观，是指大学生在网络实践的过程中形成的对网络的整体性认识和看法，主要包括大学生对网络的态度以及大学生的网络行为和习惯等方面。

(二) 研究现状

1. 网络观相关理论

(1) 网络认知

国外对于网络的认知是一个不断改变和逐渐深化的过程。初始阶段,由于网络还是新生的事物,对网络的认知还比较浅显,对网络的评价呈现出非黑即白的两极态势。其后随着网络逐渐融入日常的生活,学者们也开始辩证地看待网络本身及其带来的改变,对网络的多学科研究也在这一时期大量出现。最终走向对网络的理性认知阶段,对于网络的综合性研究逐渐增多。

国内的相关网络研究也是一个逐渐由浅入深、由表及里的发展过程。目前,国内研究者对网络所持的总体观点是大体一致的,国内研究者普遍认可以一分为二的观点来评价网络带来的影响,其既促进了青少年的成长,同时也为其更全面的发展蒙上了阴影。同时要持一种"共生"(冯鹏志,2002)的理念来认识网络的本质,看待网络空间与现实世界之间的联系。林佩云(2010)的调查显示,高达74.71%的学生认为"相当需要"网络,10.05%的学生与网络"密不可分"。有研究者认为网络改变着大学生生活方式、学习方式、行为习惯甚至思维方式,这种影响是持续而深入的,可能造成大学生的知行出现分离甚至背道而驰。也有研究者对网络持乐观的态度,反对过度夸大网络的危害性:网络是会带来一些问题,但由此"因噎废食"就是过犹不及了。

(2) 网络行为

国外学者在网络使用行为的研究上,主要侧重于实证分析。"美国在线"(2000)与Roper Starch调查公司合作从1998年起,通过电话对美国网络用户的追踪调查时,就将重点放在了解人们的网络使用行为以及网络使用对日常生活的影响上。在1999年,他们还专门针对9—17岁青少年的网络使用行为进行调查。结果发现,青少年的上网频率,会随着年龄的增长而增加,9—11岁的孩子每周上网的时间为2.8天,而15—17岁的孩子则为4.5天;交流是青少年最喜欢的网上活动,有59%的人通过网络给朋友写信,52%的人使用即时聊天;而在9—11岁的孩子中,网络游戏最受欢迎;有63%的人更愿意上网而不是看电视,有55%的人更愿意通过网络而不是电话交谈,76%的人通过网络下载音乐,70%的人通过网络与朋友举行视频会议,还有63%的人在网上看卡通或录像。对于网络的作用,有44%的青少年说网络增加了他们对事物的兴趣,39%的人说网络增进了朋友间的友谊,39%的人说网络提高了写作和语言水平,33%的人说网络帮助他们在学校表现得更好。由美国加州大学洛杉矶分校（UCLA）发起并于 2000 年启动的世界互联网项目，则尝试通过对不同国家和地区网民的网络使用状况进行问卷调查，对互联网的满意度、使用即时通信、网络购物、网络游戏等进行定期报告。从 2000 年开始发布美国互联网调查报告，并从 2004 年开始发布各国比较研究的数据。

不少学者基于这种对网络行为的具体分析，进一步对网络行为进行了类型概括。周林（2005）在研究中指出，从心理学的角度将网络行为界定为在网络空间中，个体为了获得个人体验、满足心理需求，以文本为中介而表现出交互式或非交互式的行为。黄少华（2008）在研究中把网络行为分为网络使用行为与网络社会行为。国内学者朱美慧梳理了学术界有关网络行为的各种界定，将网络行为类型概括为积极性社交网络行为、逃避性社交网络行为、自我肯定网络行为、工具性网络行为、信息性网络行为、玩乐性网络行为和虚拟情感网络行为等（严丹，2009）。霍华德（Philip E. N. Howard）等通过对 18 岁以上美国成年人网络行为的调查，将网络行为区分为以娱乐取向和爱好为主的网络行为、以获取信息为主要取向的网络行为、与日常生活有关的网络行为、在线交易网络行为这四种基本类型（黄健，2011）。熊伟（2016）的调查数据显示，49%的大学生每天上网 2~4 小时，21.2%的大学生每天上网 4~6 个小时，每天上网时间超过 6 小时的大学生比例为 13.3%，仅有 16.5%的大学生每天上网不超过 2 小时。大学生每天上网时间超过 2 个小时的比例高达 83.5%，相较于 2014 年，增长 3.5 个百分点。这一数据显示，大学生每天花在网络上的时间整体较长，随着智能手机的普及以及网络信息技术的发展，网络将会在更大程度和范围上影响大学生。沈壮海（2016）认为："新媒体时代，网络已经成为大学生日常生活不可或缺的元素，网络运用也逐渐成为大学生思想政治教育工作至关重要的传播手段。数据显示，83.5%的大学生每天上网时长超过 2 小时。"

2. 网络观的前因变量研究

研究者们从不同视角切入对网络观进行研究，探讨了诸多因素对大学生网络观的影响。余南宁（2007）的研究表明，性别、年级因素对大学生在网络态度、网络和学业的关系、上网的目的、上网的时间和花费、网络道德文明等方面具有共性的基础上，也存在显著差异。杨学玉（2014）选取北京师范大学部分样本进行案例分析调查表明，年级、专业因素对大学生网络使用的时间、硬件和浏览内容存在影响。

3. 网络观的后因变量研究

崔建良等（2006）提出提高大学生的网络法律意识、建构人本化网络德育模式、建立和完善网络伦理权力机制以及加强网络立法四点建议。张世友（2002）则认为要预防和纠正大学生网络失范行为必须提出相应的技术、管理、法律和教育对策。王贤卿（2006）认为网络道德教育能够促使大学生理解并认同网络道德规范，以此来规范自己的网络行为。叶通贤（2009）认为防治和矫正大学生网络道德失范行为应从以下四个方面入手：一是网络道德教育，二是网络立法，三是网络安全体系，四是对校园网的管理。赵艺（2007）认为应该制定大学生网络行为规范、加强网络法制教育、将网络规范意识的教育融入大学生计算机及网络技术教育课程当中、加强校园网建设来规范学生网络行为。吕晓峰、王英（2010）主要从心理教育的角度提出构建心理健康教育新模式，推动网络心育模式的新发展，构建大学生社会支持系统，提升服务机构的服务质量，完善网络心理危机干预机制。张骥、方晓强（2009）立足于网络文化的视角，提出加强网络先进文化传播阵地建设和网络文化中社会主义意识形态的主导地位，大力构建社会主义意识形态的新型传播方式，创新网络文化传播体制和手段，增强意识形态传播的时效性。

4. 网络观的现状

沈壮海（2015）通过对全国 30 所高校大学生的调查，发现目前大学生平均每天上网 2 小时以上的占 80.0%，娱乐消遣（68.3%）、获取新闻信息（57.5%）、交流沟通（57.2%）和学习（49.0%）是大学生上网的主要目的；使用微博、微信等信息交流平台的大学生占 88.9%，92.0% 的大学生借此浏览动态、了解信息、发表观点和更新状态。

韩丕国等（2019）人的调查研究显示，78% 的大学生网络依赖程度为中等以下，22% 的大学生网络依赖程度为中等及以上。大学生网络使用喜好程度最高的是音乐欣赏，其次是即时通信、在线影视、搜索引擎和网上游戏；网络使用喜好程度最低的是网上招聘，其次是网络电话、网上销售、收发邮件和网上经济。

综上所述，本研究旨在了解大学生网络观的现状，以及各人口学变量对大学生网络观的影响，从而为帮助大学生树立积极向上的网络观提供一定的现实依据。

二、大学生网络观基本概况

大学生网络观状况主要对大学生看待网络的态度以及网络行为和习惯的状

况进行考察，围绕大学生对网络的态度状况、对现代网络"快餐式"文化的态度状况、对喜欢玩网络游戏的认同状况、玩网络游戏的目的状况、对校园新媒体平台的关注频率状况五方面进行，设置了13条项目，包含1个量表和10个定性变量。

调查显示，当前大学生群体网络观状况总体良好，具体表现在以下几点。

(一)绝大多数大学生网络态度积极向上

当前大学生群体整体上对网络的态度是积极向上的。调研数据显示，绝大多数大学生对"网络对日常生活的影响程度很大"和"网络游戏容易成瘾，对大学生学习和生活带来很大影响"的认同度高，分别有90.5%和82.4%的大学生明确表达了认同的态度，仅有不到4%的大学生表示完全不认同。超过七成大学生认为现代网络"快餐式"文化是有用的。调研还发现，明确表示很喜欢玩网络游戏的大学生不到四成，且只有10.0%的大学生玩网络游戏导致游戏上瘾。这说明大部分大学生能够正确对待现代网络，认可网络的积极作用，没有沉迷于网络游戏。

(二)大多数大学生具有良好的网络行为习惯

调研显示，大部分大学生的网络自律性较强，能够正确处理好学习与娱乐的关系，具有良好的网络行为习惯。七成大学生每天上网时长大多为2~6个小时，仅有6.7%的大学生每天上网时长在8小时以上；大学生每周利用网络学习的时间多于娱乐的时间，比例达到65.5%，仅有27.0%的大学生利用网络娱乐的时间多于学习的时间；大学生利用网络的目的主要是浏览、查阅学习相关资源，比例达到40.7%；大学生每天选择上网的最主要的时段是闲暇的晚上时光，比例达到67.5%。说明对于大学生而言，能够把网络视为一种重要的学习工具或载体加以合理运用。

(三)大学生群体整体上对校园新媒体平台的关注状况较好

调研数据显示，大学生浏览校园网络的类型主要是班级QQ群，比例达到34.8%。同时，超过五成大学生最常浏览的校园网络是校园官方微信、微博、高校官方网站和易班网。此外，大学生对校园新媒体平台、校园网、易班的关注度分别为97.0%、96.1%和89.6%。说明大部分大学生对学校校园网络的关注度和认可度较高，认可主流网络平台并能够自觉利用校园网络获取信息。

三、大学生网络观状况多维考察及差异源分析

本次调查对大学生网络观状况从五个方面的维度进行考察，一是对网络的态度状况，二是对现代网络"快餐式"文化的态度状况，三是对网络游戏的喜好状况，四是玩网络游戏的目的状况，五是对新媒体的关注频率状况。并从个体自然因素（性别）、学校教育因素（学生类型、年级、专业类别、政治面貌、学生干部经历、国外学习经历、奖学金经历）、家庭背景因素（独生子女状况、儿时父母外出务工、入学前户籍、家庭类型、父亲职业类型、母亲职业类型、父亲文化程度、母亲文化程度、家庭月收入）三个方面来探索大学生网络观的差异源。具体调研结果及差异分析如下。

（一）大学生对网络的态度状况及差异源分析

1. 大学生对网络的态度状况

课题组通过对"网络对您日常生活的影响程度很大""网络游戏容易成瘾，对大学生学习和生活带来很大影响"两个问题入手，考察大学生对网络的态度。采取Likert5点计分法进行均值分析，"1~5"依次代表"完全不认同"至"非常认同"，结果显示整体认同度为4.301分，数值位于"比较认同"和"非常认同"区间，绝大多数大学生网络态度积极向上。调研数据显示，90.5%的大学生群体认为网络对日常生活影响很大，只有4.9%的大学生不认同网络对日常生活影响很大；82.4%的大学生认为网络游戏容易成瘾，对大学生学习和生活带来很大影响（见表7-1）。

表7-1 大学生对网络的态度（%）

	非常认同	比较认同	不确定	不太认同	完全不认同	认同率	M	SD
网络对您日常生活的影响程度很大	54.0	36.5	4.6	3.8	1.1	90.5	4.384	0.833
网络游戏容易成瘾，对大学生学习和生活带来很大影响	50.8	31.6	9.7	4.5	3.4	82.4	4.218	1.023
整体认同度							4.301	0.714

课题组从"您每天上网的时长"考察大学生使用网络时长的情况。结果显示，35.6%的大学生每天上网时长为4~6小时，34.1%的大学生每天上网时长为2~4小时，13.9%的大学生每天上网时长为6~8小时，9.6%的大学生每天

上网时长为 2 小时以下，6.7% 的大学生每天上网时长为 8 小时以上。可见，大学生每天上网时长大多为 2~6 小时（见图 7-1）。

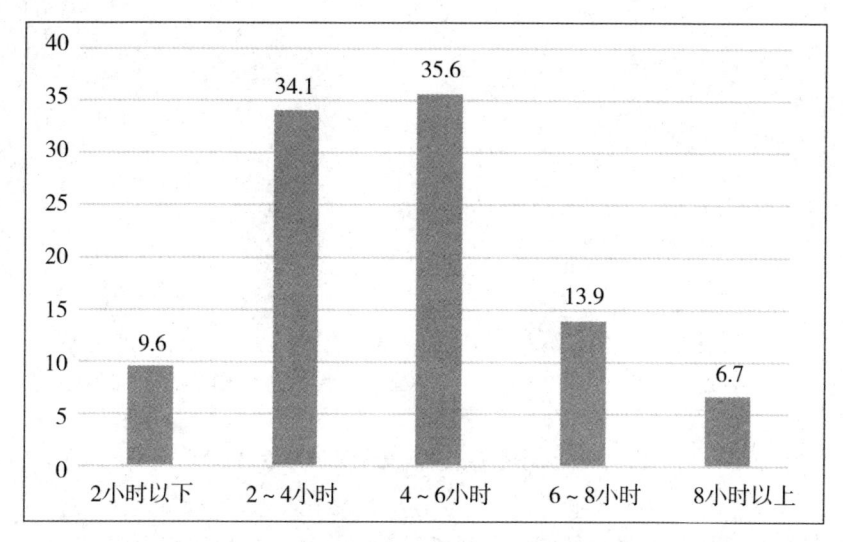

图 7-1　大学生每天上网的时长（%）

课题组从"您每天选择上网的最主要的时段"考察大学生使用网络时段的情况。结果显示，67.5% 的大学生每天选择上网的最主要的时段是闲暇的晚上时光，13.7% 的大学生每天上网的最主要的时段是随时随地，12.6% 的大学生每天选择上网的最主要的时段是课堂间隙，3.6% 的大学生每天选择上网的最主要的时段是早上上课前，2.6% 的大学生每天选择上网的最主要的时段是课堂上。可见，大学生主要是利用闲暇的晚上时光上网（见图 7-2）。

课题组从"您使用网络最主要的目的"进一步考察大学生使用网络最主要目的的情况。结果显示，40.7% 的大学生使用网络最主要的目的是浏览、查阅学习相关资源，15.3% 的大学生使用网络最主要的目的是交友、沟通，14.9% 的大学生使用网络最主要的目的是浏览休闲娱乐相关资讯，14.5% 的大学生使用网络最主要的目的是看电影、电视剧等网络视频，6.6% 的大学生使用网络最主要的目的是浏览时政新闻资讯，6.1% 的大学生使用网络最主要的目的是玩网络游戏，1.4% 的大学生使用网络最主要的目的是购物、网络交易，0.5% 的大学生使用网络最主要的目的是了解时尚讯息。可见，网络信息时代背景下，面对网络的丰富海量资源，大学生上网目的虽然趋于多元化，但对于合理、均衡使用网络有明确的认知，学习仍是大学生使用网络最主要的目的（见图 7-3）。

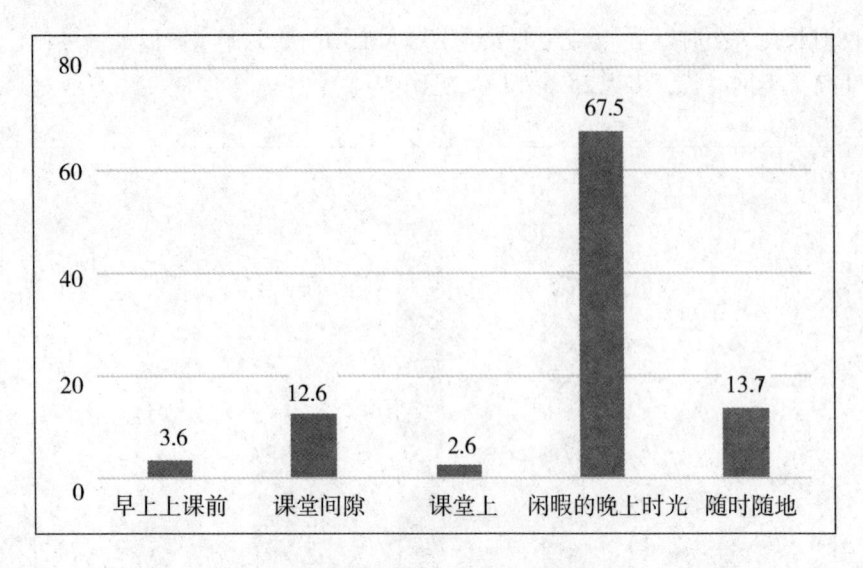

图7-2 大学生每天上网最主要的时段(%)

了解和掌握大学生上网的目的,有利于对其网络行为加以正确引导,增强新时代网络思想政治教育的针对性和实效性。

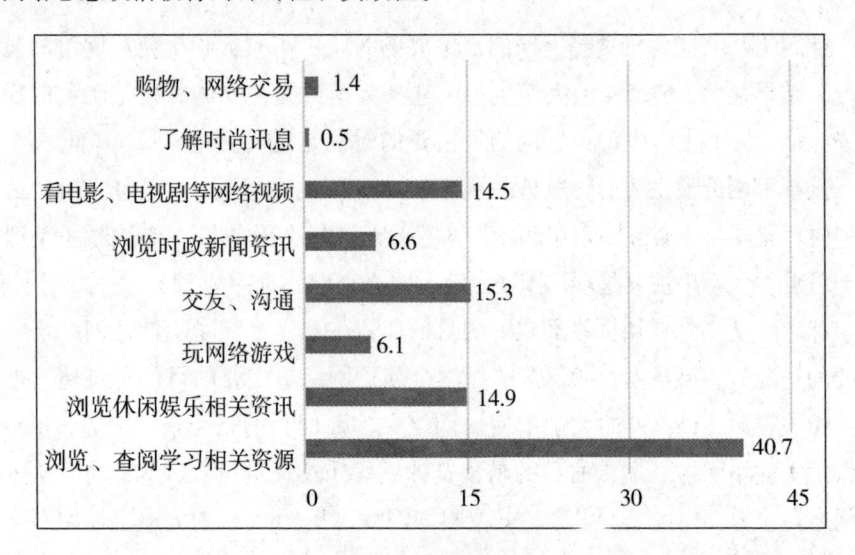

图7-3 大学生使用网络最主要的目的(%)

为了解大学生最常浏览的校园网络情况,课题组还通过"您最常浏览的校园网络"这一问题考察了大学生浏览校园网络的情况。结果显示,34.8%的大学生最常浏览的校园网络是班级QQ群,26.9%的大学生最常浏览的校园网络是校园官方微信、微博，25.0%的大学生最常浏览的校园网络是高校官方网站，7.1%的大学生最常浏览的校园网络是校园贴吧、BBS论坛等，6.1%的大学生最常浏览的校园网络是易班网。可见，大学生浏览校园网络的类型主要是班级QQ群，以便于获取班级或个人相关通知信息（见图7-4）。因此，如何增强校园官方媒体的内容吸引力，充分发挥其网络育人合力，也是当前思想政治教育需要不断思考和探索的问题。

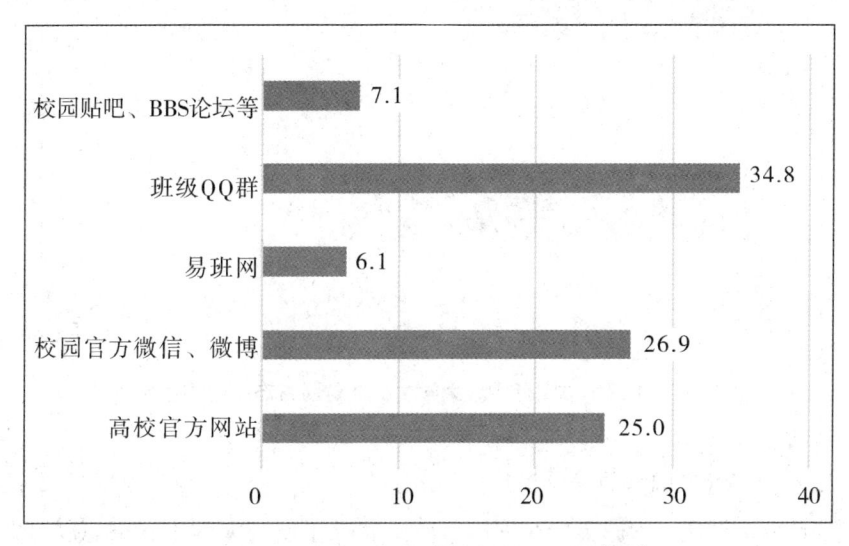

图7-4 大学生最常浏览的校园网络（%）

2. 差异源分析

为进一步调查研究不同群体大学生对网络的态度，课题组将大学生网络态度作为因变量，与性别、学生类型、年级、专业类别、政治面貌、独生子女状况、学生干部经历、国外学习经历、儿时父母外出务工、奖学金经历、入学前户籍、家庭类型、父亲职业类型、母亲职业类型、父亲文化程度、母亲文化程度、家庭月收入等自变量进行了均值比较分析，结果发现具有不同个体自然因素、家庭背景因素以及学校教育因素的大学生群体网络态度存在显著差异。

（1）个体自然因素差异分析

统计分析发现，不同性别的大学生网络态度具有显著差异。

性别因素。以性别因素为自变量进行均值分析，数据显示，大学生网络态度的均值得分较高，均超过4.2分，处于"比较认同"与"非常认同"区间。然而，不同性别大学生对网络的态度也存在显著差异（$t=3.838$，$P<0.001$）。

数据显示，男大学生较女大学生对"网络对您日常生活的影响程度很大""网络游戏容易成瘾，对大学生学习和生活带来很大影响"这两个观点的认同度更高（见图7-5）。

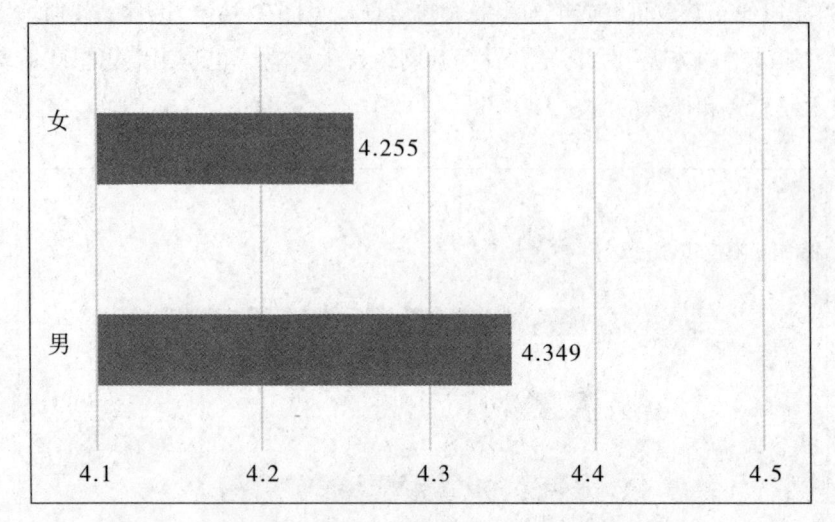

图7-5 不同个体自然因素大学生群体对网络态度的均值比较

（2）家庭背景因素差异分析

统计分析发现，家庭类型、家庭月收入状况不同的大学生网络态度存在显著差异，具体情况如下（见表7-2）。

表7-2 不同家庭背景因素大学生对网络的态度的均值比较

		M	SD	F值	P
家庭类型	双亲	4.316	0.702	F=3.561	P<0.01
	单亲	4.211	0.769		
	祖辈抚养	4.071	0.835		
	重组家庭	4.142	0.862		
	孤儿	4.325	0.712		

(续表)

		M	SD	F 值	P
家庭月收入	2000 元以下	4.261	0.787	F = 2.776	P < 0.05
	2001~4000 元	4.298	0.701		
	4001~6000 元	4.280	0.687		
	6001~8000 元	4.299	0.700		
	8001~10000 元	4.361	0.688		
	10001~15000 元	4.407	0.682		
	15001 以上	4.526	0.598		

家庭类型因素。以家庭类型因素为自变量进行均值分析，数据显示，大学生网络态度的均值得分较高，均超过4.0分，处于"比较认同"与"非常认同"区间。然而，不同家庭类型的大学生网络态度也具有显著差异（F＝3.561，P＜0.01）。孤儿家庭的大学生网络态度均值得分最高，为4.325分。其余大学生群体网络态度的均值得分按降序排列依次为：双亲（4.316分）、单亲（4.211分）、重组家庭（4.142分）、祖辈抚养（4.071分）。

家庭月收入因素。以家庭月收入因素为自变量进行均值分析，数据显示，大学生网络态度的均值得分较高，均超过4.2分，处于"比较认同"与"非常认同"区间。然而，家庭月收入不同的大学生网络态度也具有显著差异（F＝2.776，P＜0.05）。大学生对网络的态度与家庭的月收入呈现出正相关的关系，家庭收入越高的大学生认为网络及网络游戏在日常生活中的影响越大。家庭月收入在15001以上的大学生网络态度的均值得分最高，为4.526分。而家庭月收入在2000元以下的群体的网络态度的均值得分最低，为4.261分。其余均值得分依次为：10001~15000元（4.407分）、8001~10000元（4.361分）、6001~8000元（4.299分）、2001~4000元（4.298分）、4001~6000元（4.280分）。

(3) 学校教育因素差异分析

统计分析发现，不同学生类型大学生对网络的态度具有显著差异。

学生类型因素。以学生类型因素为自变量进行均值分析，数据显示，大学生网络态度的均值得分较高，均超过4.1分，处于"比较认同"与"非常认同"区间。然而，不同类型大学生的网络态度也存在显著差异（F = 5.148，P < 0.01）。数据显示，硕士生网络态度的均值得分最高，为4.350分。博士生群体网络态度的均值得分最低，为4.185分（见图7-6）。

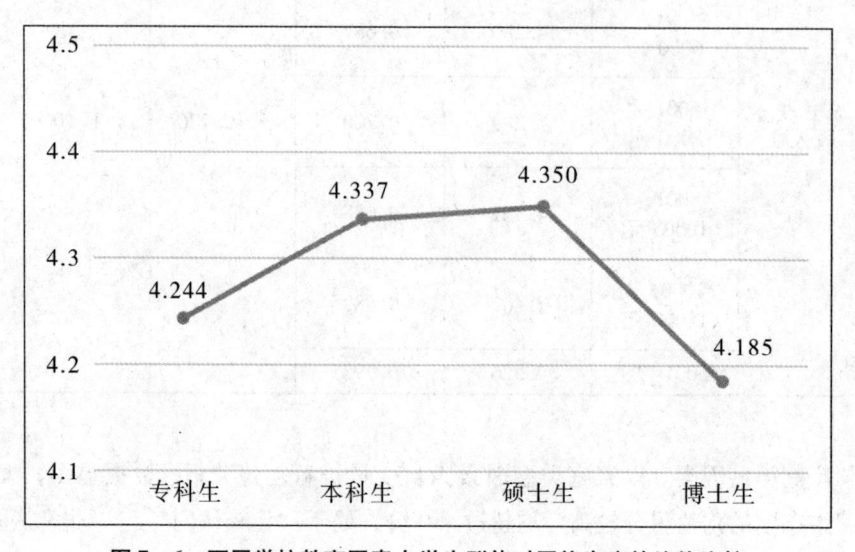

图7-6 不同学校教育因素大学生群体对网络态度的均值比较

3. 结论

（1）绝大多数大学生网络态度积极向上。

（2）大学生对网络的态度在性别、家庭类型、家庭月收入、学生类型等人口学变量上存在显著差异。

（3）大学生网络的态度在年级、专业类别、政治面貌、独生子女状况、学生干部经历、国外学习经历、儿时父母外出务工、奖学金经历、入学前户籍、父亲职业类型、母亲职业类型、父亲文化程度、母亲文化程度等人口学变量上不存在显著差异。

（二）大学生对现代网络"快餐式"文化的态度状况及差异源分析

1. 大学生对现代网络"快餐式"文化的态度状况

通过调查显示，10.3%的大学生认为现代网络"快餐式"文化先进且重要，62.9%的大学生认为现代网络"快餐式"文化良莠不齐、有点用，只有6.9%的大学生认为现代网络"快餐式"文化无用，5.5%的大学生认为现代网络"快餐式"文化无用且无害,14.3%的大学生对现代网络"快餐式"文化不了解、没看法(见图7-7)。可见,大学生群体整体上对现代网络"快餐式"文化的态度比较理性。

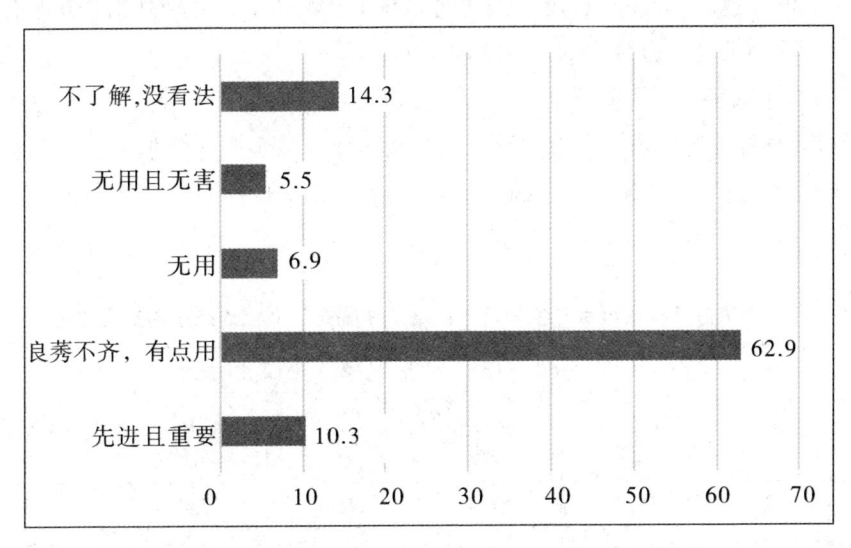

图7-7 大学生对网络"快餐式"文化的态度(%)

- 不了解,没看法 14.3
- 无用且无害 5.5
- 无用 6.9
- 良莠不齐,有点用 62.9
- 先进且重要 10.3

2. 差异源分析

为进一步调查研究不同群体大学生对现代网络"快餐式"文化的态度,课题组基于个体自然因素、家庭背景因素和学校教育因素,对大学生的现代网络"快餐式"文化进行了交叉分析,发现具有不同个体自然因素、家庭背景因素和学校教育因素的大学生群体对现代网络"快餐式"文化的态度存在显著差异。

(1)个体自然因素差异分析

统计分析发现,性别不同的大学生在对现代网络"快餐式"文化的态度方面存在显著差异,具体情况如下(见表7-3)。

表7-3 不同个体自然因素大学生对现代网络"快餐式"文化的态度的交叉分析(%)

		对现代网络"快餐式"文化的看法				
		先进且重要	良莠不齐,有点用	无用	无用且无害	不了解,没看法
性别	男	11.6	64.1	6.7	5.9	11.8
	女	9.0	61.9	7.3	5.1	16.6

性别因素。不同性别大学生对现代网络"快餐式"文化的态度存在显著差异（$\chi^2 = 21.405$，$P < 0.001$）。男大学生认为现代网络"快餐式"文化"先进且重要"和"良莠不齐，有点用"的比例均高于女大学生，分别高出2.6个百分比、2.2个百分比，分别为11.6%、64.1%。

（2）家庭背景因素差异分析

统计分析发现，独生子女状况、入学前户籍、父亲职业类型、母亲职业类型、母亲文化程度、家庭月收入状况不同的大学生对现代网络"快餐式"文化的态度存在显著差异，具体情况如下（见表7-4）。

表7-4 不同家庭背景因素大学生对现代网络"快餐式"文化的态度的交叉分析（%）

		先进且重要	良莠不齐，有点用	无用	无用且无害	不了解，没看法
独生子女状况	是	12.2	61.4	7.5	7.4	11.5
	否	9.7	63.4	6.8	4.9	15.2
入学前户籍	农村	9.5	62.9	6.9	4.8	15.9
	乡镇	11.4	61.7	8.0	6.5	12.3
	县城（县级市）	14.6	62.2	6.0	7.9	9.2
	地级市	9.2	69.3	5.5	4.2	11.8
	省会城市	11.0	59.3	9.9	11.0	8.8
	直辖市	20.7	55.2	13.8	6.9	3.4
父亲职业类型	公务员	15.3	62.5	7.6	8.3	6.3
	教师	11.1	54.0	11.1	11.1	12.7
	军人	0.0	65.4	7.7	23.1	3.8
	农民	10.3	62.7	6.6	4.2	16.2
	工人	8.8	62.4	7.3	5.8	15.6
	个体户	11.0	65.8	6.8	4.7	11.7
	企事业单位	11.4	62.3	9.0	8.4	9.0
	其他	9.8	65.2	4.9	5.2	15.0

(续表)

		对现代网络"快餐式"文化的看法				
		先进且重要	良莠不齐，有点用	无用	无用且无害	不了解，没看法
母亲职业类型	公务员	16.7	55.6	12.5	9.7	5.6
	教师	10.5	59.9	9.9	10.5	9.3
	军人	5.1	64.1	5.1	10.3	15.4
	农民	10.0	62.8	6.4	4.4	16.4
	工人	8.8	64.1	6.9	5.3	14.9
	个体户	11.8	61.6	7.8	5.3	13.4
	企事业单位	9.8	65.7	8.4	7.7	8.4
	其他	11.0	65.5	4.5	6.4	12.6
母亲文化程度	未接受过教育	9.6	59.4	3.7	8.0	19.3
	小学	10.1	61.5	7.1	4.5	16.9
	初中	9.3	65.1	7.1	5.8	12.7
	高中（含中专、中职）	12.8	63.5	6.2	6.2	11.3
	高职高专	8.4	69.5	7.1	5.2	9.7
	大学本科	14.0	57.9	7.6	6.4	14.0
	硕士	14.3	57.1	14.3	14.3	0.0
	博士	33.3	16.7	33.3	16.7	0.0
家庭月收入	2000元以下	13.7	58.4	6.0	4.7	17.2
	2001~4000元	9.7	61.7	7.4	5.3	15.9
	4001~6000元	9.9	65.3	6.1	5.4	13.3
	6001~8000元	7.4	67.2	7.4	7.4	10.7
	8001~10000元	9.0	70.6	6.6	6.2	7.6

(续表)

		对现代网络"快餐式"文化的看法				
		先进且重要	良莠不齐,有点用	无用	无用且无害	不了解,没看法
家庭月收入	10001~15000元	8.9	67.7	9.7	4.8	8.9
	15001元以上	15.2	54.5	9.1	8.1	13.1

独生子女状况因素。以独生子女状况因素为自变量进行均值分析，数据显示，大学生对现代网络"快餐式"文化的态度以"良莠不齐，有点用"为主，选择比例均超过了61%。然而，独生子女状况不同的大学生对现代网络"快餐式"文化的态度也存在显著差异（$\chi^2 = 17.589$，$P < 0.05$）。独生子女大学生表示"先进且重要"和"无用"的比例均要高于非独生子女，分别高出2.5个百分点和0.7个百分点，为12.2%和7.5%。在"无用且无害"这一考察项上，独生子女大学生的选择比例最高，为7.4%，比非独生子女大学生高出2.5个百分点。在"良莠不齐，有点用"这一考察项上，非独生子女大学生选择比例最高，为63.4%，比独生子女大学生高出2个百分点。

入学前户籍因素。以入学前户籍因素为自变量进行均值分析，数据显示，大学生对现代网络"快餐式"文化的态度以"良莠不齐，有点用"为主，选择比例均超过了55%。然而，不同户籍的大学生对现代网络"快餐式"文化的态度也存在差异（$\chi^2 = 46.426$，$P < 0.05$）。数据显示，来自直辖市的大学生表示"先进且重要"和"无用"的比例均要高于乡镇的大学生，分别高出9.3个百分点和5.8个百分点，为20.7%和13.8%。在"无用且无害"这一考察项上，来自省会城市的大学生选择比例最高，为11.0%，在"良莠不齐，有点用"这一考察项上，来自地级市的大学生的选择比例最高，为69.3%。

父亲职业类型因素。以父亲职业类型因素为自变量进行均值分析，数据显示，大学生对现代网络"快餐式"文化的态度以"良莠不齐，有点用"为主，选择比例均超过了54%。然而，父亲职业不同的大学生对现代网络"快餐式"文化的态度也存在显著差异（$\chi^2 = 68.435$，$P < 0.001$）。认为现代网络"快餐式"文化"先进且重要"比例最高的是父亲为公务员的大学生，为15.3%；认为现代网络"快餐式"文化"良莠不齐，有点用"比例最高的是父亲为个体户

的大学生，为 65.8%，最低的是父亲为教师的大学生，为 54.0%。

母亲职业类型因素。以母亲职业类型因素为自变量进行均值分析，数据显示，大学生对现代网络"快餐式"文化的态度以"良莠不齐，有点用"为主，选择比例均超过了 55%。然而，母亲职业不同的大学生对现代网络"快餐式"文化的态度存在差异（$\chi^2 = 52.362$，$P < 0.05$）。认为现代网络"快餐式"文化"先进且重要"比例最高的是母亲为公务员的大学生，为 16.7%，最低的是母亲为军人的大学生，为 5.1%；认为现代网络"快餐式"文化"良莠不齐，有点用"比例最高的是母亲为企事业单位的大学生，为 65.7%，最低的是母亲为公务员的大学生，为 55.6%。

母亲文化程度因素。以母亲文化程度因素为自变量进行均值分析，数据显示，绝大多数大学生对现代网络"快餐式"文化的态度以"良莠不齐，有点用"为主，选择比例均超过了 57%。然而，母亲文化程度不同的大学生对现代网络"快餐式"文化的态度也存在差异（$\chi^2 = 50.689$，$P < 0.05$）。认为现代网络"快餐式"文化"先进且重要"比例最高的是母亲文化程度为博士的大学生，为 33.3%，最低的是母亲文化程度为高职高专的大学生，为 8.4%；认为现代网络"快餐式"文化"良莠不齐，有点用"比例最高的是母亲文化程度为高职高专的大学生，为 69.5%，最低的是母亲文化程度为博士的大学生，为 16.7%。

家庭月收入因素。以家庭月收入因素为自变量进行均值分析，数据显示，绝大多数大学生对现代网络"快餐式"文化的态度以"良莠不齐，有点用"为主，选择比例均超过了 54%。然而，家庭月收入不同的大学生对现代网络"快餐式"文化的态度也存在差异（$\chi^2 = 48.783$，$P < 0.05$）。认为现代网络"快餐式"文化"先进且重要"比例最高的是家庭月收入为 15001 元以上的大学生，为 15.2%，最低的是家庭月收入为 6001~8000 元的大学生，为 7.4%；认为现代网络"快餐式"文化"良莠不齐，有点用"比例最高的是家庭月收入为 8001~10000 元的大学生，为 70.6%，最低的是家庭月收入为 15001 元以上的大学生，为 54.5%。

（3）学校教育因素差异分析

统计分析发现，学生类型、年级、政治面貌、国外学习经历状况不同的大学生对现代网络"快餐式"文化的态度存在显著差异，具体情况如下（见表 7-5）。

表7-5 不同学校教育因素大学生对现代网络"快餐式"文化的态度的交叉分析（%）

<table>
<tr><th colspan="2"></th><th colspan="5">对现代网络"快餐式"文化的看法</th></tr>
<tr><th colspan="2"></th><th>先进且重要</th><th>良莠不齐，有点用</th><th>无用</th><th>无用且无害</th><th>不了解，没看法</th></tr>
<tr><td rowspan="4">学生类型</td><td>专科生</td><td>14.3</td><td>52.3</td><td>6.6</td><td>6.1</td><td>20.6</td></tr>
<tr><td>本科生</td><td>8.0</td><td>68.5</td><td>7.3</td><td>4.7</td><td>11.5</td></tr>
<tr><td>硕士生</td><td>8.6</td><td>71.8</td><td>5.9</td><td>5.9</td><td>7.8</td></tr>
<tr><td>博士生</td><td>5.5</td><td>74.5</td><td>1.8</td><td>16.4</td><td>1.8</td></tr>
<tr><td rowspan="6">年级</td><td>大一</td><td>9.8</td><td>60.6</td><td>7.0</td><td>6.4</td><td>16.2</td></tr>
<tr><td>大二</td><td>11.6</td><td>60.8</td><td>6.8</td><td>4.4</td><td>16.4</td></tr>
<tr><td>大三</td><td>11.5</td><td>60.7</td><td>7.5</td><td>5.2</td><td>15.1</td></tr>
<tr><td>大四</td><td>7.9</td><td>72.0</td><td>7.9</td><td>4.8</td><td>7.4</td></tr>
<tr><td>硕士</td><td>8.6</td><td>71.8</td><td>5.9</td><td>5.9</td><td>7.8</td></tr>
<tr><td>博士</td><td>5.5</td><td>74.5</td><td>1.8</td><td>16.4</td><td>1.8</td></tr>
<tr><td rowspan="5">政治面貌</td><td>中共党员（含预备党员）</td><td>9.2</td><td>67.9</td><td>6.5</td><td>6.4</td><td>10.0</td></tr>
<tr><td>共青团员</td><td>10.3</td><td>62.1</td><td>7.1</td><td>5.5</td><td>15.0</td></tr>
<tr><td>民主党派成员</td><td>10.0</td><td>50.0</td><td>20.0</td><td>10.0</td><td>10.0</td></tr>
<tr><td>无党派人士</td><td>33.3</td><td>33.3</td><td>16.7</td><td>16.7</td><td>0.0</td></tr>
<tr><td>群众</td><td>12.7</td><td>59.9</td><td>6.0</td><td>3.6</td><td>17.9</td></tr>
<tr><td rowspan="2">国外学习经历</td><td>有</td><td>19.1</td><td>52.5</td><td>7.8</td><td>12.8</td><td>7.8</td></tr>
<tr><td>无</td><td>10.0</td><td>63.4</td><td>6.9</td><td>5.2</td><td>14.5</td></tr>
</table>

学生类型因素。以学生类型因素为自变量进行均值分析，数据显示，大学生对现代网络"快餐式"文化的态度以"良莠不齐，有点用"为主，选择比例均超过了52%。然而，不同学生类型的大学生对现代网络"快餐式"文化的态度也存在差异（$\chi^2 = 148.157$，$P<0.001$）。认为现代网络"快餐式"文化"先进且重要"比例最高的是专科生，为14.3%，最低的是博士生，为5.5%。随着学历层次的增高，对网络文化的理性认知越强，认为现代网络"快餐式"文化"良莠不齐，有点用"的比例呈现逐渐升高，最高的是博士生，为74.5%；

最低的是专科生，为 52.3%。

年级因素。以年级因素为自变量进行均值分析，数据显示，大学生对现代网络"快餐式"文化的态度以"良莠不齐，有点用"为主，选择比例均超过了60%。然而，不同年级的大学生对现代网络"快餐式"文化的态度也存在显著差异（$\chi^2 = 68.412$, $P < 0.001$）。认为现代网络"快餐式"文化"先进且重要"比例最高的是大二学生，为 11.6%。认为现代网络"快餐式"文化"良莠不齐，有点用"比例最高的是博士生，为 74.5%，最低的是大一学生，为 60.6%。

政治面貌因素。以政治面貌为自变量进行均值分析，数据显示，大学生对现代网络"快餐式"文化的态度以"良莠不齐，有点用"为主，选择比例均超过了50%。然而，政治面貌不同的大学生对现代网络"快餐式"文化的态度也存在显著差异（$\chi^2 = 30.647$, $P < 0.05$）。认为现代网络"快餐式"文化"良莠不齐，有点用"比例最高的是党员大学生，为 67.9%，最低的是无党派人士大学生，为 33.3%；认为现代网络"快餐式"文化"先进且重要"比例最高的是无党派人士大学生，为 33.3%，最低的是党员大学生，为 9.2%。

国外学习经历。以国外学习经历因素为自变量进行均值分析，数据显示，大学生对现代网络"快餐式"文化的态度以"良莠不齐，有点用"为主，选择比例均超过了52%。然而，不同国外学习经历的大学生对现代网络"快餐式"文化的态度也存在显著差异（$\chi^2 = 32.007$, $P < 0.001$）。有国外学习经历的大学生表示"先进且重要"和"无用"的比例均要高于无国外学习经历的大学生，分别高出 9.1 个百分点和 0.9 个百分点，为 19.1% 和 7.8%，他们对现代网络文化的认识"两端化"明显。认为现代网络"快餐式"文化"无用且无害"选择比例最高的是有国外学习经历的大学生，为 12.8%，认为现代网络"快餐式"文化"良莠不齐，有点用"选择比例最高的是无国外学习经历的大学生，为 63.4%（见图 7-8）。

3. 结论

（1）大学生群体整体上对现代网络"快餐式"文化的态度趋于理性。

（2）大学生对现代网络"快餐式"文化的态度在性别、独生子女状况、入学前户籍、父亲职业类型、母亲职业类型、母亲文化程度、家庭月收入、学生类型、年级、政治面貌、国外学习经历等人口学变量上存在显著差异。

（3）大学生对现代网络"快餐式"文化的态度在专业类别、学生干部经历、儿时父母外出务工、奖学金经历、家庭类型、父亲文化程度等人口学变量上不存在显著差异。

[图表：不同国外学习经历大学生对现代网络"快餐式"文化的态度]

不了解,没看法：14.5 / 7.8
无用且无害：5.2 / 12.8
无用：6.9 / 7.8
良莠不齐,有点用：63.4 / 52.5
先进且重要：10.0 / 19.1

■无国外学习经历　■有国外学习经历

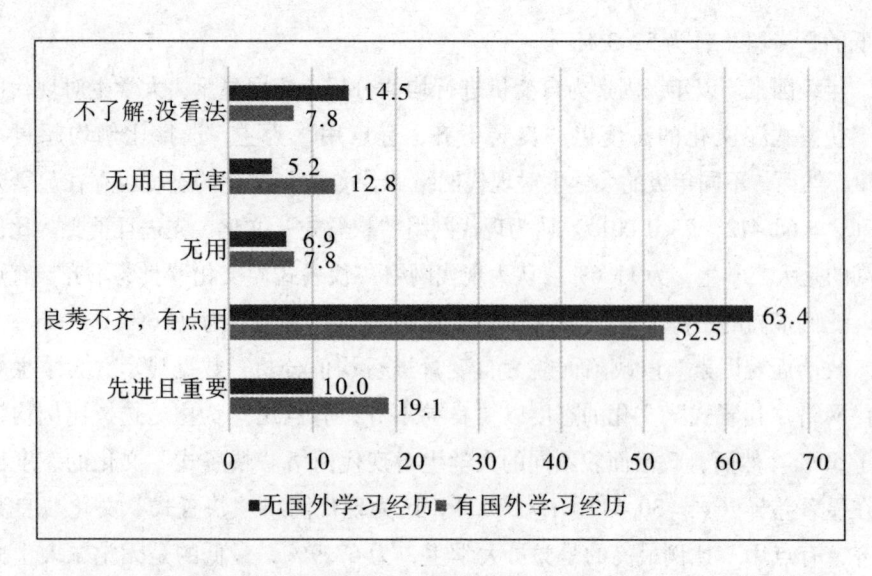

图7-8　不同国外学习经历大学生对现代网络"快餐式"文化的态度（%）

（三）大学生对喜欢玩网络游戏的认同状况及差异源分析

1. 大学生对喜欢玩网络游戏的认同状况

课题组通过对"您很喜欢玩网络游戏"问题入手，考察大学生对喜欢玩网络游戏的认同状况。结果显示，不认同自己喜好玩网络游戏的群体比例超过了对此表示认同的比例。共计45.3%的大学生不认同自己喜欢玩网络游戏。比认同自己喜欢玩网络游戏的大学生群体高出8.7个百分点。（见图7-9）。

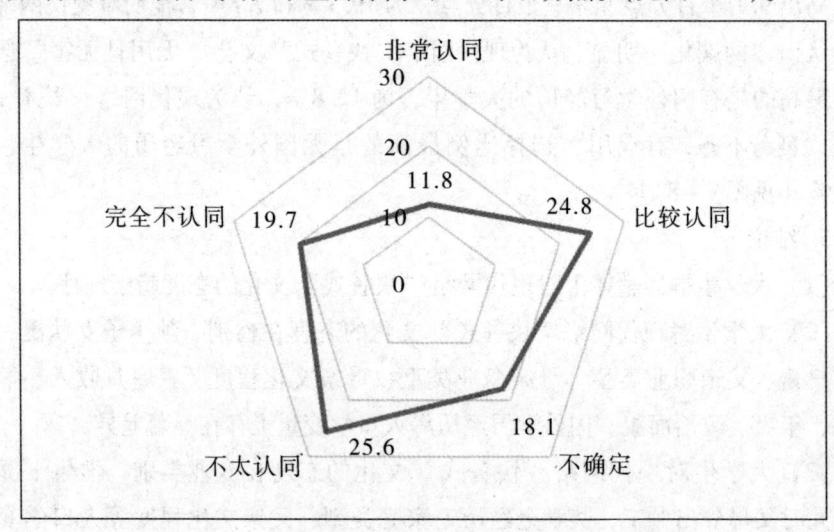

[雷达图：非常认同 11.8；比较认同 24.8；不确定 18.1；不太认同 25.6；完全不认同 19.7]

图7-9　大学生对喜欢玩网络游戏的认同（%）

2. 差异源分析

课题组结合个体自然因素、家庭背景因素、学校教育因素,对大学生喜欢玩网络游戏的认同状况进行了交叉分析,发现具有不同个体自然因素、家庭背景因素和学校教育因素的大学生群体现阶段在喜欢玩网络游戏的认同状况上存在显著差异。

(1) 个体自然因素差异分析

统计分析发现,性别不同的大学生对喜欢玩网络游戏的认同状况存在显著差异,具体情况如下(见表7-6)。

表7-6 不同个体自然因素大学生对喜欢玩网络游戏的认同状况的交叉分析(%)

		您很喜欢玩网络游戏				
		非常认同	比较认同	不确定	不太认同	完全不认同
性别	男	15.9	32.5	18.4	20.4	12.8
	女	7.8	17.5	17.7	30.7	26.4

性别因素。不同性别的大学生对喜欢玩网络游戏的认同状况存在显著差异($\chi^2 = 238.541$,$P < 0.001$)。男大学生表示"非常认同"和"比较认同"的比例均要高于女大学生,分别高出8.1个百分点、15.0个百分点,为15.9%、32.5%。男大学生对自身喜欢玩网络游戏的认同率(48.4%)高于女大学生(25.3%),而女大学生群体则对喜欢玩网络游戏的不认同率(57.1%)高于男大学生群体(33.2%)。可见,相较而言,男大学生更为喜欢玩网络游戏。

(2) 家庭背景因素差异分析

统计分析发现,独生子女状况、入学前户籍、父亲职业类型、母亲职业类型、父亲文化程度、母亲文化程度、家庭月收入不同的大学生对喜欢玩网络游戏的认同状况存在显著差异,具体情况如下(见表7-7)。

表7-7 不同家庭背景因素大学生对喜欢玩网络游戏的认同状况的交叉分析(%)

		您很喜欢玩网络游戏				
		非常认同	比较认同	不确定	不太认同	完全不认同
独生子女状况	是	19.0	28.1	18.8	19.5	14.7
	否	9.5	23.7	17.8	27.7	21.4

(续表)

		您很喜欢玩网络游戏				
		非常认同	比较认同	不确定	不太认同	完全不认同
入学前户籍	农村	9.5	23.8	17.9	27.3	21.6
	乡镇	14.9	27.3	17.8	23.9	16.1
	县城（县级市）	16.9	29.3	20.7	16.6	16.6
	地级市	16.0	24.1	19.8	25.7	14.3
	省会城市	24.2	22.0	9.9	28.6	15.4
父亲职业类型	公务员	19.9	28.4	20.6	19.9	11.3
	教师	20.8	22.4	16.0	22.4	18.4
	军人	19.2	50.0	3.8	23.1	3.8
	农民	8.6	21.5	18.4	28.3	23.2
	工人	11.3	26.9	17.2	27.1	17.5
	个体户	16.1	28.4	17.8	22.2	15.5
	企事业单位	13.1	25.6	19.6	22.0	19.6
	其他	12.2	27.9	18.8	20.9	20.2
母亲职业类型	公务员	16.9	25.4	25.4	19.7	12.7
	教师	16.4	31.0	15.2	24.0	13.5
	军人	15.8	39.5	21.1	13.2	10.5
	农民	8.8	21.7	18.1	28.6	22.8
	工人	13.6	25.2	16.1	26.3	18.9
	个体户	14.4	28.9	19.2	21.3	16.3
	企事业单位	11.6	26.0	21.2	25.3	15.8
	其他	14.8	26.9	17.5	21.5	19.4

(续表)

		您很喜欢玩网络游戏				
		非常认同	比较认同	不确定	不太认同	完全不认同
父亲文化程度	未接受过教育	19.7	26.3	23.7	10.5	19.7
	小学	8.9	24.0	16.2	29.1	21.7
	初中	10.4	24.6	17.6	26.9	20.4
	高中（含中专、中职）	12.0	26.4	20.1	24.7	16.8
	高职高专	21.3	19.5	18.9	17.1	23.2
	大学本科	19.6	28.4	19.1	19.1	13.8
	硕士	22.2	11.1	0.0	22.2	44.4
	博士	28.6	0.0	28.6	28.6	14.3
母亲文化程度	未接受过教育	15.6	22.0	25.8	22.0	14.5
	小学	10.4	24.8	16.3	27.0	21.5
	初中	9.7	25.4	17.3	26.3	21.3
	高中（含中专、中职）	15.9	24.2	20.8	23.8	15.2
	高职高专	13.8	26.3	19.7	24.3	15.8
	大学本科	17.6	24.7	19.4	20.6	17.6
	硕士	0.0	42.9	0.0	14.3	42.9
	博士	66.7	0.0	16.7	16.7	0.0
家庭月收入	2000元以下	11.4	21.8	18.4	24.3	24.0
	2001~4000元	10.1	24.7	16.3	27.6	21.3
	4001~6000元	10.7	25.2	20.9	27.0	16.3
	6001~8000元	12.8	25.0	21.4	25.6	15.2

(续表)

		您很喜欢玩网络游戏				
		非常认同	比较认同	不确定	不太认同	完全不认同
家庭月收入	8001~10000元	14.8	30.6	17.2	20.1	17.2
	10001~15000元	19.4	29.0	10.5	25.0	16.1
	15001元以上	24.5	23.5	17.3	13.3	21.4

独生子女状况因素。独生子女状况不同的大学生对喜欢玩网络游戏的认同状况存在显著差异（$\chi^2 = 84.376$，$P<0.001$）。独生子女大学生表示"非常认同""比较认同"喜欢玩网络游戏的比例要高于非独生子女大学生，分别高出9.5个百分点、4.4个百分点，为19.0%、28.1%。可见，独生子女大学生比非独生子女大学生更喜欢玩网络游戏，这或许与独生子女较多个人相处、现实中家庭内缺少"玩伴"有关。

入学前户籍因素。不同户籍的大学生对喜欢玩网络游戏的认同状况存在显著差异（$\chi^2 = 78.770$，$P<0.001$）。调研数据显示，来自直辖市的大学生最喜欢玩网络游戏，占51.7%，其余占比由高到低排序依次为：来自省会城市、县城（县级市）的大学生（46.2%），乡镇的大学生（42.2%），地级市的大学生（40.1%），农村的大学生（33.3%）。可见，区域发展程度的不同对大学生对待网络游戏的态度有影响，来自大城市的大学生较来自乡镇、农村的大学生更喜欢玩网络游戏。

父亲职业类型因素。不同父亲职业的大学生对喜欢玩网络游戏的认同状况存在显著差异（$\chi^2 = 100.041$，$P<0.001$）。父亲为军人的大学生最喜欢玩网络游戏，占69.2%。其余各项按降序排序，依次为父亲职业为公务员（48.3%）、个体户（44.5%）、教师（43.2%）、其他（40.1%）、企事业单位（38.7%）、工人（38.2%）、农民（30.1%）。

母亲职业类型因素。不同母亲职业的大学生对喜欢玩网络游戏的认同状况存在显著差异（$\chi^2 = 80.267$，$P<0.001$）。母亲为军人的大学生最喜欢玩网络游戏，占55.3%。其余各项按降序排序，依次为母亲职业为教师（47.4%）、个体户（43.3%）、公务员（42.3%）、其他（41.7%）、工人（38.8%）、企事业单

位（37.6%）、农民（30.5%）。

父亲文化程度因素。不同父亲文化程度的大学生对喜欢玩网络游戏的认同状况存在显著差异（$\chi^2=85.138$，$P<0.001$）。父亲文化程度为硕士的大学生最不喜欢玩网络游戏，不认同率最高，为66.6%。其余各项降序排序依次为：小学（50.8%）、初中（47.3%）、博士（42.9%）、高中（含中专、中职）（41.5%）、高职高专（40.3%）、大学本科（32.9%）、未接受过教育（30.2%）。

母亲文化程度因素。不同母亲文化程度的大学生对喜欢玩网络游戏的认同状况存在显著差异（$\chi^2=62.551$，$P<0.001$）。母亲文化程度为博士的大学生最喜欢玩网络游戏，为66.7%，其余各项按降序排序依次为：硕士（42.9%）、大学本科（42.3%）、高职高专（40.1%）、高中（含中专、中职）（40.1%）、未接受过教育（37.6%）、小学（35.2%）、初中（35.1%）。由此可知，母亲文化程度对大学生喜欢玩网络游戏具有一定的影响。

家庭月收入因素。不同家庭月收入的大学生对喜欢玩网络游戏的认同状况存在显著差异（$\chi^2=71.036$，$P<0.001$）。家庭月收入在10001~15000元的大学生最喜欢玩网络游戏，为48.4%，其余各项按降序排序依次为：15001元以上（48.0%）、8001~10000元（45.4%）、6001~8000元（37.8%）、4001~6000元（35.9%）、2001~4000元（34.8%）、2000元以下（33.2%）。可见，家庭月收入对大学生喜欢玩网络游戏具有一定的影响。

（3）学校教育因素差异分析

统计分析发现，学生类型、年级、专业类别、政治面貌、学生干部经历、国外学习经历和奖学金经历不同的大学生对喜欢玩网络游戏的认同状况存在显著差异，具体情况如下（见表7-8）。

表7-8 大学生对玩网络游戏喜好的认同与学校教育因素的交叉分析（%）

		您很喜欢玩网络游戏				
		非常认同	比较认同	不确定	不太认同	完全不认同
学生类型	专科生	11.4	25.3	20.0	26.3	17.0
	本科生	11.9	25.2	17.3	25.3	20.3
	硕士生	11.9	19.1	15.5	25.3	28.2
	博士生	7.4	35.2	9.3	27.8	20.4

(续表)

		您很喜欢玩网络游戏				
		非常认同	比较认同	不确定	不太认同	完全不认同
年级	大一	12.2	26.8	18.2	25.6	17.2
	大二	11.7	24.2	20.2	25.0	18.9
	大三	10.2	24.2	17.0	27.7	20.9
	大四	14.8	24.1	16.8	23.6	20.7
	硕士	11.4	18.9	15.4	25.6	28.7
	博士	7.5	35.8	9.4	28.3	18.9
专业类别	人文科学类	14.4	21.6	18.5	22.5	22.9
	社会科学类	10.3	23.9	16.7	27.0	22.1
	理工类	12.1	26.4	19.3	25.2	16.9
	农医类	8.4	29.4	15.5	31.0	15.5
	军事类	16.7	16.7	0.0	16.7	50.0
政治面貌	中共党员（含预备党员）	8.6	17.7	14.3	28.3	31.1
	共青团员	12.0	25.9	18.8	25.3	18.0
	民主党派成员	18.2	18.2	18.2	9.1	36.4
	无党派人士	16.7	33.3	16.7	16.7	16.7
	群众	16.7	30.7	19.5	23.5	9.6
学生干部经历	有	10.9	23.3	17.8	27.3	20.7
	无	15.5	30.5	19.2	18.8	16.0
国外学习经历	有	28.1	23.0	10.1	20.1	18.7
	无	11.1	24.8	18.4	25.9	19.8
奖学金经历	有	10.2	20.4	17.5	27.6	24.5
	无	13.1	28.2	18.5	24.2	16.1

学生类型因素。不同类型大学生对喜欢玩网络游戏的认同状况存在显著差

异（$\chi^2=28.890$，$P<0.01$）。在所有大学生中，喜欢玩网络游戏占比最高的是博士生（42.6%），最低的是硕士生（31.0%）。专科生和本科生在该考察项上的占比分别为36.7%、37.1%。

年级因素。不同年级大学生对喜欢玩网络游戏的认同状况存在显著差异（$\chi^2=37.008$，$P<0.05$）。调研数据显示，博士生最喜欢玩网络游戏，选择比例为43.4%，其余各项按降序排序依次为：大一（39.1%）、大四（38.9%）、大二（35.9%）、大三（34.4%）、硕士（30.3%）。

专业类别因素。不同专业的大学生对喜欢玩网络游戏的认同状况存在显著差异（$\chi^2=46.066$，$P<0.001$）。理工类大学生喜欢玩网络游戏的比例最高，为38.5%，其余占比由高到低排序依次为：农医类（37.8%）、人文科学类（36.0%）、社会科学类（34.2%）、军事类（33.4%）。可见，专业类别对大学生喜欢玩网络游戏有一定的影响。

政治面貌因素。不同政治面貌大学生对喜欢玩网络游戏的认同状况存在显著差异（$\chi^2=94.033$，$P<0.001$）。不同政治面貌大学生群体喜欢玩网络游戏的态度占比由高到低排序，依次为：无党派人士为50.0%，群众为47.4%，共青团员为37.9%，民主党派成员为36.4%，党员为26.3%。数据显示，非党员大学生更加喜欢玩网络游戏。

学生干部经历因素。不同学生干部经历的大学生对喜欢玩网络游戏的认同状况存在显著差异（$\chi^2=41.982$，$P<0.001$）。无学生干部经历的大学生更加喜欢玩网络游戏，占比为46.0%，而有学生干部经历的大学生喜欢玩网络游戏的占比为34.2%（见图7-10）。由此可见，学生干部的身份可能会让其因为责任与担当，在个人对网络游戏的态度上相对会有节制。

国外学习经历因素。不同国外学习经历的大学生对喜欢玩网络游戏的认同状况存在显著差异（$\chi^2=39.370$，$P<0.001$）。数据显示，有国外学习经历的大学生更喜欢玩网络游戏，占比为51.1%，较没有国外学习经历的大学生喜欢玩网络游戏的比例高出15.2个百分点。

奖学金经历因素。不同奖学金经历的大学生对喜欢玩网络游戏的认同状况存在显著差异（$\chi^2=60.516$，$P<0.001$）。数据显示，获得过奖学金的大学生在此考察项上的占比为30.6%，没有得过奖学金的大学生的占比为41.3%。从整体上看，没有获得过奖学金的大学生较获得过奖学金的大学生而言更加喜欢玩游戏。一般而言，获奖学金的大学生在学业上投入的时间和精力要高于没有获得过的同学，因此他们在对待游戏上会相对谨慎而理性。

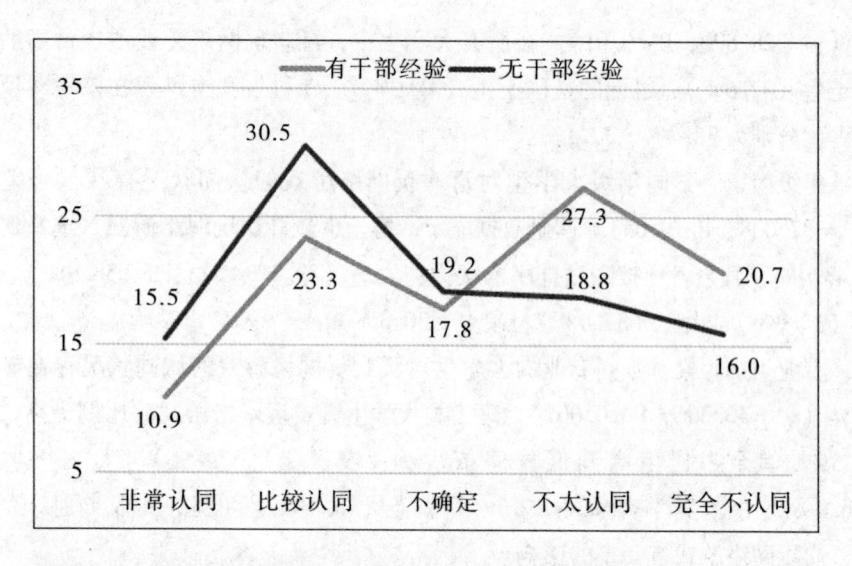

图 7-10 不同学生干部经历的大学生对喜欢玩网络游戏的认同状况（%）

3. 结论

（1）近半数（45.3%）大学生不认同自己喜欢玩网络游戏。

（2）大学生对喜欢玩网络游戏的认同状况在性别、独生子女状况、入学前户籍、父亲职业类型、母亲职业类型、父亲文化程度、母亲文化程度、家庭月收入、学生类型、年级、专业类别、政治面貌、学生干部经历、国外学习经历、奖学金经历等人口学变量上存在显著差异。

（3）大学生对喜欢玩网络游戏的认同状况在儿时父母外出务工、家庭类型等人口学变量上不存在显著差异。

（四）大学生玩网络游戏的目的状况及差异源分析

1. 大学生玩网络游戏的目的状况

课题组从"您认为大学生玩网络游戏的目的"考察大学生玩网络游戏的目的情况。结果显示，36.8%的大学生玩网络游戏的目的是纯娱乐，35.7%的大学生玩网络游戏的目的是打发时间，10.2%的大学生玩网络游戏的目的是漫无目的，10.0%的大学生玩网络游戏的目的是游戏上瘾，7.2%的大学生玩网络游戏的目的是逃避现实。可见，少部分大学生玩网络游戏是因为游戏上瘾，其余主要是因为娱乐、打发时间（见图7-11）。这表明大学生较为看重网络的娱乐消遣功能，存在利用这一工具追求精神愉悦的普遍现象。

```
40 ┤  36.8
           35.7
30 ┤
20 ┤
                       10.2   10.0
10 ┤
              7.2
 0 ┤
   纯娱乐  打发时间 逃避现实 漫无目的 游戏上瘾
```

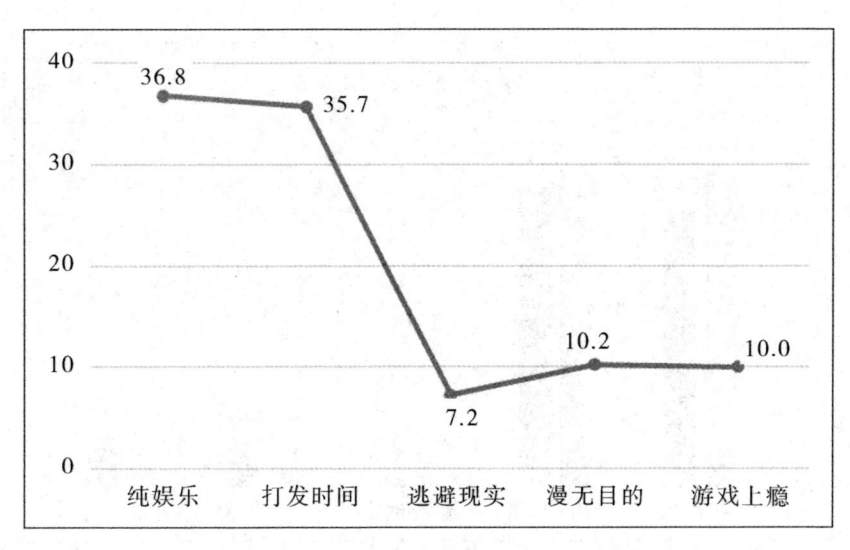

图 7-11　大学生玩网络游戏的目的（%）

2. 差异源分析

为进一步调查研究不同群体大学生玩网络游戏的目的情况，课题组结合个体自然因素、家庭背景因素、学校教育因素，对大学生玩网络游戏的目的进行了交叉分析，发现具有不同个体自然因素、家庭背景因素和学校教育因素的大学生群体玩网络游戏的目的存在显著差异。

（1）个体自然因素差异分析

统计分析发现，不同性别大学生玩网络游戏的目的存在显著差异（χ^2 = 11.594，$P<0.05$）。男大学生玩网络游戏的目的为"纯娱乐""逃避现实"均高于女大学生，分别高出 4.2 个百分点、1.5 个百分点，为 39.0%、8.0%。女大学生玩网络游戏的目的为"打发时间""漫无目的""游戏上瘾"，均高于男大学生，分别高出 3.2 个百分点、1.0 个百分点、1.5 个百分点，为 37.3%、10.7%、10.7%（见图 7-12）。因此，在引导大学生理性对待网络游戏时，可根据男女生的不同特点采用针对性、差异化教育策略。

（2）家庭背景因素差异分析

统计分析发现，儿时父母外出务工、家庭类型、父亲职业类型、母亲职业类型、父亲文化程度和母亲文化程度状况不同的大学生玩网络游戏的目的存在显著差异，具体情况如下（见表 7-9）。

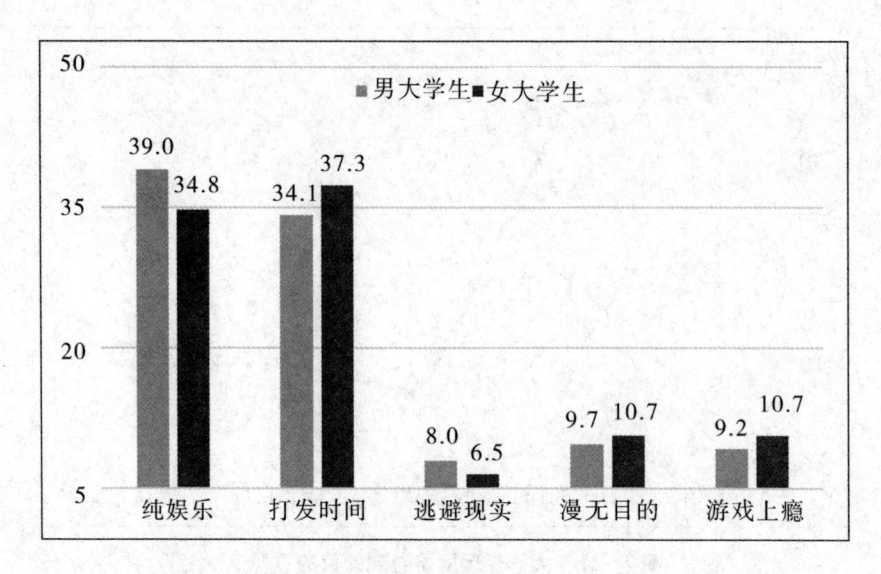

图 7-12 男女大学生玩网络游戏目的的分布情况（%）

表 7-9 大学生玩网络游戏目的与家庭背景因素的交叉分析（%）

<table>
<tr><th colspan="2"></th><th colspan="5">玩网络游戏的目的</th></tr>
<tr><th colspan="2"></th><th>纯娱乐</th><th>打发时间</th><th>逃避现实</th><th>漫无目的</th><th>游戏上瘾</th></tr>
<tr><td rowspan="2">儿时父母外出务工</td><td>是</td><td>35.1</td><td>35.3</td><td>6.9</td><td>12.2</td><td>10.6</td></tr>
<tr><td>否</td><td>38.0</td><td>36.0</td><td>7.5</td><td>8.9</td><td>9.6</td></tr>
<tr><td rowspan="5">家庭类型</td><td>双亲</td><td>37.2</td><td>35.8</td><td>6.8</td><td>10.1</td><td>10.1</td></tr>
<tr><td>单亲</td><td>37.6</td><td>33.8</td><td>10.5</td><td>9.0</td><td>9.0</td></tr>
<tr><td>祖辈抚养</td><td>22.4</td><td>30.6</td><td>14.3</td><td>24.5</td><td>8.2</td></tr>
<tr><td>重组家庭</td><td>30.7</td><td>44.0</td><td>5.3</td><td>10.7</td><td>9.3</td></tr>
<tr><td>孤儿</td><td>23.8</td><td>28.6</td><td>9.5</td><td>23.8</td><td>14.3</td></tr>
<tr><td rowspan="8">父亲职业类型</td><td>公务员</td><td>34.7</td><td>32.6</td><td>12.5</td><td>11.1</td><td>9.0</td></tr>
<tr><td>教师</td><td>32.6</td><td>31.8</td><td>10.9</td><td>12.4</td><td>12.4</td></tr>
<tr><td>军人</td><td>26.9</td><td>42.3</td><td>19.2</td><td>11.5</td><td>0.0</td></tr>
<tr><td>农民</td><td>34.9</td><td>36.5</td><td>6.5</td><td>10.5</td><td>11.6</td></tr>
<tr><td>工人</td><td>38.2</td><td>36.8</td><td>6.1</td><td>10.7</td><td>8.1</td></tr>
<tr><td>个体户</td><td>40.5</td><td>36.0</td><td>6.3</td><td>8.9</td><td>8.3</td></tr>
<tr><td>企事业单位</td><td>45.0</td><td>32.5</td><td>7.1</td><td>8.9</td><td>6.5</td></tr>
<tr><td>其他</td><td>37.4</td><td>33.9</td><td>9.7</td><td>9.0</td><td>10.0</td></tr>
</table>

(续表)

		玩网络游戏的目的				
		纯娱乐	打发时间	逃避现实	漫无目的	游戏上瘾
母亲职业类型	公务员	28.8	37.0	12.3	17.8	4.1
	教师	42.5	27.6	9.8	10.3	9.8
	军人	17.9	46.2	15.4	15.4	5.1
	农民	34.3	36.3	6.4	11.4	11.5
	工人	38.9	35.3	7.8	9.7	8.4
	个体户	39.4	36.5	6.5	9.0	8.6
	企事业单位	43.4	35.2	6.2	9.0	6.2
	其他	39.7	35.7	7.7	6.3	10.6
父亲文化程度	未接受过教育	34.2	32.9	6.6	18.4	7.9
	小学	33.1	38.3	6.3	11.2	11.1
	初中	36.1	35.9	7.0	10.5	10.6
	高中（含中专、中职）	40.1	35.3	7.1	8.1	9.4
	高职高专	48.2	27.1	8.4	9.0	7.2
	大学本科	38.6	33.8	11.0	9.2	7.5
	硕士	22.2	33.3	22.2	22.2	0.0
	博士	42.9	14.3	14.3	14.3	14.3
母亲文化程度	未接受过教育	38.5	31.0	5.3	16.6	8.6
	小学	34.4	35.2	6.7	11.8	11.9
	初中	36.4	38.2	6.5	8.8	10.2
	高中（含中专、中职）	39.5	36.7	9.1	7.6	7.0
	高职高专	41.6	32.5	9.1	11.0	5.8
	大学本科	43.1	30.5	8.6	9.8	8.0
	硕士	14.3	28.6	42.9	0.0	14.3
	博士	50.0	16.7	16.7	0.0	16.7

儿时父母外出务工因素。儿时父母外出务工状况不同的大学生在玩网络游戏的目的方面存在显著差异（$\chi^2=11.821$，$P<0.05$）。儿时父母外出务工一定程度上会影响孩子对家庭的依赖和归属感，数据显示，儿时父母外出务工的大学生玩网络游戏的目的为"漫无目的"和"游戏上瘾"的比例均要高于父母未外出务工的大学生，分别高出3.3个百分点和1.0个百分点，为12.2%和10.6%。父母未外出务工大学生玩网络游戏的目的为"纯娱乐""打发时间"和"逃避现实"的比例均要高于儿时父母外出务工大学生，分别高出2.9个百分点、0.7个百分点和0.6个百分点，为38.0%、36.0%和7.5%（见图7-13）。

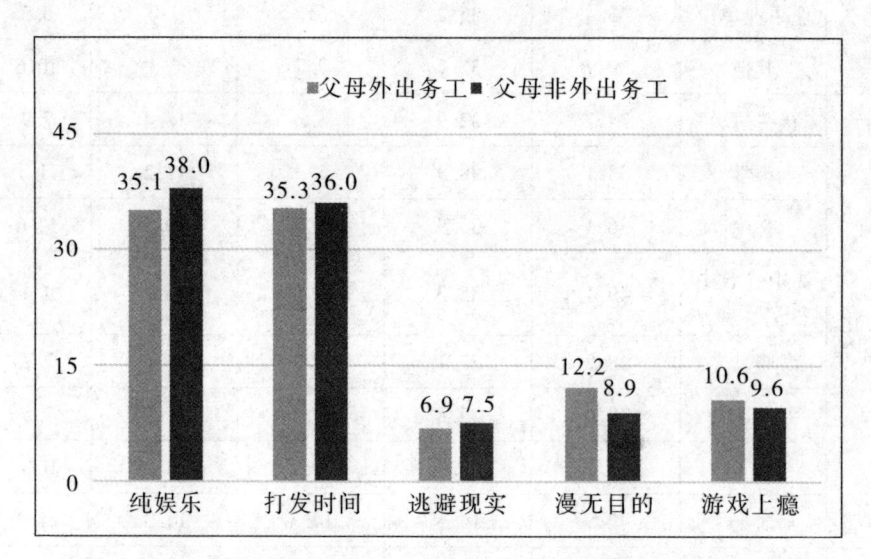

图7-13 儿时父母外出务工状况不同的大学生玩网络游戏的目的（%）

家庭类型因素。不同家庭类型的大学生在玩网络游戏的目的方面存在显著差异（$\chi^2=30.596$，$P<0.05$）。数据显示，大学生玩网络游戏的目的为"纯娱乐"比例最高的是来自单亲家庭的大学生（37.6%）；目的为"打发时间"比例最高的是来自重组家庭的大学生（44.0%）；目的为"逃避现实"比例最高的是来自祖辈抚养家庭的大学生（14.3%）；目的为"漫无目的"比例最高的是来自祖辈家庭的大学生（24.5%）；目的为"游戏上瘾"比例最高的是来自孤儿家庭的大学生（14.3%），比例最低的是来自祖辈抚养家庭的大学生（8.2%）。

父亲职业类型因素。父亲职业不同的大学生在玩网络游戏的目的方面存在显著差异（χ^2 = 44.869，$P < 0.05$）。数据显示，大学生玩网络游戏的目的为"纯娱乐"比例最高的是父亲职业为企事业单位的大学生（45.0%）；目的为"打发时间"比例最高的是父亲职业为军人的大学生（42.3%）；目的为"逃避现实"比例最高的是父亲职业为军人的大学生（19.2%）；目的为"漫无目的"比例最高的是父亲职业为教师的大学生（12.4%）；目的为"游戏上瘾"比例最高的是父亲职业为教师的大学生（12.4%）。

母亲职业类型因素。母亲职业不同的大学生在玩网络游戏的目的方面存在显著差异（χ^2 = 53.892，$P < 0.05$）。数据显示，大学生玩网络游戏的目的为"纯娱乐"比例最高的是母亲职业为企事业单位的大学生（43.4%）；目的为"打发时间"比例最高的是母亲职业为军人的大学生（46.2%）；目的为"逃避现实"比例最高的是母亲职业为军人的大学生（15.4%）；目的为"漫无目的"比例最高的是母亲职业为公务员的大学生（17.8%）；目的为"游戏上瘾"比例最高的是母亲职业为农民的大学生（11.5%），比例最低的是母亲职业为公务员的大学生（4.1%）。

父亲文化程度因素。父亲文化程度不同的大学生在玩网络游戏的目的方面存在显著差异（χ^2 = 44.414，$P < 0.05$）。数据显示，父亲文化程度为"未接受过教育的""初中""高中（含中专、中职）""高职高专""大学本科"和"博士"的大学生群体玩网络游戏的目的主要是"纯娱乐"；父亲文化程度为"小学"和"硕士"的大学生群体则主要为了"打发时间"玩网络游戏，选择比例分别为38.3%和33.3%。

母亲文化程度因素。母亲文化程度不同的大学生在玩网络游戏的目的方面存在显著差异（χ^2 = 55.993，$P < 0.001$）。数据显示，母亲文化程度为"未接受过教育的""高中（含中专、中职）""高职高专""大学本科"和"博士"的大学生群体玩网络游戏的目的主要是"纯娱乐"；母亲文化程度为"小学""初中"的大学生群体则主要为了"打发时间"玩网络游戏，选择比例分别为35.2%和38.2%；玩网络游戏"逃避现实"的大学生主要以母亲文化程度为"硕士"的群体为主，占比达到42.9%。

（3）学校教育因素差异分析

统计分析发现，学生类型、专业类别、国外学习经历不同的大学生在玩网络游戏的目的上存在显著差异，具体情况如下（见表7-10）。

表7-10 大学生玩网络游戏目的与学校教育因素的交叉分析（%）

		玩网络游戏的目的				
		纯娱乐	打发时间	逃避现实	漫无目的	游戏上瘾
学生类型	专科生	34.4	39.8	4.9	10.5	10.4
	本科生	37.9	33.6	8.4	10.0	10.2
	硕士生	39.8	31.9	9.7	10.8	7.9
	博士生	37.5	35.7	10.7	10.7	5.4
专业类别	人文科学类	34.6	35.9	8.8	11.3	9.3
	社会科学类	34.9	37.9	5.5	10.6	11.1
	理工类	37.5	34.6	7.6	10.0	10.3
	农医类	45.1	32.6	7.8	7.5	6.9
	军事类	33.3	33.3	0.0	33.3	0.0
国外学习经历	有	31.5	30.1	13.3	14.7	10.5
	无	37.0	36.0	7.0	10.1	10.0

学生类型因素。不同学生类型的大学生在玩网络游戏的目的方面存在显著差异（$\chi^2 = 31.380$，$P<0.01$）。数据显示，大学生玩网络游戏的目的为"纯娱乐"比例最高的是硕士生（39.8%），比例最低的是专科生（34.4%）；目的为"打发时间"比例最高的是专科生（39.8%）；目的是"逃避现实"比例最高的是博士生（10.7%）；目的是"漫无目的"比例最高的是硕士生（10.8%）；目的是"游戏上瘾"比例最高的是专科生（10.4%）；这表明不同学习阶段学业和科研任务的要求不同，从专科到博士对玩网络游戏的目的也出现差异化。

专业类别因素。不同专业类别的大学生在玩网络游戏的目的方面存在显著差异（$\chi^2 = 30.407$，$P<0.05$）。数据显示，大学生玩网络游戏的目的为"纯娱乐"比例最高的是农医类（45.1%）；目的为"打发时间"比例最高的是社会科学类（37.9%）；目的为"逃避现实"比例最高的是人文科学类（8.8%）；"漫无目的"比例最高的是军事类（33.3%）；"游戏上瘾"比例最高的是社会科学类（11.1%）。

国外学习经历因素。不同国外学习经历的大学生在玩网络游戏的目的方面存在显著差异（$\chi^2 = 12.879$，$P < 0.05$）。数据显示，有国外学习经历的大学生玩网络游戏的目的为"逃避现实""漫无目的""游戏上瘾"高于没有国外学习经历的大学生，分别高出6.3个百分点、4.6个百分点、0.5个百分点，为13.3%、14.7%、10.5%。没有国外学习经历的大学生玩网络游戏的目的为"纯娱乐""打发时间"高于有国外学习经历的大学生，分别高出5.5个百分点、5.9个百分点，为37.0%、36.0%（见图7-14）。

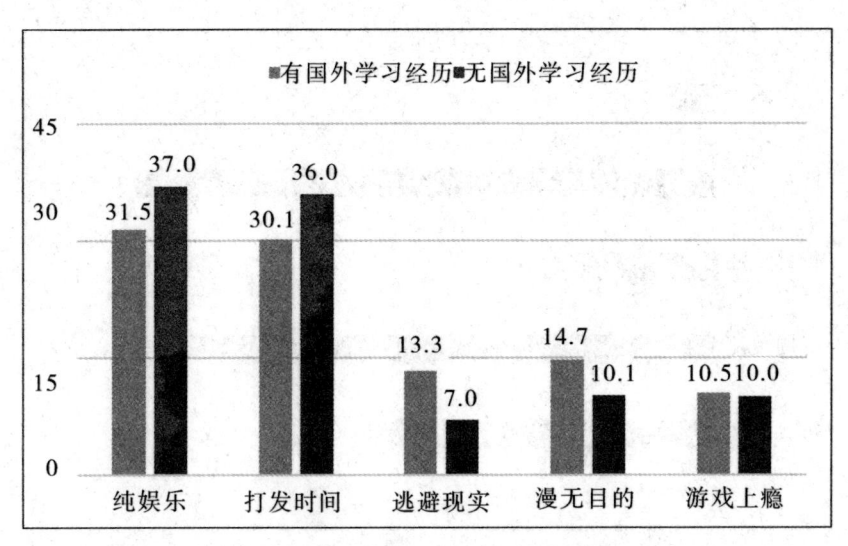

图7-14 不同国外学习经历大学生玩网络游戏的目的（%）

3. 结论

（1）大学生玩网络游戏的主要目的为娱乐、打发时间。

（2）大学生在玩网络游戏的目的方面在性别、儿时父母外出务工、家庭类型、父亲职业类型、母亲职业类型、父亲文化程度、母亲文化程度、学生类型、专业类别、国外学习经历等人口学变量上存在显著差异。

（3）大学生在玩网络游戏的目的方面在独生子女状况、年级、学生干部经历、政治面貌、奖学金经历、入学前户籍、家庭月收入等人口学变量上不存在显著差异。

（五）大学生对校园新媒体平台的关注频率状况及差异源分析

1. 大学生对校园新媒体平台的关注频率状况

课题组从"您对校园新媒体平台的关注频率"这一问题入手，考察大学生对校园新媒体平台的关注情况。结果显示，大学生群体整体上对校园新媒体平台的关注频率较高。32.3%的大学生对校园新媒体的关注频率是"每周关注"，

19.6%的是"每日关注",10.5%的是"每月关注"。值得注意的是,超过1/3的大学生对校园新媒体的关注频率是"偶尔关注",还有3.0%的大学生对新媒体"从不关注"(见图7-15)。信息时代网络新媒体飞速发展,要提高大学生对校园新媒体的关注频率,就需要结合大学生的特点,以学生喜闻乐见的方式利用传播教育内容,充分发挥校园新媒体的育人功能,这也是摆在当前大学生思想政治教育工作中的重要课题。

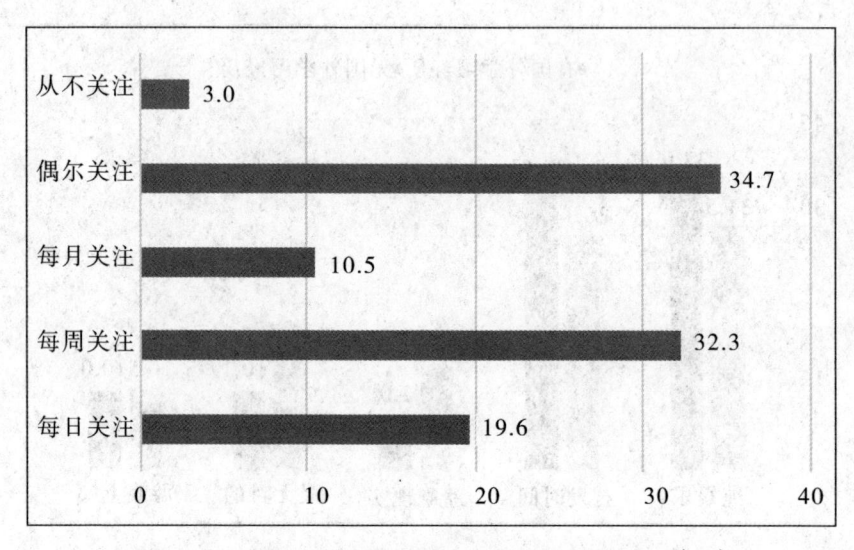

图7-15 大学生对校园新媒体平台的关注频率状况(%)

除学校微博、微信公众号外,学校校园网和学校易班也是校园新媒体平台的重要组成部分。课题组从"您对校园网的关注频率"考察大学生对校园网的关注频率情况。结果显示,96.1%的大学生都关注学校校园网,只有3.9%的大学生对校园网从不关注。其中,36.2%的大学生"偶尔关注",32.6%的大学生"每周关注",15.5%的大学生"每日关注",11.9%的大学生"每月关注"。整体来说,虽然大学生对校园网的关注度较高,但关注频率仍有待提高(见图7-16)。

在学校易班的关注频率方面,与大学生对学校校园网的关注情况类似。课题组从"您对学校易班的关注频率"考察大学生对学校易班的关注频率情况。结果显示,43.2%的大学生对学校易班的关注频率是"偶尔关注",23.6%的大学生是"每周关注",11.7%的大学生是"每月关注",11.1%的大学生是"每日关注"。1/10的大学生是"从不关注"。可见,大学生对学校易班的关注频率也有待提高(见图7-17)。

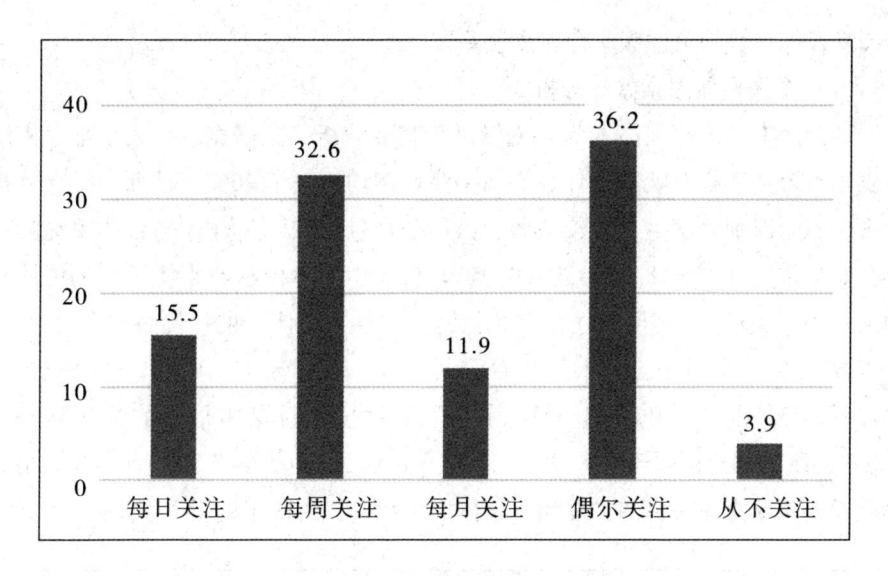

图 7-16　大学生对学校校园网的关注频率（%）

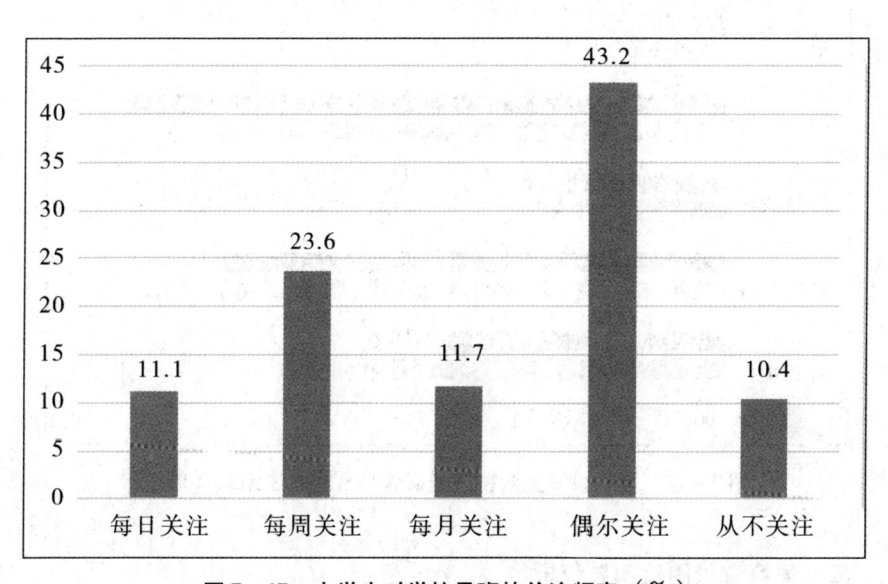

图 7-17　大学生对学校易班的关注频率（%）

2. 差异源分析

为进一步调查研究不同群体大学生对学校微博、微信公众号等校园新媒体平台关注频率的情况，课题组结合个体自然因素、家庭背景因素、学校教育因素，对大学生对新媒体关注频率情况进行了交叉分析，发现具有不同个体自然因素、家庭背景因素和学校教育因素的大学生群体对学校微博、微信公众号等校园新媒体平台的关注频率存在显著差异。

(1) 个体自然因素差异分析

性别因素。以性别因素为自变量进行交叉分析，数据显示，大学生对校园新媒体平台关注频率状况整体较好，关注比例均超过了96%。然而，统计分析发现，不同性别大学生对学校微博、微信公众号等校园新媒体平台的关注频率存在显著差异（$\chi^2 = 18.953$，$P < 0.05$）。男大学生对校园新媒体平台的关注频率为"每日关注""每周关注""每月关注""从不关注"的比例高于女大学生，分别高出2.1个百分点、1.7个百分点、1.1个百分点、1.3个百分点，为20.7%、33.1%、11.0%、3.6%。女大学生对校园新媒体平台的关注频率为"偶尔关注"的比例高于男大学生，高出6.3个百分点，为37.8%。可见，男大学生对校园新媒体平台的关注频率整体上比女大学生高（见图7-18）。

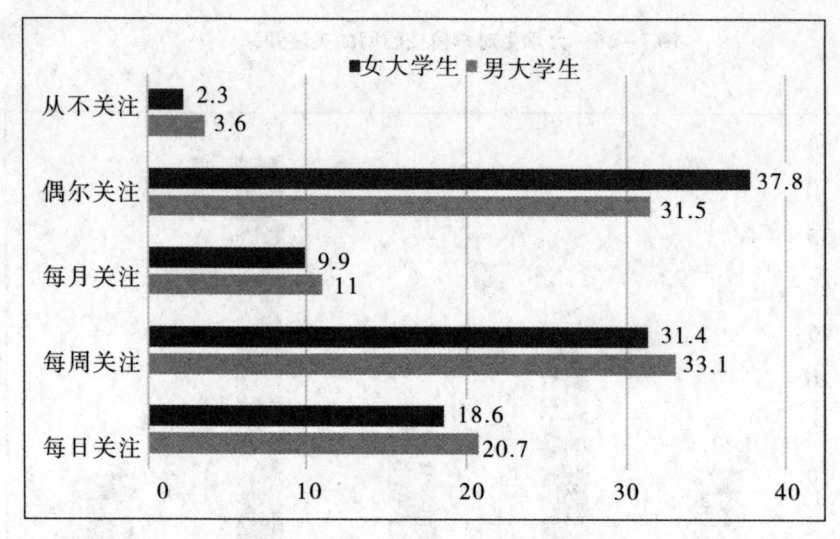

图7-18 男女大学生对校园新媒体平台的关注频率（%）

(2) 家庭背景因素差异分析

统计分析发现，独生子女状况、入学前户籍、父亲职业类型、母亲职业类型、父亲文化程度状况不同的大学生对学校微博、微信公众号等校园新媒体平台的关注频率存在显著差异，具体情况如下（见表7-11）。

表7-11 不同家庭背景因素大学生对校园新媒体平台的关注频率的交叉分析（%）

		对校园新媒体平台的关注频率				
		每日关注	每周关注	每月关注	偶尔关注	从不关注
独生子女状况	是	21.2	32.8	11.5	30.8	3.7
	否	19.2	32.0	10.1	36.0	2.7
入学前户籍	农村	18.3	32.6	10.1	36.2	2.8
	乡镇	21.0	33.0	12.0	31.3	2.7
	县城（县级市）	22.7	29.0	13.9	31.5	2.8
	地级市	24.6	30.0	8.3	35.0	2.1
	省会城市	24.4	36.7	7.8	26.7	4.4
	直辖市	13.8	27.6	10.3	34.5	13.8
独生子女状况	是	21.2	32.8	11.5	30.8	3.7
	否	19.2	32.0	10.1	36.0	2.7
父亲职业类型	公务员	18.1	33.3	11.1	34.0	3.5
	教师	24.8	31.8	18.6	23.3	1.6
	军人	15.4	46.2	15.4	23.1	0.0
	农民	19.0	34.2	9.8	34.2	2.9
	工人	17.0	32.1	10.7	37.9	2.4
	个体户	21.6	29.6	11.2	35.1	2.5
	企事业单位	22.0	31.0	6.5	36.9	3.6
	其他	23.3	25.0	9.7	36.1	5.9
母亲职业类型	公务员	20.5	32.9	13.7	28.8	4.1
	教师	24.4	36.0	14.5	20.3	4.7
	军人	5.1	30.8	17.9	41.0	5.1
	农民	18.5	33.8	10.1	35.0	2.6
	工人	17.9	31.3	10.3	37.8	2.7
	个体户	20.7	28.9	11.7	36.2	2.5
	企事业单位	22.8	31.7	9.0	34.5	2.1
	其他	23.0	28.8	8.5	35.7	4.0

(续表)

		对校园新媒体平台的关注频率				
		每日关注	每周关注	每月关注	偶尔关注	从不关注
父亲文化程度	未接受过教育	23.7	35.5	10.5	25.0	5.3
	小学	16.5	31.7	11.6	37.6	2.6
	初中	19.3	32.4	10.1	35.7	2.6
	高中（含中专、中职）	21.0	32.2	9.8	34.1	2.9
	高职高专	24.7	31.3	8.4	31.9	3.6
	大学本科	26.1	33.6	9.3	25.7	5.3
	硕士	33.3	0.0	33.3	33.3	0.0
	博士	14.3	14.3	28.6	28.6	14.3

独生子女状况因素。以独生子女状况因素为自变量进行交叉分析，数据显示，大学生对校园新媒体平台的关注频率状况整体较好，关注的比例均超过96%。然而，不同独生子女状况大学生对校园新媒体平台的关注频率状况也存在显著差异（$\chi^2=9.581$，$P<0.05$）。独生子女大学生对校园新媒体平台的关注频率为"每日关注""每周关注""每月关注"和"从不关注"的比例均要高于非独生子女，分别高出2.0个百分点、0.8个百分点、1.4个百分点和1.0个百分点，为21.2%、32.8%、11.5%和3.7%。非独生子女大学生对校园新媒体平台的关注频率"偶尔关注"的比例要高于独生子女，高出5.2个百分点，为36.0%。

入学前户籍因素。以入学前户籍因素为自变量进行交叉分析，数据显示，大学生对校园新媒体平台的关注频率状况整体较好，关注的比例均超过86%。然而，不同户籍的大学生对校园新媒体平台的关注频率也存在差显著异（$\chi^2=36.164$，$P<0.05$）。数据显示，大学生对校园新媒体平台的关注频率为"每日关注"比例最高的是来自地级市的大学生（24.6%）；"每周关注"比例最高的是来自省会城市的大学生（36.7%）；"每月关注"比例最高的是来自县城（县级市）的大学生（13.9%）；"偶尔关注"比例最高的是来自农村的大学生（36.2%）；"从不关注"比例最高的是来自直辖市的大学生（13.8%），比例最低的是来自地级市的大学生（2.1%）。

父亲职业类型因素。以父亲职业类型因素为自变量进行交叉分析,数据显示,大学生对校园新媒体平台的关注频率状况整体较好,关注的比例均超过94%。然而,父亲职业不同的大学生对校园新媒体平台的关注频率也存在显著差异（$\chi^2=49.541$,$P<0.05$）。数据显示,父亲职业为教师的大学生群体"每日关注""每月关注"校园新媒体平台的频率比例最高,分别为24.8%和18.6%;"每周关注"比例最高的群体是父亲为军人的大学生（46.2%）;"偶尔关注"比例最高的是父亲职业为工人的大学生（37.9%）,比例最低的是父亲职业为军人的大学生（23.1%）;"从不关注"比例最高的是父亲职业为其他的大学生（5.9%）。

母亲职业类型因素。以母亲职业类型因素为自变量进行交叉分析,数据显示,大学生对校园新媒体平台的关注频率状况整体较好,关注的比例均超过94%。然而,母亲职业不同的大学生对校园新媒体平台的关注频率状况也存在显著差异（$\chi^2=43.288$,$P<0.05$）。数据显示,大学生"每日关注"校园新媒体平台比例最高的是母亲职业为教师的大学生（24.4%）;"每周关注"比例最高的是母亲职业为教师的大学生（36.0%）;"每月关注"比例最高的是母亲职业为军人的大学生（17.9%）;"偶尔关注"比例最高的是母亲职业为军人的大学生（41.0%）;"从不关注"比例最高的是母亲职业为军人的大学生（5.1%）,比例最低的是母亲职业为企事业单位的大学生（2.1%）。

父亲文化程度因素。以父亲文化程度因素为自变量进行交叉分析,数据显示,大学生对校园新媒体平台的关注频率状况整体较好,关注的比例均超过94%。然而,父亲文化程度不同的大学生对校园新媒体平台的关注频率也存在显著差异（$\chi^2=47.667$,$P<0.05$）。数据显示,大学生对校园新媒体平台的关注频率为"每日关注"和"每月关注"比例最高的群体是父亲文化程度为硕士的大学生,选择比例均为33.3%;父亲文化程度为未接受过教育的大学生群体为"每周关注"新媒体比例最高的人群,比例为35.5%;"每月关注"比例最高的是父亲文化程度为硕士的大学生（33.3%）;"偶尔关注"比例最高的是父亲文化程度为小学的大学生（37.6%）;"从不关注"比例最高的是父亲文化程度为博士的大学生（14.3%）。

(3) 学校教育因素差异分析

统计分析发现,学生类型、年级、专业类别、政治面貌、学生干部经历、国外学习经历、奖学金经历状况不同的大学生对校园新媒体平台的关注频率状况存在显著差异,具体情况如下（见表7-12）。

表7-12 不同家庭教育因素大学生对校园新媒体平台的关注频率的交叉分析（%）

		对校园新媒体平台的关注频率					
		每日关注	每周关注	每月关注	偶尔关注	从不关注
学生类型	专科生	20.5	31.5	9.6	35.7	2.5
	本科生	18.1	33.8	10.7	34.2	3.3
	硕士生	24.3	27.1	10.6	33.7	4.3
	博士生	29.1	23.6	27.3	20.0	0.0
年级	大一	17.6	33.6	9.6	36.6	2.6
	大二	19.1	31.9	10.2	35.3	3.5
	大三	22.5	32.3	10.8	32.0	2.4
	大四	16.9	33.9	10.7	35.6	2.8
	硕士	24.3	27.1	10.6	33.7	4.3
	博士	29.1	23.6	27.3	20.0	0.0
专业类别	人文科学类	21.4	33.3	9.3	32.8	3.1
	社会科学类	18.4	32.2	9.0	38.2	2.2
	理工类	18.5	32.7	11.4	33.7	3.6
	农医类	22.6	27.7	14.5	32.7	2.5
	军事类	50.0	16.7	0.0	33.3	0.0
政治面貌	中共党员（含预备党员）	25.9	34.8	9.7	28.3	1.3
	共青团员	18.5	32.4	10.4	35.6	3.1
	民主党派成员	9.1	36.4	27.3	27.3	0.0
	无党派人士	16.7	0.0	0.0	66.7	16.7
	群众	16.7	25.0	12.3	41.3	4.8
学生干部经历	有	20.9	33.3	10.1	33.4	2.3
	无	14.8	27.5	12.1	40.0	5.7

(续表)

		对校园新媒体平台的关注频率				
		每日关注	每周关注	每月关注	偶尔关注	从不关注
国外学习经历	有	22.4	33.6	15.4	23.8	4.9
	无	19.5	32.1	10.3	35.2	2.9
奖学金经历	有	21.3	33.7	11.2	31.8	1.9
	无	18.3	31.1	9.8	37.0	3.8

学生类型因素。以学生类型因素为自变量进行交叉分析，数据显示，大学生对校园新媒体平台的关注频率状况整体较好，关注的比例均超过96%。然而，不同学生类型的大学生对校园新媒体平台的关注频率也存在显著差异（$\chi^2 = 35.076$，$P<0.001$）。数据显示，大学生"每日关注"校园新媒体平台比例最高的是博士生（29.1%），比例最低的是本科生（18.1%）；"每周关注"比例最高的是本科生（33.8%）；"每月关注"比例最高的是博士生（27.3%）；"偶尔关注"比例最高的是专科生（35.7%）；硕士生为"从不关注"校园新媒体平台的群体中选择比例最高的人群（4.3%）。

年级因素。以年级因素为自变量进行交叉分析，数据显示，大学生对校园新媒体平台的关注频率状况整体较好，关注的比例均超过95%。然而，不同年级的大学生对校园新媒体平台的关注频率也存在差异（$\chi^2 = 43.777$，$P<0.01$）。数据显示，大学生"每日关注"校园新媒体平台比例最高的是博士（29.1%），比例最低的是大四（16.9%）；"每周关注"比例最高的是大四（33.9%）；"每月关注"比例最高的是博士（27.3%）；"偶尔关注"比例最高的是大一（36.6%）；"从不关注"比例最高的是硕士（4.3%）。

专业类别因素。以专业类别因素为自变量进行交叉分析，数据显示，大学生对校园新媒体平台的关注频率状况整体较好，关注的比例均超过96%。然而，不同专业类别的大学生对校园新媒体平台的关注频率也存在显著差异（$\chi^2 = 28.387$，$P<0.05$）。数据显示，大学生对校园新媒体平台的关注频率为"每日关注"的比例最高的是军事类（50.0%），比例最低的是社会科学类（18.4%）；"每周关注"比例最高的是人文科学类（33.3%）；"每月关注"比例最高的是农医类（14.5%）；"偶尔关注"比例最高的是社会科学类（38.2%）；"从不关注"比例最高的是理工类（3.6%）。

政治面貌因素。以政治面貌因素为自变量进行交叉分析，数据显示，大学生对校园新媒体平台的关注频率状况整体较好，关注的比例均超过95%。然而，不同政治面貌的大学生对校园新媒体平台的关注频率也存在显著差异（χ^2 = 50.924，P<0.001）。数据显示，大学生对校园新媒体平台的关注频率为"每日关注"的比例最高的是党员（25.9%），比例最低的是民主党派成员（9.1%）；"每周关注"比例最高的是民主党派成员（36.4%）；"每月关注"比例最高的是民主党派成员（27.3%）；"偶尔关注"比例最高的是无党派人士（66.7%）；"从不关注"比例最高的是无党派人士（16.7%）。

学生干部经历因素。以学生干部经历因素为自变量进行交叉分析，数据显示，大学生对校园新媒体平台的关注频率状况整体较好，关注的比例均超过94%。然而，不同学生干部经历的大学生对校园新媒体平台的关注频率也存在显著差异（χ^2=45.772，P<0.001）。有学生干部经历的大学生对校园新媒体平台的关注频率为"每日关注"和"每周关注"的比例均要高于没有学生干部经历的大学生，分别高出6.1个百分点和5.8个百分点，为20.9%和33.3%。没有学生干部经历的大学生对校园新媒体平台的关注频率在"每月关注""偶尔关注"和"从不关注"等考察项上高于有学生干部经历的大学生，分别高出2.0个百分点、6.6个百分点和3.4个百分点，为12.1%、40.0%和5.7%（见图7-19）。

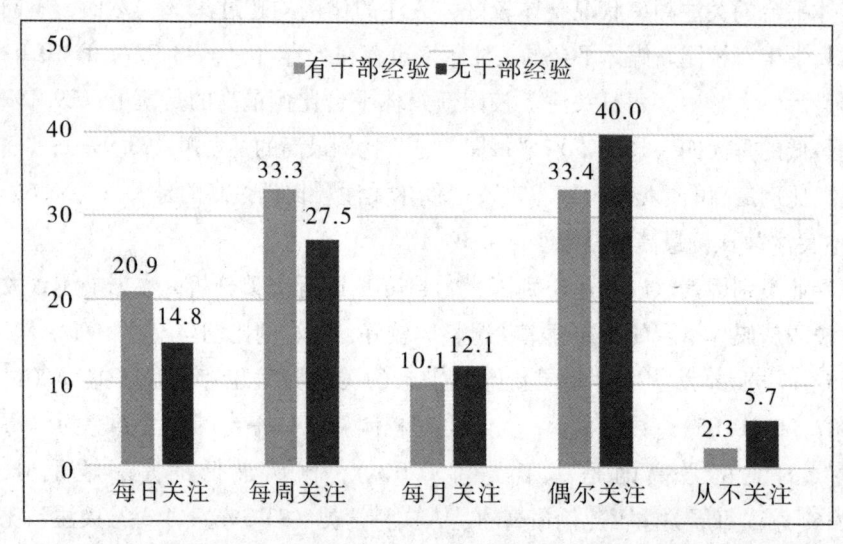

图7-19 学生干部经历不同的大学生对校园新媒体平台的关注频率（%）

国外学习经历因素。以国外学习经历因素为自变量进行交叉分析，数据显示，大学生对校园新媒体平台的关注频率状况整体较好，关注的比例均超过95%。然而，不同国外学习经历的大学生对校园新媒体平台的关注频率也存在显著差异（$\chi^2=11.140$，$P<0.05$）。有国外学习经历的大学生对校园新媒体平台的关注频率在"每日关注""每周关注""每月关注""从不关注"等方面的比例均要高于没有国外学习经历的大学生，分别高出2.9个百分点、1.5个百分点、5.1个百分点和2.0个百分点，为22.4%、33.6%、15.4%和4.9%。没有国外学习经历的大学生对校园新媒体平台的关注频率为"偶尔关注"的比例高于有国外学习经历的大学生，高出11.4个百分点，为35.2%。

奖学金经历因素。以奖学金经历因素为自变量进行交叉分析，数据显示，大学生对校园新媒体平台的关注频率状况整体较好，关注的比例均超过96%。然而，不同奖学金经历的大学生对校园新媒体平台的关注频率也存在显著差异（$\chi^2=23.184$，$P<0.001$）。获得过奖学金的大学生对校园新媒体平台的关注频率在"每日关注""每周关注""每月关注"方面的比例均要高于没有获得过奖学金的大学生，分别高出3.0个百分点、2.6个百分点和1.4个百分点，为21.3%、33.7%、11.2%。没有获得过奖学金的大学生对校园新媒体平台的关注频率位"偶尔关注""从不关注"的比例高于获得过奖学金的大学生，分别高出5.2个百分点、1.9个百分点，为37.0%、3.8%。

3. 结论

（1）大学生群体整体上对校园新媒体平台的关注频率状况较好。

（2）大学生对校园新媒体平台的关注频率在性别、独生子女状况、入学前户籍、父亲职业类型、母亲职业类型、父亲文化程度、学生类型、年级、专业类别、政治面貌、学生干部经历、国外学习经历、奖学金经历等人口学变量上存在显著差异。

（3）大学生对校园新媒体平台的关注频率在儿时父母外出务工、家庭类型、母亲文化程度、家庭月收入等人口学变量上不存在显著差异。

四、值得关注的问题

通过对调研数据进行分析可以发现，当前大学生群体总体网络观端正积极，对网络的态度是积极、高度认可的，网络行为和习惯整体上良好。但是，调查结果也反映出了一些值得关注的现象和问题。比如，有一定比例的大学生玩网络游戏的目的是打发时间、漫无目的和逃避现实，大学生利用网络的目的有待加强引导。

在对调研数据进行具体分析的过程中，课题组发现，不同群体大学生的网络素养不尽相同。由于受到某些因素的影响，大学生在对网络的态度、网络行为和习惯等方面存在显著差异，这些差异所反映出的现象和问题值得我们关注。

（一）不同群体大学生的网络素养存在显著差异

统计分析发现，人口学变量对大学生的网络观存在显著影响，不同个体自然因素、家庭背景因素、学校教育因素对大学生对网络的态度状况、现代网络"快餐式"文化的态度、喜欢玩网络游戏的认同状况、对校园新媒体平台的关注频率状况的影响程度也有所不同。各项具体表现出显著差异的人口学变量中，性别、学生类型、父亲职业类型、母亲职业类型、国外学习经历对大学生群体的网络素养影响最大。

在大学生对网络的态度状况方面，具有显著差异的人口学变量包括：性别、家庭类型、家庭月收入、学生类型。

在大学生对现代网络"快餐式"文化的态度状况方面，具有显著差异的人口学变量包括：性别、独生子女状况、入学前户籍、父亲职业类型、母亲职业类型、母亲文化程度、家庭月收入、学生类型、年级、政治面貌、国外学习经历。

在大学生喜欢玩网络游戏的认同状况方面，具有显著差异的人口学变量包括：性别、独生子女状况、入学前户籍、父亲职业类型、母亲职业类型、父亲文化程度、母亲文化程度、家庭月收入、学生类型、年级、专业类别、政治面貌、学生干部经历、国外学习经历、奖学金经历。

在大学生玩网络游戏的目的状况方面，具有显著差异的人口学变量包括：性别、儿时父母外出务工、家庭类型、父亲职业类型、母亲职业类型、父亲文化程度、母亲文化程度、学生类型、专业类别、政治面貌、国外学习经历。

在大学生对校园新媒体平台的关注频率状况方面，具有显著差异的人口学变量包括：性别、独生子女状况、入学前户籍、父亲职业类型、母亲职业类型、父亲文化程度、学生类型、年级、专业类别、政治面貌、学生干部经历、国外学习经历、奖学金经历。

（二）网络是一把双刃剑，高校需引导大学生合理使用网络

统计分析发现，40.7%的大学生使用网络最主要的目的是浏览、查阅学习相关资源，其余59.3%的大学生使用网络最主要的目的是交友、沟通，浏览休闲娱乐相关资讯，看电影、电视剧等网络视频，浏览时政新闻资讯，玩网络游戏，购物、网络交易，了解时尚讯息。由此可见，近六成大学生使用网络主要

用于休闲娱乐。调研还发现，36.6%的大学生对喜欢玩网络游戏表现出了认同，课题组进而对大学生玩网络游戏的目的进行深度分析，发现36.8%的大学生玩网络游戏的目的是纯娱乐，35.7%的大学生玩网络游戏的目的是打发时间。可见，网络信息时代背景下，面对网络的丰富海量资源，大学生上网目的趋于多元化，娱乐化倾向明显。课题组通过每天上网的时长和每天选择上网的最主要的时段对大学生网络行为和习惯进行考察，结果显示，13.9%的大学生每天上网时长为6~8小时，6.7%的大学生每天上网时长为8小时以上；67.5%的大学生每天选择上网的最主要的时段是闲暇的晚上时光。说明大学生的课余网络生活主要集中在晚上的闲暇时光，而且每天上网的时间较长。大学生对网络存在较强的依赖，加强学生的自我管理和自律，培养学生良好的网络素养、健康的网络行为，需要教育者不断探索和因势利导。因此，高校如何拓展多元化教育方式，利用好网络这一利器，将更多的教学内容与网络需求相关联，提升思想政治教育实效性，是摆在各高校面前的重要议题。高校应引导大学生合理使用网络，帮助大学生树立正确的网络观，养成良好的网络行为习惯。

（三）校园新媒体平台的"黏度"有待增强

调研发现，大学生群体对校园新媒体平台的关注状况较好，但使用频率不高、不够深入。随着新媒体的快速发展，新媒体已经成为大学生学习生活中不可缺少的重要认知渠道。大学生对校园新媒体平台的关注频率是直接反映高校新媒体平台运营成效的重要指标。调研结果显示，只有1/5的群体做到了每日关注校园新媒体，偶尔关注的比例高达34.7%，还有近3%的群体从不关注校园新媒体平台，说明校园新媒体平台的"黏度"不高、关注度不足。校园新媒体平台作为大学生网络思想政治教育的重要阵地，承担着传播先进、健康、主流网络文化和社会主义核心价值观的职责，其内容建设与大学生学习、生活密切相关，其关注度越高，大学生越能自觉抵制不良媒介信息，受不良网络信息影响的程度就会越低。各高校要针对大学生在学习、就业、校园生活等方面的核心需求，根据本校实际情况加强新媒体平台内容建设，着力增强服务大学生学习、生活、社交等功能，不断推陈出新，打造学生喜欢的应用和内容，增强平台用户"黏度"，从而增强大学生对校园新媒体平台的关注度。

参考文献

一、著作类

[1] C. 恩伯，M. 恩伯. 文化的变异——现代文化人类学通论 [M]. 杜杉杉，译. 沈阳：辽宁人民出版社，1988.

[2] [美] R. G. 佩弗. 马克思主义、道德与社会正义 [M]. 北京：高等教育出版社，2010.

[3] 陈万柏，张耀灿. 思想政治教育学原理 [M]. 北京：高等教育出版社，2001.

[4] 黄少华. 网络空间的社会行为：青少年网络行为研究 [M]. 北京：人民出版社，2008.

[5] 梁雪松，梁辰浩. 大学生择业与初入职场指导 [M]. 北京：北京大学出版社，2013.

[6] 罗本琦. 传统文化与马克思主义中国化 [M]. 芜湖：安徽师范大学出版社，2017.

[7] 罗公利. 大学生择业与创业指导 [M]. 北京：科学出版社，2010.

[8] 马克思，恩格斯. 马克思恩格斯全集：第3卷 [M]. 北京：人民出版社，1960.

[9] 马克思，恩格斯. 马克思恩格斯选集：第1卷 [M]. 北京：人民出版社，1995.

[10] 马克思. 1844年经济学哲学手稿 [M]. 北京：人民出版社，1979.

[11] 彭兰. 点击美国在线 [M]. 经济日报出版社，2000.

[12] 谢海光. 互联网与思想政治工作概论 [M]. 上海：复旦大学出版社，2000.

[13] 许俊. 中国人的根与魂 [M]. 北京：人民出版社，2016.

[14] 颜洪平. 大学生择业问题研究 [M]. 北京：中国农业科学技术出版社，2012.

[15] 杨业华. 当代中国大学生核心价值观研究 [M]. 北京：人民出版社，2011.

[16] 袁贵仁. 价值学引论 [M]. 北京：北京师范大学出版社，1991.

[17] 袁贵仁. 价值观的理论与实践 [M]. 北京：北京师范大学出版社，2006.

[18] 郑永廷. 思想政治教育方法论 [M]. 北京：高等教育出版社，1998.

二、论文类

[1] 曹雪梅. 新时代大学生择业观研究 [D]. 成都：成都理工大学，2019.

[2] 常艺凡. 以社会主义核心价值观引领大学生的择业观教育研究 [D]. 西安：西安科技大学，2016.

[3] 程文亮. 拜金主义思潮对当代大学生的影响及对策研究 [D]. 重庆：西南大学，2018.

[4] 丁彩瑶. 大学生道德选择状况调查研究 [D]. 杭州：中国计量学院，2013.

[5] 耿宇佳. 康德道德哲学中的义务思想探析 [D]. 长春：吉林大学，2018.

[6] 郭晓冉. 当前我国大学生择业观教育研究 [D]. 成都：电子科技大学，2017.

[7] 呼和. 大学生社会实践育人机理及运行机制研究 [D]. 北京：北京科技大学，2018.

[8] 黄健. 大学生网络行为问题及教育对策研究 [D]. 西安：西安科技大学，2011.

[9] 梁凤美. 新媒体环境下大学生道德判断力培养研究 [D]. 桂林：广西师范大学，2018.

[10] 刘杰. 新时期大学生择业观的探析 [D]. 呼和浩特：内蒙古大学，2010.

[11] 卢言言. 马克思《青年在选择职业时的考虑》对大学生择业观教育的现实意义[D]. 合肥：安徽大学，2018.

[12] 罗毅华. 大学生的择业观及职业道德教育[D]. 长沙：湖南师范大学，2006.

[13] 任义. 当代大学生择业观教育论析[D]. 大连：辽宁师范大学，2017.

[14] 王玲玲. 青年马克思择业观的当代价值[D]. 长春：吉林财经大学，2018.

[15] 王明珠. 道德相对主义：自由与困惑并存的模糊性世界[D]. 郑州：河南大学，2018.

[16] 夏睿渊. 大学生择业观存在的问题及对策研究[D]. 太原：中北大学，2019.

[17] 徐国庆. 大学生社会实践的路径研究[D]. 哈尔滨：东北林业大学，2013.

[18] 严丹. 大学生网络行为特征及教育引导研究——以西安高校大学生为例[D]. 西安：长安大学，2009.

[19] 张冰一. 当代大学生文化观教育研究[D]. 哈尔滨：哈尔滨理工大学，2019.

[20] 张静. 墨子道德体系研究[D]. 郑州：郑州大学，2019.

[21] 张蕾. 高等教育大众化态势下的大学生择业观研究[D]. 武汉：华中师范大学，2014.

[22] 赵凤梅. 高等师范院校硕士研究生计算机态度及其相关因素的研究[D]. 保定：河北大学，2000.

[23] 周林. 大学生网络行为偏好研究[J]. 上海：上海师范大学，2005.

[24] 周颜玲. 我国主流意识形态建设视域下传承弘扬中华优秀传统文化研究[D]. 济南：山东大学，2019.

三、期刊类

[1] 白洁，韩文乾. 城乡生源大学生消费状况研究——基于首都高校大学生的调查[J]. 教育理论与实践，2015（6）.

[2] 白雪. 浅析儿童道德观对其储蓄观念的影响[J]. 经济师，2019

(5).

[3]薄爱敬.论大学生社会实践和志愿服务可持续发展的有效机制[J].学校党建与思想教育,2011(18).

[4]卜雪梅.社会组织如何助力大学生就业[J].人民论坛,2018(5).

[5]曹洪军.论马克思道德观的辩证批判性特质及其当代价值[J].马克思主义研究,2019(12).

[6]曹辉,潘悦."校园贷"的违规乱象、规制体系与高校应对[J].山西财经大学学报,2019(S1).

[7]曹荣瑞,江林新,廖圣清,等.上海市大学生网络使用状况调查报告[J].新闻调宾档案,2012(4).

[8]曹银忠,胡树祥.新中国成立以来大学生社会实践活动的回顾与展望[J].思想理论教育导刊,2010(5).

[9]曾兰馨,马亚雪.使用行为及人格要素对大学生SNS沉迷的影响分析[J].数字图书馆论坛,2015(6).

[10]曾晓玲,杨倩,杨雅伟.当代大学生消费结构的变迁及动力研究——基于"70后"与"90后"大学生的比较[J].思想理论教育,2015(4).

[11]陈爱民.大学生社会实践的困境与对策[J].人民论坛,2010(10).

[12]陈金龙.文化环境与大学生思想政治教育[J].思想教育研究,2006(4).

[13]陈柯蓓.大学生消费观存在的问题及对策[J].人民论坛,2018(33).

[14]陈淑萍,李军.基于"私德到公德"因素的大学生思想道德教育理论和实践探索[J].邢台职业技术学院学报,2019(10).

[15]陈文娟,陈希.新时代公民道德建设新在哪?[J].思想教育研究,2019(11).

[16]陈曦,石新明,潘小俪.构建大学生社会实践长效机制的探索[J].中国高等教育,2008(23).

[17]陈仙歌,金莹.当代大学生对马克思主义文化观的认同度调查[J].重庆科技学院学报(社会科学版),2014(4).

[18]陈旭,周琳.新常态下高校就业管理工作创新的策略与方法[J].宏

观经济管理，2017（S1）．

[19] 陈颜，张志坚，陈金龙．民族高校大学生社会主义核心价值观认同教育模式研究［J］．西南民族大学学报（人文社会科学版），2013（10）．

[20] 陈玉民．对大学生使用互联网现状的分析［J］．海南大学学报（人文社会科学版），2007（5）．

[21] 陈振中，张成林．符号消费视角下当代大学生消费亚文化的建构［J］．黑龙江高教研究，2018（2）．

[22] 程诚．大学生消费的同群效应［J］．青年研究，2015（2）．

[23] 程毅，赵菡．家庭经济、文化资本与大学生消费分层——基于上海四所高校的实证分析［J］．云南民族大学学报（哲学社会科学版），2016（1）．

[24] 崔建．红色文化融入高校思想政治教育探究［J］．学校党建与思想教育，2020（4）．

[25] 崔建良，谢清志，刘艳丽．大学生网络行为道德失范的原因与对策［J］．河北建筑科技学院报（社科版），2006（4）．

[26] 崔建霞．提升大学生社会实践实效的探索：以北京理工大学工作为例［J］．学校党建与思想教育，2011（10）．

[27] 崔军艺．影响大学生中华民族优秀传统文化认同因素及对策分析［J］．亚太教育，2016（2）．

[28] 戴维才．大学生正确消费观引导论析——以"高校贷"校园市场火爆现象为例［J］．河北师范大学学报（教育科学版），2017（9）．

[29] 邓卓明，姜华．社会实践在推进大学生社会主义核心价值体系教育中的作用［J］．思想理论教育导刊，2011（12）．

[30] 董祥宾，沈壮海．当前大学生文化观念调查分析［J］．文化软实力研究，2016，1（2）．

[31] 董祥勇．新时代公民道德建设的指导思想与推进策略［J］．学习与实践，2019（6）．

[32] 杜博士，丁晓强．习近平关于道德建设重要论述探析［J］．观察与思考，2019（3）．

[33] 段小伟，张春和．引导当代大学生理性消费之管见［J］．学校党建与思想教育，2015（10）．

[34] 段亚利．习近平新时代道德观的多维思想来源［J］．中学政治教学参

考，2019（9）．

[35] 樊雪峥．大学生传统文化观现状调查分析——基于对武汉大学学生的调查［J］．智库时代，2019（52）．

[36] 范琼．针对大学生就业从众心理的主体性就业指导策略［J］．学校党建与思想教育，2020（2）．

[37] 范松仁，任静伟．道德教化对时代新人培育的价值及其路径研究［J］．探索，2019（5）．

[38] 冯刚．着力培育大学生社会主义核心价值观［J］．高校理论战线，2012（9）．

[39] 冯鹏志．从混沌走向共生——关于虚拟世界的本质及其与现实世界之关系的思考［J］．自然辩证法研究，2002（7）．

[40] 傅顺，裴平，顾天竹．大学生的消费行为、网贷意愿和网贷平台偏好——基于江苏省高校问卷调查数据的实证分析［J］．兰州学刊，2019（11）．

[41] 高芳放．大学生网络消费心理与行为调查［J］．中国青年研究，2015（2）．

[42] 高广旭．《资本论》的"道德"解读何以可能？［J］．南京社会科学，2018（8）．

[43] 高翔，黄张迪．大学生选择党政机关就业的生涯激励：公共服务动机，还是政治效能感？［J］．治理研究，2018（2）．

[44] 顾国盛．当前大学生社会实践中存在的问题及对策［J］．学术探索，2012（3）．

[45] 管益杰，王昌海，等．教师的计算机焦虑及其对教育技术应用的影响［J］．现代教育技术．2006（6）．

[46] 郭金粘．略论儒家的道德观［J］．文化创新比较研究，2019（6）．

[47] 郭立祥．加强新时代青年择业观教育［J］．人民论坛，2019（24）．

[48] 郝丹梅，杨文选．习近平关于思想政治教育的方法论对高校思想政治教育的启示［J］．学校党建与思想教育，2020（6）．

[49] 郝孚逸．弄清马克思主义价值观的由来—马克思主义价值观和社会主义核心价值体系研究之一［J］．湖北社会科学，2009（2）．

[50] 郝桂荣．大学生文化观内涵及其时代意义解读［J］．辽宁医学院学报（社会科学版），2016，14（1）．

[51] 贺君. 高职大学生道德观调查与思考 [J]. 品牌, 2011 (2).

[52] 胡蕾, 张铁军. 社会主义核心价值观与儒家思想的契合 [J]. 学理论, 2016 (8).

[53] 胡树祥, 吴满意. 关于大学生社会实践活动内涵的新界定 [J]. 中国高等教育, 2009 (1).

[54] 胡一. 跨文化视野中的中西方价值观比较 [J]. 中共福建省委党校学报, 2012 (9).

[55] 黄诚. 新时代高校思想政治理论课的任务 [J]. 学校党建与思想教育, 2020 (4).

[56] 姜建成. 论社会实践课程化的价值意蕴思想理论 [J]. 思想政治教育导刊, 2011 (1).

[57] 金德楠. 建构主义在马克思恩格斯道德理论中的理论形态与误读范式 [J]. 东北大学学报, 2020 (1).

[58] 靳敏, 李潮欣, 蔡姿云. 不同家庭文化背景的大学生思想政治状况及影响因素研究 [J]. 高校辅导员, 2017 (4).

[59] 李景国. 新时代大学生多元化就业选择原因分析及策略 [J]. 黑龙江高教研究, 2019 (10).

[60] 李涛. 网络直播传媒对当代大学生价值观的影响原因与对策探析 [J]. 思想理论教育导刊, 2018 (5).

[61] 李同果. 大学生社会实践发展趋势新论 [J]. 学校党建与思想教育, 2009 (26).

[62] 李迅. 教育、就业、创业与青年人才培养：现状与发展趋势 [J]. 中国青年研究, 2018 (7).

[63] 李志江, 娄艳丽. 道德观念建构的四场域及其功能探析 [J]. 理论与改革, 2015 (7).

[64] 李志艳. 从理性主体到普世伦理：斯多葛主义道德观之于基督教 [J]. 哈尔滨学院学报, 2019 (5).

[65] 廖欢, 罗艳. "90 后"大学生道德观调查研究 [J]. 企业家天地, 2012 (4).

[66] 林梅, 琚迎. "90 后"大学生消费结构的调查分析. 思想理论教育 [J]. 上海市高等学校思想理论教育研究会, 2014 (2).

[67] 林梅. 当代大学生消费现状调查、成因分析及其对策设计——基于 S 市若干高校的调查数据 [J]. 华东理工大学学报（社会科学版），2012（2）.

[68] 林明惠. 大学生网贷消费行为调查分析及引导策略 [J]. 思想理论教育，2017（5）.

[69] 林松涛，马昆，周蕾. 大学生社会实践状况调查与分析 [J]. 学校党建与思想教育，2012（1）.

[70] 林妍君. 马克思道德观的形成以及对当代中国的影响 [J]. 山西能源学院学报，2018（12）.

[71] 凌石德，凌淑瑜. 论大学生择业观教育的载体建设 [J]. 思想教育研究，2015（2）.

[72] 刘川生. 高校实践育人工作有效机制研究 [J]. 思想理论教育导刊，2016（12）.

[73] 刘玲，李亚慧. 高校思政课教学中大学生文化自觉素养的培育探索 [J]. 教育理论与实践，2015，35（12）.

[74] 刘淑艳，魏晓文. 马克思择业观对当代大学生选择职业的现实启示——研读马克思《青年在选择职业时的考虑》[J]. 思想理论教育导刊，2017（7）.

[75] 刘亚斌，王磊. 从众心理视角下大学生主体性就业探析 [J]. 黑龙江高教研究，2019（9）.

[76] 刘岩松，郑孝镜. 浅谈大学生道德观培养——以儒家经典为例 [J]. 湖北函授大学学报，2018（1）.

[77] 刘艳，杨青. 社会实践是对大学生进行思想政治教育的有效方法 [J]. 思想政治教育研究，2001（2）.

[78] 刘蕴莲. 论新形势下加强大学生社会主义核心价值观教育 [J]. 思想理论教育导刊，2014（5）.

[79] 刘志. 大学生择调适——态度劝导理论的启示 [J]. 教育发展研究，2009（19）.

[80] 鲁君，杨文选. 在"思想道德修养与法律基础"课中加强学生品德修养的几个着力点 [J]. 思想理论教育导刊，2019（12）.

[81] 陆林召. 以社会主义核心价值观引领大学生消费行为探析 [J]. 教育理论与实践，2017（24）.

[82] 罗贤甲. 大学生网络行为责任的对策透析 [J]. 黑龙江高教研究, 2009 (12).

[83] 骆郁廷, 骆虹. 论新时代大学生网络消费的价值引导 [J]. 思想教育研究, 2019 (12).

[84] 骆郁廷, 魏强. 文化发展视域下的大学生思想政治教育 [J]. 思想理论教育, 2012 (5).

[85] 吕晓峰, 王英. 大学生网络行为失范及其应对策略 [J]. 教育探索, 2010 (6).

[86] 马秋丽. 在守正创新中坚定文化自信, 推动社会主义文化繁荣兴盛——"新中国70年马克思主义文化研究高端论坛"综述 [J]. 马克思主义研究, 2019 (10).

[87] 梅虎, 马子程, 詹泽慧, 等. 家庭商业传统对大学生创业意向的影响: 有调节的中介效应 [J]. 高教探索, 2016 (5).

[88] 倪晓锋, 谢志岿. 大学毕业生求职区域意向及其影响因素 [J]. 南方人口, 2019 (5).

[89] 聂玮. 社会分层背景下大学生个体择业观差异分析 [J]. 河北大学学报 (哲学社会科学版), 2014 (2).

[90] 宁德鹏, 葛宝山. 大学毕业生择业、就业之同途与出路 [J]. 学习与探索, 2017 (2).

[91] 欧阳祯人, 李想. 试论冯友兰与唐君毅的道德观之异同——以《新原人》与《道德自我之建立》为中心 [J]. 云南大学学报 (社会科学版), 2020 (1).

[92] 彭正霞, 陆根书, 李丽洁. 大学毕业生就业质量的影响因素及路径分析 [J]. 中国高教研究, 2020 (1).

[93] 钱燕娜. 道德教育: 军人良好道德品质养成的重要环节 [J]. 中共山西省委党校学报, 2019 (6).

[94] 乔瑞华. 新时期影响大学生社会主义核心价值观的因素及其培养途径 [J]. 思想理论教育导刊, 2014 (9).

[95] 权方英. 大学生就业心理资本的缺失与重建 [J]. 教育理论与实践, 2017 (3).

[96] 任丽, 窦胜功. 在校大学生价值观调查分析与教育引导 [J]. 东北大

学学报（社会科学版），2005（1）.

[97] 荣华等．大学生网络行为调查与分析［J］．河南工业大学学报（社会科学版），2007（3）.

[98] 尚亿军，彭自力．新媒体视域下大学生就业服务精准化研究［J］．学校党建与思想教育，2018（9）.

[99] 申纪云．高校实践育人的深度思考［J］．中国高等教育，2012（7）.

[100] 石丽艳．关于构建高校课程思政协同育人机制的思考［J］．学校党建与思想教育，2018（10）.

[101] 石书臣，张杰．当代大学生思想文化素养状况的调查及对策［J］学校党建与思想教育，2013（3）.

[102] 石雪，董娅．西方拜金主义对当代大学生价值观的影响及对策思考［J］．贵州社会科学，2006（5）.

[103] 宋希仁．论马克思恩格斯的自律他律思想［J］．马克思主义与现实，2014（2）.

[104] 隋璐璐，王洛忠．在大学生中培育和践行社会主义核心价值观的路径探析［J］．思想教育研究，2014（2）.

[105] 孙楚航．创新大学生社会实践模式的一种尝试：开展大学生"三进三同"社会实践的探索与思考［J］．思想理论教育导刊，2011（4）.

[106] 孙金晶，丁慧民．新媒体环境下高校德育话语权探索［J］．学理论，2016（12）.

[107] 孙立民．大学生不良网络虚拟行为状况分析与对策研究［J］．辽宁工学院学报，2007（4）.

[108] 孙时进，孔云中，周洁．童年环境、物质主义与炫耀性消费的关系研究——中国传统价值观的调节效应［J］．西南民族大学学报（人文社科版），2020（1）.

[109] 孙体楠．改革开放以来大学生价值观状况与教育对策［J］．中国青年研究，2009（2）.

[110] 唐平秋．新媒体环境下大学生社会主义核心价值观培育的思考［J］．思想理论教育导刊，2015（4）.

[111] 陶艳华．马克思公民思想的致思理境［J］．保定学院学报，2014（5）.

[112] 滕飞. 消费文化影响下青少年道德观教育探讨 [J]. 学校党建与思想教育, 2020 (1).

[113] 田海舰, 田雨晴. 中国传统文化价值观与社会主义核心价值观的培育 [J]. 河北大学学报 (哲学社会科学版), 2015 (3).

[114] 涂炯. 大学生网络文化现状浅析——以天津部分高校为例 [J]. 职业圈, 2007 (05X).

[115] 王丹. 当代大学生价值观与价值选择状况的调查分析 [J]. 思想理论教育, 2018 (2).

[116] 王立军, 田谧. 高职院校"校园贷"法律教育引导机制三维构建——以河北省为例 [J]. 河北法学, 2019 (2).

[117] 王森浩, 贾美艳. 高校思政课中生态道德观培养的有效路径探索 [J]. 锦州医科大学学报, 2020 (2).

[118] 王绍霞. 大学生文化观与文化素养调查分析 [J]. 思想教育研究, 2015 (11).

[119] 王涛, 戴均. 改革开放30年来大学生价值观变迁的轨迹及其规律研究 [J]. 高等教育研究, 2009 (10).

[120] 王维国. 新时代加强公民道德建设的战略思考 [J]. 思想理论教育, 2019 (12).

[121] 王贤卿. 论大学生网络行为失范的心理困境与道德教育 [J]. 毛泽东邓小平理论研究, 2006 (8).

[122] 王小会, 侯爱萍. 论马克思道德观对社会主义核心价值观的当代启示 [J]. 绥化学院学报, 2019 (2).

[123] 王晓丽. 尼采对传统道德观的批判与超越 [J]. 牡丹江教育学院学报, 2018 (5).

[124] 王永友, 阳作林. 消费主义思潮的本质特征、消极影响与引导策略. 海南大学学报 (人文社会科学版) [J]. 海口: 海南大学, 2018 (4).

[125] 王宇航, 王西. 新媒体时代青年道德培育之法 [J]. 人民论坛, 2019 (7).

[126] 王媛媛. 新媒体环境下大学生文化认同研究 [J]. 学校党建与思想教育, 2020 (4).

[127] 魏传光. 马克思对"道德基础论"批评的思想逻辑 [J]. 马克思主

义研究，2019（2）．

［128］魏刚，代金平．论哲学网络观［J］．科学技术与辩证法，2005．

［129］魏茂琳，谷生然．思想政治教育视域下大学生新媒介素养培育路径探究［J］．华北理工大学学报（社会科学版），2020（1）．

［130］魏巍．论大学生社会实践知行模式的链接［J］．学校党建与思想教育，2012（3）．

［131］魏星．校园新媒体在大学生消费观教育中的作用探究［J］．思想教育研究，2016（4）．

［132］项久，吴海燕．培育文化自信与价值观自信：当前大学生思想政治教育的着力点［J］．思想理论教，2016（10）．

［133］肖璐，范明．社会资本的城乡差异及其对大学生择业的影响［J］．教育与经济，2015（2）．

［134］肖群忠，杨建强．"人伦日用"中的道德重建——中国特色社会主义伦理学之展望［J］．求索，2019（7）．

［135］辛志勇，金盛华．大学生的价值观概念与价值观结构［J］．高等教育研究，2006（2）．

［136］辛志勇，金盛华．新时期大学生价值取向与价值观教育［J］．教育研究，2005（10）．

［137］胥青．"校园贷"的风险防范与教育引导机制探究［J］．学校党建与思想教育，2017（16）．

［138］徐海波．对大学生社会实践活动育人功能发挥的思考［J］．学校党建与思想教育，2007（12）．

［139］徐献军，桑伟俊．良性校园贷对大学生群体消费行为及观念的影响［J］．晋阳学刊，2018（6）．

［140］许燕．北京大学生价值观研究及教育建议［J］．教育研究，1999（5）．

［141］许莹．论网络传播的底线道德［J］．新闻前哨，2019（10）．

［142］薛利锋．大学生择业心理与择业价值观教育［J］．东北师大学报（哲学社会科学版），2010（1）．

［143］薛蓉．马克思主义价值观研究在马克思主义基本原理学科体系中的意义［J］．思想理论教育，2007（12）．

[144] 杨继瑞. 关于加强大学生社会实践活动的思考 [J]. 高校理论战线, 2010 (2).

[145] 杨金洲. 对马克思《青年在选择职业时的考虑》的当代解读 [J]. 学校党建与思想教育（上半月），2008 (2).

[146] 杨俊峰, 李明. 浅析高校学生社会实践工作的改进 [J]. 思想教育研究, 2011 (11).

[147] 杨学玉. 大学生网络使用情况调查与分析 [J]. 教育教学论坛, 2014 (4).

[148] 杨业华, 王彦. 当代大学生价值观状况特点探析 [J]. 思想教育研究, 2012 (12).

[149] 姚崇, 陈丽芬. 消费主义境遇下大学生消费观教育探析 [J]. 高教探索, 2014 (3).

[150] 叶通贤, 周鸿. 大学生网络道德失范的行为及其对策研究 [J]. 河北师范大学学报（教育科学版），2009 (2).

[151] 叶欣欣. 马克思主义道德观在思想政治教育中的运用途径 [J]. 人民论坛, 2019 (8).

[152] 于少青. 坚定马克思主义文化自信, 建设社会主义文化强国——"新中国70年马克思主义文化研究"高端论坛综述 [J]. 马克思主义文化研究, 2019 (2).

[153] 余卉. "创新创业"背景下习近平青年择业观析论 [J]. 理论导刊, 2018 (10).

[154] 余京华. 道德治理之当代审思——基于历史唯物主义群众史观视角 [J]. 理论建设, 2016 (8).

[155] 余南宁. 大学生的网络行为调查及问题分析 [J]. 黄山学院学报, 2007 (6).

[156] 岳云强, 吕素霞. 对增强大学生社会实践实效性的思考 [J]. 理论学习, 2010 (3).

[157] 张鸿娜. 浅谈市场经济对社会主义道德形成的影响 [J]. 中小企业管理与科技, 2019 (6).

[158] 张欢, 尹国欣. 从内容到方法——老子《道德经》的生态文明教育启示 [J]. 绵阳师范学院学报, 2019 (12).

[159] 张骥, 方晓强. 论网络文化对我国社会主义意识形态建设的影响 [J]. 求实, 2009 (2).

[160] 张世友. 大学生网络失范行为及对策思考 [J]. 涪陵师范学院学报, 2002, 18 (2).

[161] 张文. 网络时代大学生网络行为现状透析 [J]. 湖南人文科技学院学报, 2005 (3).

[162] 张跣. 大学生网贷: 虚假需要与消费伦理 [J]. 中国青年社会科学, 2016 (5).

[163] 张之沧. 马克思道德观解析 [J]. 马克思主义研究, 2010 (9).

[164] 张卓. 从"校园贷"乱象反思新时代大学生消费教育 [J]. 广西社会科学, 2018 (3).

[165] 赵果. 创新大学生社会主义核心价值观培育机制的路径探析 [J]. 思想教育研究, 2013 (11).

[166] 赵开开. 不做"负翁"树立正确消费观 [J]. 人民论坛, 2019 (17).

[167] 赵威. 从基础概念的辨析到道德悖论的疏解——罗尼 [J]. 佩弗对马克思道德观的脉络性解读与重建, 2020 (1).

[168] 赵艳, 谷悦, 孟海亮. 北京市大学生绿色消费行为特征研究 [J]. 中国环境管理, 2016 (4).

[169] 赵艺. 大学生网络行为的合理引导与适度规范 [J]. 中国成人教育, 2007 (24).

[170] 赵跃宇. 深化认识有效推进实践育人工作 [J]. 中国高等教育, 2011 (23).

[171] 赵梓雯, 杨晓庆. 从马斯洛需要层次论视角看大学生消费观 [J]. 中华文化论坛, 2014 (5).

[172] 郑炜. 新时代提高大学生道德修为策略探讨 [J]. 文化创新比较研究, 2019 (9).

[173] 郑卫东. 当代大学生价值观状况调查研究 [J]. 思想教育研究, 2009 (19).

[174] 周彩姣, 林寒. 大学生社会实践活动现状调查与完善策略 [J]. 高等教育研究, 2012 (9).

[175] 周德新, 黄向阳, 周启华. 略论大学生文化观的构建 [J]. 中国成

人教育，2010（7）.

［176］朱迪. 当代大学生的信贷消费与"校园贷"风险［J］. 青年研究，2019（6）.

［177］朱国栋. 成长视域中当代大学生焦虑现象分析——基于对校园贷现象的观察［J］. 思想教育研究，2018（6）.

［178］左亚文. 马克思文化观的多维解读［J］. 学术研究，2010（3）.

四、报道类

［1］柴若月，叶婷婷. 什么影响了大学生择业［N］. 中国青年报，2017-12-18（011）.

［2］李军林. 大学生社会主义核心价值观的培育践行路径［N］. 光明日报，2014-10-03.

［3］李明. 当代大学生价值观总体积极向上［N］. 人民日报，2015-05-14.

［4］李宇靖. 大学生择业需要价值观自信［N］. 中国教育报，2016-07-14（005）.

［5］刘贝贝，林建成. 培育大学生社会主义核心价值观认同的四个原则［N］. 光明日报，2014-07-10.

［6］陶韶菁. 如何增强大学生对社会主义核心价值观的认同［N］. 光明日报，2016-06-09.

［7］王黎静. 构筑新时代集体主义价值理念的哲学思考［N］. 中国青年报，2018-07-09.

［8］王伟. 牢牢把握公民道德建设的社会主义方向［N］. 江西日报，2019-12-23.

［9］王秀江. 谱写公民道德建设的新篇章［N］. 经济日报，2019-11-14.

［10］文丰安. 从中华优秀传统文化中吸取培育核心价值观的营养［N］. 光明日报，2014-11-16.

［11］朱绍峰. 浅谈道德观建设［N］. 芜湖日报，2019-12-13.

五、网络来源

[1] 乔东亮，李新利，李雯．习近平新时代青年思想［EB/OL］．人民网，2018－05－16．

[2] 习近平在中国共产党第十九次全国代表大会上的报告（全文）［EB/OL］．人民网，2017－10－28．

[3] "当代中国青年价值观"调查报告——人民网调查专栏"态度"第三期［EB/OL］．人民网，2013－05－06．

[4] 王子晖．十八大以来，习近平这样指导青年工作［EB/OL］．新华网，2017－06－22．

[5] 吴晶，周玮，罗争光，等．用青春书写新时代的荣光——以习近平同志为核心的党中央关心青年成长成才纪实［EB/OL］．新华网，2019－04－29．

[6] 中共中央，国务院．关于加强和改进新形势下高校思想政治工作的意见：中发［2016］31号［A/OL］．中华人民共和国中央人民政府官网，2017－02－27．

后　记

习近平总书记在学校思想政治理论课教师座谈会上强调，我们党立志于中华民族千秋伟业，必须培养一代又一代拥护中国共产党领导和我国社会主义制度、立志为中国特色社会主义事业奋斗终生的有用人才。在这个根本问题上，必须旗帜鲜明、毫不含糊。大学生是十分宝贵的人才资源，是祖国的未来，民族的希望。他们的思想观念状况，决定着我国未来的走向，事关中国特色社会主义事业后继有人，对于实现中华民族伟大复兴的中国梦具有重要的意义。了解大学生的思想观念状况并进行精心引导，是做好高校思想政治工作的前提。基于此，本课题组以北京、上海、湖南、江西、广东、广西、云南、重庆这8个省（区、市）35所高校的3500名大学生为样本，对大学生的思想观念状况进行调查，为有针对性地开展大学生思想政治教育贡献绵薄之力。

本次研究从2018年10月开始着手，历经调查方案设计、调查问卷制定、开展实地调查、统计分析数据、撰写调查报告等过程，于2019年12月顺利完成初稿。2020年1月至4月，课题组成员将调研报告进行修改、充实。全书共分七章，分别从大学生的价值观、道德观、文化观、择业观、实践观、消费观以及网络观七个方面展开调查。通过现实发展状况的呈现，从个体自然因素（性别）、学校教育因素（学生类型、年级、专业类别、政治面貌、学生干部经历、国外学习经历、奖学金经历）、家庭背景因素（独生子女状况、儿时父母外出务工、入学前户籍、家庭类型、父亲职业类型、母亲职业类型、父亲文化程度、母亲文化程度、家庭月收入）三个维度来探索大学生思想观念的差异源。报告以数立据，以理服人，提出有针对性的问题及观点，探求大学生的基本思想观念与行为特征。

本书具有三个特点：一是调查视角新，本次调查并不局限于一个视角，我们选择了七个方面的视角，对大学生的思想观念状况进行了多维考察；二是调查取样科学，调查根据高校的性质进行分层整群抽样，样本涵盖8个省（区、市）35所高校；三是考察的人口学变量多，为更详细了解大学生的状况，我们从个体自然因素、家庭背景因素、学校教育因素等17个人口学变量出发进行数据统计。

全书由广西教育研究院张莉副研究员、广西大学陆海霞副教授负责策划和框架设计，南宁师范大学包丽红老师负责数据的整理。具体撰稿人员包括张莉、陆海霞、包丽江、梁燕、覃恺、陈水凤、卢燕、黄燕、蒲朝琦、周起帆。张莉、陆海霞负责全书统稿、校稿和定稿工作。课题组全体成员积极参与，进行了多次集体讨论和修改，付出了辛勤的努力，最终完成了本书的撰写。

在撰写过程中，本书得到了广西大学马克思主义学院院长徐秦法教授和南宁师范大学马克思主义学院院长曾令辉教授的悉心指导，更得到了课题组全体成员的大力支持。广西艺术学院刘桂宇、广西中医药大学曾淑文、广西民族大学冷玉威、广西幼儿师范高等专科学校王顺顺、南宁职业技术学院姚敦泽、广西医科大学吴佳、南宁师范大学谢彦参与了调研问卷的编制和文稿的校对工作，广西大学马克思主义学院黄嘉乐、周婧怡、钟熔、刘雪慧等同学参与了文稿的校对工作，在此一并表示感谢。

由于时间仓促、作者水平有限，书中难免有疏漏和不足之处，敬请各位专家同行与广大读者朋友提出宝贵意见和建议。

作者

2020年5月